Découvrez l'histoire par les archives de presse

RETRONEWS

Le site de presse de la BnF

www.retronews.fr

L'UNION SPIRITE

BORDELAISE

L'UNION SPIRITE

BORDELAISE

REVUE DE L'ENSEIGNEMENT DES ESPRITS

Publiée sous la direction de

M. AUGUSTE BEZ

> Dieu est Esprit, et il faut que ceux qui l'adorent, l'adorent en Esprit et en vérité.
> (*Evang. selon* S. JEAN, c. IV, v. 24.)

PREMIÈRE ANNÉE — TOME IV

BORDEAUX

BUREAUX : 57, COURS D'AQUITAINE

L'UNION SPIRITE BORDELAISE

REVUE DE L'ENSEIGNEMENT DES ESPRITS

PREMIÈRE ANNÉE   N° 37.   1er MARS 1866.

DE LA LIBERTÉ EN DIEU

Une de mes lettres a soulevé dernièrement une discussion toute amicale, dans laquelle nous avons vu successivement MM. Delanne, Quômes, Pezzani et Régimont prendre la parole. Je veux parler de la création par Dieu dans le temps ou l'éternité. Notre collègue lyonnais, développant la pensée des Thomistes que l'éternité est tout en un seul instant, qu'elle est simultanée; disant avec Boëce, qu'elle est la possession parfaite et pleine dans un seul instant d'une vie interminable, a prouvé aux disciples de Scott qu'ils avaient tort de la définir : une suite indéfinie d'instants se succèdant sans commencement ni fin, définition bonne seulement pour l'infini mathématique. Il nous a montré que la création ayant lieu dans l'éternité par rapport à Dieu, n'excluait pas un commencement, puisque pour l'homme elle avait lieu dans le temps.

Le temps, cette image mobile de l'immobile éternité, avait déjà dit J.-B. Rousseau.

Le spiritisme est une école d'enseignement mutuel d'où les maîtres sont exclus, mais où les aînés doivent instruire leurs frères cadets. J'aperçois une nouvelle question sur les attributs divins soulevée par la lettre de notre frère Régimont, de Tours :

« Dieu, l'être suprême, infini en bonté, en grandeur, en puissance peut-il être obéissant à une loi quelconque? »

La question est posée carrément, et tandis que M. Régimont dit : non, je dirai fermement : oui. Je vais proposer la solution que j'entrevois, mais je compte sur les lumières et la bienveillance de tous et de M. Pezzani en particulier pour élucider ce problème.

Dieu est-il libre ?

Nous ne pouvons concevoir Dieu que comme un être possédant à un degré infini toutes les perfections que nous trouvons à un degré fini chez les êtres intelligents de la création. Or, comme il vaut mieux pour l'homme être libre que ne l'être pas, nous en concluons que la liberté est une perfection et que Dieu doit être infiniment libre. C'est par le même raisonnement que nous distinguons en lui, la science, l'unité, l'immutabilité, l'éternité, etc... Mais cette division n'a rien de vrai pour lui et n'est établie que pour faciliter les spéculations de notre intelligence sur la nature divine. Dieu possède un seul attribut, celui *d'être de soi.*

Ecoutons Fénélon :

« Quand je dis de l'être infini qu'il est l'être, simplement, » sans rien ajouter, j'ai tout dit. Le mot d'infini que j'ai » ajouté ne lui donne rien d'effectif. C'est un terme presque » superflu que je donne à la coutume et à l'imagination des » hommes. »

Et ailleurs :

« Je distingue les perfections de Dieu, non pour me repré- » senter qu'elles ont quelque ombre de distinction entre elles, » mais pour les considérer par rapport à cette multitude de » choses créées que l'unité souveraine surpasse infiniment. » Cette distinction des perfections divines, que j'admets en » considérant Dieu, n'a donc rien de vrai en lui ; et je n'au- » rais aucune idée de lui, dès que je cesserais de le croire » souverainement un. Mais c'est un ordre et une méthode » que je mets par nécessité dans les opérations bornées et

» successives de mon esprit, pour me faire des espèces d'en-
» trepôts dans ce travail et pour contempler l'infini à diver-
» ses reprises, en le regardant par rapport aux diverses choses
» qu'il fait hors de lui. »

Considérons donc la liberté chez Dieu sans nous occuper de ses autres attributs, car lorsque nous nous aventurons dans ces régions insondables, trop élevées pour notre intelligence limitée, tout n'est que chaos et confusion. Il est rare de ne pas trouver chez Dieu deux propriétés qui se contredisent. Ce sont, a dit quelque part Bossuet, deux anneaux d'une même chaîne dont nous ne voyons pas les anneaux qui les séparent et les réunissent.

La liberté ne peut se concevoir sans la volonté, or la volonté, comme faculté, est cette propriété qu'a notre esprit de suivre ce qu'il juge meilleur entre deux biens, ou, ce qui est la même chose, d'éviter ce qui est mal. Car mal, ombre, froid et autres locutions de cette sorte, sont des quantités négatives qui indiquent le bien, la lumière ou la chaleur à un degré plus ou moins élevé. La liberté est donc la faculté de choisir.

Mais puisque la liberté est une conséquence de la volonté, il est bon de suivre celle-ci dans ses opérations. Ou l'Esprit veut de telle manière qu'il ne puisse pas ne pas vouloir, et alors plus il est élevé, plus ses actes correspondent au but où tend sa volonté. — Ainsi l'homme ne peut pas ne pas vouloir le bonheur. Tous ses actes, même les plus futiles, tendent vers ce but ; seulement, suivant ses progrès en intelligence et en moralité, il prendra des chemins plus ou moins détournés pour l'atteindre. — Ou l'Esprit veut tout en pouvant ne pas vouloir. — Ainsi je puis vouloir ou ne pas vouloir aller me promener ; et encore si nous suivions bien les opérations de cette nouvelle volonté, nous verrions qu'elle n'est qu'une conséquence de la première. L'une en est la volonté pure ;

l'autre, la volonté libre ou le libre arbitre. Or, Dieu ne possède que la première et nullement la seconde ; car à cette dernière se rapportent d'une manière spéciale les actes indifférents, et pour Dieu, il ne peut y avoir de tels actes à moins de le considérer comme un être capricieux. A un autre point de vue, le libre arbitre ne trouve ses éléments que dans les mondes inférieurs, car dans les mondes supérieurs, il s'évanouit peu à peu. Dans les sphères élevées, l'Esprit ne se trompe dans l'exercice de la volonté que par sa science finie, capable encore de l'égarer, dans le choix de deux bonnes actions, mais il n'est jamais dévoyé comme nous par les mauvaises passions dont l'influence est si grande sur notre libre arbitre. Sans même quitter notre atmosphère, suivez le libre arbitre chez l'honnête homme. Demandez-lui de tuer, ou seulement, de voler son voisin ; tentez-le s'il le faut par des offres royales. Sans aucun doute il sent bien antérieurement qu'il pourrait (je vais même peut-être trop loin dans mon assertion !) qu'il pourrait, dis-je, faire la mauvaise action que vous lui proposez, mais son esprit étant plus près de la perfection, sa volonté étant en harmonie avec une loi supérieure, il préfère obéir, il a renoncé à sa liberté d'enfreindre le commandement. Plus nous monterons dans les mondes parfaits, plus nous trouverons que la volonté de leurs habitants, se marie, s'harmonise avec la volonté divine, avec les lois éternelles, moins nous constaterons l'usage du libre arbitre.

Ces lois éternelles, expression de la volonté divine, sont-elles nécessaires, existent-elles par elles-mêmes comme l'infini ; ou Dieu aurait-il pu établir un ordre de choses tout différent ? Anéantissons ce monde, faisons disparaître jusqu'à notre pensée. Dieu aurait-il pu faire un système d'univers tel que le bien de nos mondes eut été le mal dans ceux-ci ; le mal, bien ; l'honnêteté, vice ; le vol, vertu ? Non, mille fois non. Les lois, les vérités absolues, la volonté suprême sont éternelles comme Dieu, sont Dieu. Elles coexistent à Dieu et sont par la même vertu que l'auteur de toutes choses est. Si Dieu voulait et faisait quelque chose (contradiction même dans les termes) qui ne fût pas en harmonie avec ses lois, il ne serait pas Dieu. Il n'y a pas dans ces régions élevées de miracle possible. Une dérogation à une seule loi serait la destruction, l'annihilation de l'infini et de tout ce qui existe. La volonté active et libre de Dieu est toujours en harmonie avec sa volonté législative, immuable et nécessaire ; avec sa nature incompréhensible autrement qu'elle est. Ce problème est partout vrai : les deux extrêmes se touchent, et l'être infiniment libre est l'être infiniment esclave de lui-même.

Je sais bien qu'on a fait une distinction entre les actes externes et les actes internes chez Dieu ; mais cette division est purement gratuite, car Dieu étant l'être dans lequel tout est et se meut ne peut avoir que des actes intérieurs. Une opération extérieure à lui, le rendrait fini.

Dieu a donc créé en vertu de la loi d'amour à laquelle il a été forcé d'obéir, sous peine de détruire sa perfection, c'est-à-dire l'harmonie qui existe entre sa volonté et sa nature.

Il a créé par cette même loi d'amour et par la nécessité où il est de choisir entre deux biens le plus grand bien, le meilleur univers possible ; car le mal qu'on lui reproche n'est pas son œuvre. Tout monde planétaire est le meilleur possible eu égard à l'état moral et intellectuel de ses habitants. Nous le moulons nous-mêmes. Le mal physique est la conséquence du mal moral qui est lui-même la suite du mal métaphysique.

C. Guérin.

LA PLURALITÉ DES EXISTENCES DE L'AME
(4e édition)

PAR ANDRÉ PEZZANI (1)

Nous ne venons pas ici faire l'analyse d'un ouvrage que la plupart de nos lecteurs connaissent, nous ne voulons pas non plus constater encore une fois son succès : l'écoulement de trois éditions dans l'espace d'une année à peine, est un argument plus fort que ceux dont nous pourrions nous servir nous-même. Mais nous croyons devoir faire connaître aux lecteurs de l'*Union* que, dans cette 4e édition, notre érudit et bienveillant collaborateur a ajouté, avec une seconde préface, trois chapitres très importants : *Cyrano de Bergerac,* l'école Saint-Simonienne : *Emile Barrault, Saint-Simon, Enfantin, Louis Jourdan,* et *Preuves logiques de notre doctrine;* en tout, 80 pages environ qui complètent, d'une manière définitive, cet ouvrage indispensable à quiconque aime l'étude de la philosophie se rattachant au spiritisme.

C'est à ce dernier chapitre : *Preuves logiques de notre doctrine* que nous empruntons les passages suivants :

Dieu principe unique de la certitude, manifesté par un criterium absolu, *le fait.*

Avant de faire l'application de cette méthode à notre doctrine, faisons-en voir l'excellence.

Le criterium vrai, d'abord, ne doit pas être antinomique et subjectif. Ce n'est pas l'homme relatif, fini, borné, qui doit être la mesure de toutes choses, comme le voulait anciennement Protagoras. Ce n'est pas l'être que nous sommes qui doit être le juge souverain. Le criterium doit être étéronomique (sauf à devenir plus tard autonomique par l'assimilation que nous nous en faisons au moyen de nos instruments de connaissance), il doit venir du dehors, s'imposer à nous comme absolu. Les expériences, les évidences, la foi,

---

(1) Un fort volume in-18; Paris, Didier et Ce, prix : 3 fr. 50

dans ses diversités, sont-elles autre chose qu'un état personnel? Nous trouvons le criterium dans le *fait,* ce véritable
médiateur entre l'être et l'esprit humain. Voici en quels termes de Strada le décrit : « Le *fait* vient s'élançant et bon-
» dissant de l'être ; il se rue sur l'esprit, le frappe tantôt
» directement et comme en son fond même, tantôt indirec-
» tement dans les organes matériels de la connaissance,
» tantôt à l'épiderme, tantôt au cœur ; ici par la notion, là
» par la matière ; à la pensée, aux sens, à la perception, à
» l'intuition ; par le contingent, par le nécessaire, par l'ab-
» solu, par le nombre, l'idée, la chose ; à l'intelligence, au
» sentiment, à l'œil, au toucher, à l'odorat, au goût ; ici
» heurt, là caresse ; épée pénétrante ou souffle ; étonnement
» et surprise ou résultat de la patience et de la recherche ;
» brutalité ou douceur ; épouvantement ou joie ; excitation
» ou repos ; idée pure ou contradiction ; fluide, solide,
» liquide ; nuage ou bloc ; feu, vent qui passe, pierre qui
» reste. Le *fait,* comme un réseau infrangible et sans fin,
» *enserre l'homme de toutes parts ;* il le traque, le pour-
» suit, *se colle à lui* comme la robe du centaure antique au
» corps de cet Hercule toujours nouveau ; et l'homme n'y
» peut échapper en aucune sorte ; *il n'évite un fait que pour*
» *tomber dans l'autre,* être *frappé* par celui-ci, *terrassé*
» par celui-là. L'esprit, dans un tourbillon plein de vertige,
» est *inondé par les faits* qui viennent, comme les hautes
» vagues *se succédant sans trêve, sans relâche, sans lassi-*
» *tude,* battre, frapper, miner ce roc terrible de l'ignorance,
» pour faire enfin pénétrer dans l'esprit la grande lumière
» et la grande joie de l'être. »

On ne saurait mieux exprimer la puissance toujours constante, toujours active, toujours soutenue du *fait* qui nous
enlace de ses réseaux, quand bien même nous ferions de
vains efforts pour les briser.

Pour rendre palpable la supériorité de ce divin criterium,
choisissons un exemple dans le *fait* matériel, soumis par
Bacon à l'expérience. Cette expérience, qu'en a-t-on fait de
nos jours? Elle est toute subjective et limitée à la mesure de
chaque intelligence. N'avons-nous pas entendu MM. Renan,
Littré, Havet nous déclarer *à priori* qu'il n'y a pas d'autres
agents spirituels que l'homme de cette terre, et que, toutes
les fois qu'un *fait* impliquerait l'intervention surhumaine
ou divine, il faut n'y prêter aucune attention, et le regarder
comme absurde et impossible? Si donc un fait d'apparition,
de divination, par exemple, ou tout autre fait rentrant dans

le *surhumanisme,* se manifeste et se trouve attesté par des témoins, on se tire d'affaire en prononçant les mots d'hallucination individuelle ou même collective. Vous voyez que c'est commode. Avions-nous donc tort de rejeter l'expérience comme criterium, en l'accusant d'être subjective? Avec la vraie méthode et le vrai criterium étéronomique, c'est-à-dire venant du dehors, dès qu'un *fait* se trouve attesté par des témoins désintéressés, sains de corps et d'esprit, on l'enregistre, on cherche sans doute à l'expliquer, à le soumettre aux instruments méthodiques pour lui donner l'autonomie, mais on ne le repousse pas *à priori,* ce qui est le comble de la démence et de l'aveuglement.

Car enfin le *fait,* s'il est vrai, c'est l'être, c'est Dieu se manifestant par lui-même ou par ses créatures; et que sommes-nous, atomes et pygmées, pour lutter contre lui? Il y a gros à parier d'ailleurs que, si un *fait* déclaré impossible aux yeux de notre faible jugement et inabordable à notre critique qui doit professer pour lui *un dédain transcendant,* s'est cependant produit en réalité avec le concours de certaines circonstances, qu'il se reproduira encore dans des conditions peut-être encore plus inacceptables pour notre orgueil, et que nous finirons par en être écrasés. Ce n'est point ainsi que procède notre profond auteur, car il déclare que son criterium s'applique à tout, à l'humain, au surhumain et au divin (qu'il nomme seulement à tort surnaturel, car rien ne peut avoir lieu qui soit absolument hors de la nature incréée qui est Dieu, et de la nature créée, l'homme, les Esprits, et l'univers matériel). Tôt ou tard, matérialistes et sceptiques, le fait vous abattra, vous fera tomber à deux genoux et vous fera crier merci sous sa terrassante influence. Et Descartes, avec son évidence, qu'a-t-il fait? encore du subjectif. Nous avons prouvé contre lui que, pour que son fameux principe dépassât l'expérience individuelle, il fallait d'abord tenir pour certain l'axiome suivant, *ce qui pense est*, qu'ainsi la pensée, *fait psychologique,* était la manifestation de l'être, qu'ainsi encore le fait était indissolublement uni à l'être, et que c'était l'être que l'on devait regarder comme principe primitif.

Faut-il redire à Pascal que sa foi criterium n'en est pas un, puisque le protestant, le juif, le bonze, le mahométan, le brahmane, le bouddhiste ont aussi chacun leur foi très différente et tout aussi ferme.

Donc, arrière expérience, évidence, foi, vous péchez toutes par votre autonomie, votre subjectivité!!!

Place au *fait, à l'être, à Dieu !!!*

Ces principes certains et désormais acquis à la philosophie de l'avenir, appliquons-les maintenant à l'objet de notre livre.

Examinons notre doctrine à la lueur du fait notionnel et matériel.

Le fait notionnel, c'est l'être conçu en lui-même et comme créateur.

En lui-même, il est immuable, il n'y a qu'un seul infini, un seul absolu, affirmation préantinomique.

Le fini est la réalisation de la négation dans l'affirmation, c'est le passage au relatif.

Mais l'être antinomique ne valant quelque chose que par l'être préantinomique, a pour loi tendantielle de réaliser de plus en plus les qualités nécessaires de l'absolu, et de s'en approcher progressivement toujours. En d'autres termes et pour parler vulgairement, si Dieu est immuable, les créatures sont perfectibles sans cesse et sans terme.

C'est là le fait divin absolu, et le fait divin *créatural,* résultant des mathématiques éternelles. Or une seule vie, une seule épreuve, peuvent-elles suffire pour conduire à sa destination et au progrès dont elle est susceptible la créature intelligente et morale? Nous avons tant de fois développé cette insuffisance d'une existence seule, que nos lecteurs doivent être pénétrés de cette vérité.

Ensuite pourquoi s'arrêter, pourquoi imposer des limites au progrès? Y a-t-il un seul point où l'immobilisation soit concevable? Non, car au delà il y a toujours le mieux, et c'est vers le mieux que nous aspirons. Nous renvoyons à ce que nous avons exprimé au sujet de la fausse béatitude, aussi bien que du *nirvâna* bouddhique.

Ne quittons pas encore le fait divin absolu et créatural sans faire observer que les mérites conquis par les épreuves et par la succession des vies sont le seul moyen de substituer la justice proportionnelle, dans les redressements comme dans les récompenses, à l'arbitraire, au bon plaisir, à la fantaisie. Or ce serait fausser la notion de Dieu que de le concevoir avec ces derniers attributs qui ne peuvent appartenir aux qualités nécessaires de l'être, et ne se rencontrent que dans un être imparfait et indécis, dans un moindre être.

Après le fait notionnel, le fait matériel.

Nous l'avons dit et nous ne pouvons que nous répéter : résumons du moins.

Les intelligences sont inégales sur cette terre.

La moralité est inégale aussi.

Il y a des maladies affreuses, des infirmités de naissance, des aveugles, des sourds-muets, des crétins, des idiots, des bancals, des aliénés, il y a des misères atroces.

Pauvreté extrême en face de l'excessive richesse.

Réussite constante auprès d'une incroyable détresse.

Au-dessus de ces faits patents et manifestes, n'avons-nous pas, dans un autre ordre, la sauvagerie qui représente sur notre terre les bas-fonds de l'univers ; puis la civilisation plus ou moins graduée, plus ou moins significative, qui représente le milieu et l'intermédiaire, et, parmi les civilisés, des hommes d'un *génie* plus ou moins éclatant qui représentent les régions supérieures ? Eh bien, notre doctrine des vies antérieures et postérieures de l'âme, de la solidarité de toutes les humanités et de leur parenté universelle, explique seule d'une manière plausible et logique tous ces faits indéniables qui enserrent le sceptique et le prennent à la gorge.

Nous ne voulons pas négliger non plus comme confirmatif le fait historique et traditionnel sur lequel nous nous sommes appuyé dans le courant de ce livre ; nous l'invoquons au contraire très énergiquement. N'y a-t-il pas aussi dans la naissance, la propagation, le maintien et la persistance singulière du bouddhisme, une lumière pleine d'enseignements ? Quatre cents millions d'hommes, dans l'humanité, se groupant autour d'un chef de religion sans Dieu et sans mission, créant tout, le culte et la morale, dans l'unique but d'échapper à la loi des renaissances terrestres ! Il faut donc qu'intuitivement, ou par l'action de faits continuels, les Orientaux aient cru à cette loi pour qu'ils se soient astreints à des pratiques sans valeur aucune et presque niaises, espérant s'affranchir du retour ici-bas et atteindre leur nirvâna tant désiré. Notre doctrine seule peut encore donner la clef de cette étrange religion.

Donc notre philosophie est supérieure à toutes celles qui l'ont précédée ; supérieure, pour ne prendre que les temps modernes, à Bacon avec son faux criterium de l'expérience sensible, restreinte à la matière ; à Descartes avec son faux criterium de l'évidence subjective ; à Pascal avec son faux criterium de la foi, parce que celle-ci n'était pas objective et étéronomique ; à Spinosa et à Kant se faisant une théorie de la substance purement empirique ; à Hegel avec son assimilation monstrueuse de l'être et du non-être par le *devenir* érigé en créateur de toutes choses ; à M. Cousin et à l'école éclectique prenant fort souvent le fait historique pour unique criterium, au lieu de n'y voir qu'une confirmation.

Et pourquoi notre doctrine a-t-elle cette supériorité ? Parce qu'elle est la synthèse de toutes, parce qu'elle est armée de la vraie méthode, fondée sur le vrai criterium, *le fait* comme manifestation, *l'Etre (Dieu)* comme principe.

Nous aurons occasion de revenir souvent sur ce beau livre que nous ne saurions trop recommander à nos lecteurs.

Aug. BEZ.

PROPAGATION DU SPIRITISME (1)

Malgré les journaux, les brochures de toute dimension et de toute couleur, malgré les ministres des centaines de cultes répandus sur la surface du globe, le spiritisme marche à pas de géant, envahissant peu à peu les institutions sociales, les faisant tourner à son profit.

Lors de la féconde Convention nationale des spirites américains qui fut tenue à Philadelphie (Pensylvanie), les 17, 18, 19, 20 et 21 octobre 1865, les résolutions suivantes furent prises par les compagnies des chemins de fer et des bateaux à vapeur.

Tous ceux qui, venus à Philadelphie des contrées de l'Ouest, c'est-à-dire de Pittburg ou de toute autre station du chemin de fer central de Pensylvanie, retournaient chez eux par la même voie, étaient transportés gratis sur le vu d'un certificat du secrétaire de la Convention, attestant qu'ils avaient été délégués par leurs sociétés et qu'ils avaient payé

---

(1) Sous ce titre, nous donnerons de temps à autre les extraits des journaux anglais, américains, italiens, français et allemands qui traiteront de la diffusion des idées spirites dans le monde.

place entière pour l'aller. Voici pour les spirites venant de l'Ouest ; quant à ceux venant de l'Est, le bateau à vapeur de la Compagnie, le *Neptune,* faisant le service de Providence à New-York et de New-York à Port-Monmouth, le chemin de fer desservant Camden et Philadelphie, transportaient également les délégués à prix réduit (moitié place).

Les mêmes avantages avaient été offerts par les trois compagnies des chemins de fer de Vermont, Rulland et Burlington, lors de la Convention annuelle des spirites de l'Etat de Vermont, qui eut lieu à Ludlow, les 4, 5 et 6 août 1865.

Nul doute que les mêmes dispositions auront été prises pour la réunion qui a dû avoir lieu à Worchester les 18 et 19 janvier 1866. Les spirites de Massachussets ont cru que le temps était venu pour eux, les *spirites,* de prendre une position plus prononcée vis-à-vis des principes de la doctrine, et d'inaugurer un système de propagation plus permanent que celui actuellement en vigueur. En conséquence, ils ont donc invité tous les spirites qui partagent leurs convictions à se réunir à Worchester les jours sus-indiqués, afin de délibérer sur les questions suivantes :

1° Etablir un congrès spirite permanent ;

2° Prendre les meilleures dispositions pour la propagation de la doctrine par un corps de missionnaires.

Ils ne manquent pourtant pas aux Etats-Unis, les missionnaires, les orateurs et ceux qui font des lectures sur la doctrine. Le dernier numéro du *Banner of Light* (6 janvier) en donne une liste de 114 qui se mettent à la disposition des groupes ayant besoin d'instruction ; 250 séances étaient déjà promises parmi toutes les sociétés disséminées sur le territoire américain. Combien d'autres qui ne sont pas à notre connaissance !

Les défections se suivent de l'autre côté de l'Atlantique, parmi les ministres presbytériens, anabaptistes, méthodistes, etc. Encore un déserteur. Le révérend M. M. Cord, professeur de langues modernes à Centralia (Illinois), élevé par l'Eglise presbytérienne de Cumberland pour entrer dans les ordres, écrit au *Banner of Light* que, pressé par son amour de la vérité, par les expériences dont il a été témoin, il rejette ses anciennes erreurs pour se livrer à l'étude du spiritisme : « Mes amis d'outre-tombe, dit-il, m'ont ouvert les yeux et les oreilles ; j'ai pu les voir et les entendre. Ils ont pu m'accorder, bien qu'indigne, le pouvoir de guérir les malades, de consoler les affligés. Si donc je suis utile à la cause spirite, je me mets à la disposition de tous mes nouveaux frères. »

Nous connaissons cette réclame vont crier tous les anti-spirites. Existe-t-il en Amérique un véritable adepte d'une religion quelconque? Il n'y a qu'un seul culte, celui du Veau d'or, l'adoration du Dieu Dollar. Le spiritisme est une bonne veine à exploiter, exploitons. Voilà le langage qu'on va nous tenir, et s'il était vrai, nous n'aurions qu'à gémir sur cet *Auri sacra fames*. Mais telle n'est pas la vérité. Notre ami Bez a expliqué dernièrement comment, en Amérique, les prédicateurs des différents cultes, comme les professeurs de science et de lettres, ont besoin d'un salaire pour se faire entendre. Sans aller aussi loin, nous trouverions peut-être la même méthode adoptée chez nous. Rien d'étonnant donc à ce que les vulgarisateurs de la doctrine spirite, qui se transportent d'une ville à une autre, perçoivent une rétribution pour leurs frais de déplacement. Font-ils fortune? Laissons pour cela la parole à M. Warren-Chase, auteur de plusieurs ouvrages estimés : « Je viens, dit-il, de donner trente-sept lectures dans douze villes et six églises. Voici les prix reçus pour ces trente-sept lectures, les plus hauts et les plus bas, tout en remerciant également ceux qui m'ont donné rien ou beaucoup. — Reçu pour lectures :

77 dollars (environ 385 fr.) Plus haut prix, 6 dollars ; plus bas, *nix ;* moyenne, 2 dollars ; dépenses de voyage, moitié. Reste net, 36 dollars (180 fr.) » Trois mois de travail pour 180 francs ! Plairait-il à tous ceux qui traitent les spirites de charlatans d'aligner leur budget pour le mettre en parallèle avec celui-ci ? Un autre médium américain, dont le nom me fuit, a encore moins gagné, car, tombé malade, il, ou plutôt elle, (c'était une femme) a eu pour toute ressource.... l'hôpital !

Enjambons l'Atlantique. Nous voici chez nos voisins de la Manche. De ces grandes assemblées populaires où l'on discute librement et à œil ouvert les besoins et les tendances du spiritisme, nous tombons — j'ai bien dit — nous tombons dans les salles de Saint-James, Regent-Street et Piccadilly. Nous voilà au milieu de l'aristocratie scientifique et littéraire. La parole est à Miss Emma Hardinge, le célèbre médium improvisateur, qui pendant la campagne politique pour la réélection de Lincoln a prononcé trente-deux discours dans trente-huit jours. Si nous ne craignions de pénétrer sur un terrain qui n'est pas le nôtre, nous dirions que c'est grâce à l'élément spirite que la réélection de Lincoln a été assurée, et par conséquent l'esclavage aboli aux Etats-Unis. C'est depuis quelques jours seulement que l'ex-actrice, rétablie des fatigues de la traversée, a pu se rendre au désir de ses amis, et leur faire entendre un talent hors ligne qui a fait courir toute l'Amérique à ses séances. Sept magnifiques discours ont déjà été prononcés dans des réunions particulières, dont le dernier sur les *enfers,* dit le *Spiritual Magazine,* a été un véritable chef-d'œuvre d'éloquence. Cent cinquante à deux cents personnages éminents de Londres se sont réunis et ont organisé des *soirées d'hiver* pour étudier la doctrine et les phénomènes spirites. Les salles de Saint-James ont été mises pour cela à la disposition de Miss

Emma Hardinge où elle développera devant le public les instructions des Esprits.

Le *Spiritual Lyceum*, de son côté, continue la vulgarisation de l'idée. Tous les dimanches soirs à 7 heures, discours de M. J.-H. Powell, sur un sujet emprunté au spiritisme.

Nous ne pouvons pas terminer sans parler des projets de congrès qui circulent parmi les spirites de Londres :

« Il nous a toujours semblé, écrit le *Spiritual Times*, qu'une réunion de spirites tenue à Londres, produirait beaucoup de bien. Notre siècle est le siècle du progrès, mais le progrès est aussi le pivot sur lequel roule le spiritisme. C'est dans le libre commerce de la pensée que le progrès trouve les éléments de sa vie. Nous avons encore beaucoup, beaucoup à faire avant de nous féliciter de la position occupée par le spiritisme. Une assemblée de spirites dans la capitale de l'Angleterre inaugurera une nouvelle ère pour la doctrine, détruira les susceptibilités de partis, les vues étroites qui sont des entraves à notre marche en avant. Du frottement des hommes de toutes les classes sort toujours un grand bien. C'est ainsi que nous pourrons discuter librement et faire pénétrer dans les grandes questions qui sont plus que titres et propriétés. Réunissons-nous donc et examinons les idées que le spiritisme a fait naître. »

M. J. Murray-Spear, répondant à cet appel, s'étonne de n'avoir encore vu s'organiser en Angleterre que la petite réunion de Darlington, tandis que depuis douze ans les spirites américains tiennent des congrès imposants dont on ne peut contester l'utilité. Il propose donc pour la première réunion générale l'examen des sujets suivants :

1º Rapports entre l'homme et le monde spirituel ;

2º Education des jeunes spirites ;

3º Relations entre l'ancien et le nouveau monde, surtout entre la Grande-Bretagne et les Etats-Unis ;

4° Propagation des ouvrages spirites, établissement de lycées, encouragements à donner aux médiums et aux vulgarisateurs ;

5° Liens à créer entre tous les spirites et les autres amis du progrès ;

6° Position de la femme dans le monde.

Et nous, ne ferons-nous donc rien ? Est-ce que le spiritisme a conquis en France une position telle que nous n'ayons plus qu'à nous endormir dans les délices de Capoue ? Le monde connaît-il bien nos principes ? le journalisme a-t-il bien présenté nos croyances et nos aspirations sous leur véritable jour ? Pendant que nous voyons les sociétés savantes et littéraires se réunir chaque année, sera-t-il dit que les sociétés spirites n'auront pas un congrès pour accélérer la marche des idées de progrès, de liberté de conscience, de mutualité et de solidarité universelles, et partant de charité ? Car, sans regarder au dehors, avons-nous bien tous, les uns pour les autres, la déférence, le respect et l'amour surtout que nous prêchons de paroles, mais qu'il vaudrait beaucoup mieux prêcher d'action ? Je crois donc qu'une réunion serait avantageuse aux spirites en particulier, au spiritisme en général, et aux masses aussi.

Le *Monde* dit beaucoup de bien d'un ouvrage écrit contre le spiritisme, par M. Gougenot des Mousseaux et intitulé : *Mœurs et Pratiques des démons*. Tant mieux ! L'idée n'en ira que plus vite. Les ouvrages antispirites dans le genre de ce dernier s'adressent à trois catégories de lecteurs : aux catholiques, nous ne voulons pas les convaincre ; aux spirites, ils n'abandonneront pas leur croyance ; aux libres penseurs, s'ils ont des conclusions démoniaques à en tirer, je doute fort qu'elles coïncident avec celles du chevalier des Mousseaux.

C. GUÉRIN.

Faits spirites

MOLESTATION

Le 29 mars 1749, il arriva à Müldorff, ville du mandement de Strasbourg, devant un grand nombre de personnes, en plein jour, un fait qui confirme l'existence et l'apparition des Esprits. Le voici tel qu'on le lit dans les actes publics :
Dans la boutique d'un forgeron, des instruments se mirent subitement en mouvement, tenailles, marteaux, enclumes, etc., etc..... ils s'élevaient en l'air, tourbillonnaient et tombaient ; un spectateur fut atteint par un marteau, un autre dans les épaules par un morceau de fer, un troisième par un instrument piquant, mais tous légèrement et sans douleur, car il semblait que ces corps avaient perdu leur pesanteur. Le maître et les ouvriers en étaient tout effrayés. Presque toute la ville accourut pour être témoin du phénomène. Seule, la servante du forgeron, une nommée Anne-Marie Baverin, riait et disait n'avoir aucune peur du vacarme. Prêtres et frères d'accourir avec de l'eau bénite et leurs goupillons, mais inutilement. On observa seulement que quand la Baverin était hors de la maison, tout rentrait dans le calme pour recommencer le vacarme aussitôt son retour.

Le tribunal s'en mêla, et le fait, certifié par le témoignage de nombreuses personnes, donna naissance à une procédure contre Anne-Marie « qui, dit l'auteur, avoua faire toutes ces choses par la vertu d'un mauvais Esprit. »

C'était alors le beau temps de la torture. Anne-Marie n'a-t-elle pas parlé ainsi sous les douleurs des tenailles et des coins ?

Pour nous, sa puissance s'explique facilement, elle était un médium inconscient de sa faculté.

(Annalli dello Spiritimo.)
Extrait des *Apparitions du P. Caralli.*
(Traduction de C. GUÉRIN.)

Bibliographie

Les nombreuses demandes qui nous ont été faites depuis la publication, dans l'*Union,* de la *Lettre à MM. les Directeurs et à MM. les Rédacteurs des journaux antispirites* (demandes auxquelles il nous a été impossible de répondre, pour la plupart du moins, afin de ne pas mutiler les collections du journal), nous ont amené à la livrer de nouveau au public sous forme de brochure.

Nous engageons vivement tous ceux de nos lecteurs qui ont été indignés de la conduite des journaux antispirites, tous les vrais partisans de la liberté de discussion, à répandre autant qu'il leur sera possible ce petit opuscule destiné, croyons-nous, à faire comprendre à nos adversaires combien la tactique qu'ils ont suivie jusqu'à ce jour pour l'examen de la question spirite est radicalement opposée, non-seulement à tout principe du libéralisme, mais encore au plus simple bon sens.

La *Lettre à MM. les Directeurs et à MM. les Rédacteurs des journaux antispirites,* formant une brochure in-8° de 64 pages ; prix : 50 cent., sera expédiée *franco* par la poste à tous ceux qui voudront bien en faire la demande au bureau de l'*Union spirite bordelaise.*   AUG. BEZ.

Le *Banner of Light,* romans, littérature, nouvelles, exposé de la philosophie spirite du XIXe siècle, se publie toutes les semaines. 40 colonnes d'impression (8 pages, édition très compacte), format des grands journaux.

La partie littéraire contient des nouvelles inédites, des traductions de romans français ou allemands.

Communications. — Sous ce titre le journal donne les dictées des Esprits, obtenues par la médiumnité de Mme Conant et qui prouvent la communication directe du monde visible avec le monde invisible.

M. Luther Colby, le directeur, se réserve toujours une partie fort intéressante où il passe en revue la philosophie spirite et ses tendances. Les publications et les livres nouveaux y sont soigneusement examinés.

Quelques petites historiettes inédites, des morceaux de poésie, des nouvelles attrayantes sont aussi publiés pour les enfants.

Sous le titre de *Essais inédits,* le spiritisme, la philosophie et les sciences offrent des sujets toujours intéressants.

Une bonne page est également consacrée aux discours spirites obtenus par des orateurs ordinaires ou en état d'extase.

Cet organe, très répandu dans les pays où l'anglais est parlé, défend avec talent et conviction les principes de la doctrine spirite. — Prix, 3 dollars, le port en sus. — 108, Washington street, Boston (Massachussets).

Communications médianimiques

PEUPLES, RELEVEZ-VOUS
Lyon. — *Médium*, Mme B...

Peuples, relevez-vous, voici que l'heure est arrivée et que votre régénération s'approche ; tendez-vous la main pour vous élancer fraternellement dans l'immensité, ne vous divisez pas, le même père vous a créés, la même essence vous anime, le même ciel vous attend. Pourquoi tant de dissensions autour d'un même culte, celui de Dieu et la reconnaissance que chaque homme lui doit pour l'avoir créé immortel et lui avoir donné l'univers et l'éternité.

Qu'importe la forme de votre prière et l'idiome dont vous vous servez pour adresser à Dieu l'expression de votre amour pour lui. Les mondes quels qu'ils soient, les divisions de ces mondes, si nombreuses soient-elles, reconnaissent un même Dieu et sont régis par lui, pourtant chaque peuple se sert d'un langage bien différent pour traduire les pensées de son cœur. Comment, vous qui parlez la même langue, qui habitez un si étroit espace de la terre, ne pouvez-vous vivre sympathiquement, et vous arrêtez-vous à chaque pas pour effeuiller toutes les fleurs des hypothèses et des systèmes connus. Ne craignez-vous pas que Dieu ne vous demande un jour compte du temps que vous avez perdu à discuter une chose impossible dans ses effets et dans ses causes. Comment vous, réputés un peuple intelligent, comprimez-vous cette intelligence pour la laisser s'humidifier au-dessus des vapeurs d'une chaudière bouillante représentant l'enfer et ses châtiments éternels. Debout, peuples de la terre, les hypothèses et les superstitions ont fini leur règne, la raison et la foi leur succèdent et le cœur les accompagne ; le temps est venu où la conscience ne s'endort plus et où elle relève enfin la tête pour prendre à son tour le rang que Dieu lui a assigné dans cette lutte constante entre le bien et le mal ; et la conscience vous dit : ô vous qui avez ouvert votre cœur à la croyance en la vérité et à la fraternité des peuples, regardez au-delà de la tombe, voyez, l'Esprit s'avance au-devant d'autres Esprits, ses frères, la pensée rayonne et, resplendissante de lumière, elle attire le rayonnement des autres pensées et toutes voltigeant, s'appelant, se cherchant, ressemblent à des points lumineux qui partent d'un centre flamboyant. Votre intelligence déploie ses ailes et, dans ce foyer d'amour, s'en va toujours grandissant, car elle a brisé les entraves de l'égoïsme et de l'hypocrisie. Ne la renouez plus à ce pivot trompeur de la matérialité, ne l'atrophiez plus dans ces recherches si mesquines de votre bien-être terrestre et du luxueux mirage de vos espérances déçues. Laissez-la s'élancer dans les régions célestes où l'on respire l'amour et la miséricorde de Dieu ; elle rapportera de ces vastes champs émaillés de toutes les généreuses pensées de l'âme, une initiative dont vous ressentirez les effets. Elle vous dira, cette jeune intelligence, les merveilles de Dieu ; elle vous racontera les sympathiques élans qu'elle a rencontrés chez les Esprits de l'espace, et vous montrant chez vous et autour de vous vos discordes, vos récriminations et surtout vos erreurs, elle vous dira :

Peuples, relevez la tête, unissez-vous dans un même amour qui aura Dieu pour soutien et votre fraternité pour but. Tendez-vous une main amie, oubliez des dissensions dont vous rougiriez si vous aviez conscience des erreurs pour lesquelles vous combattez ; ne vous raccrochez pas à cette fable oubliée d'un enfer et de ses conséquences effroyables. Dieu, la lumière éternelle, vous a créés pour la vérité et non pour les mystères et vous a donné l'éternité pour vous aimer et non pour éterniser vos souffrances.

Dieu a voulu que l'amour universel fut votre seul but, on s'aime mal quand on est malheureux ; votre félicité suprême a donc été la seule préoccupation du Créateur, et c'est à cette félicité que vous devez travailler. Qu'importent les paroles de quelques sceptiques ! L'incrédulité est semblable à un paravent, derrière lequel on cache souvent un doute, souvent aussi une croyance que l'on n'ose pas avouer. Bien des hommes n'ont pas le courage de leur opinion, mais lorsqu'on peut, comme vous, avancer hardiment que l'on croit parce que le cœur tout entier palpite d'espérance à la pensée de la vie éternelle, on convie alors tous ses frères à ce banquet de la foi en priant Dieu de permettre que chacun y vienne prendre sa part. JEAN.

Bordeaux. — Imprimerie CHAYNES et MALICHECQ, c. d'Aquit., 57.

L'UNION SPIRITE BORDELAISE

REVUE DE L'ENSEIGNEMENT DES ESPRITS

PREMIÈRE ANNÉE — N° 38. — 8 MARS 1866.

ÉTAT HIÉRARCHIQUE DES ESPRITS
QUI SE COMMUNIQUENT
Suite (1)

Nous disions en finissant notre dernier article sur ce sujet : « Toute communication qui serait contraire aux données de la saine et commune raison, obscure, prétentieuse, énigmatique porte en elle un caractère négatif d'une intervention supérieure.

Au contraire, toute communication émanant d'un Esprit supérieur sera claire, nette, en harmonie parfaite avec les données de la raison humaine, ne les froissant ni ne les dépassant. Ce caractère, trait distinctif de tout Esprit supérieur, l'accompagne nécessairement, sans cependant être par lui seul pour l'œuvre qu'il distingue une preuve absolue d'origine supérieure, à moins qu'il ne se reproduise constamment, avec éclat et longtemps ; car dans ce cas, il surpasserait les forces humaines, et ne s'expliquerait que par une intervention supérieure.

Or, à la clarté de ce double principe, que devient la difficulté qui a si fort inquiété plusieurs de nos frères, et que prouvent contre des interventions augustes les faits qui servent de point de départ à l'opinion contraire ?

Rien de nouveau dans les communications spirites accré-

(1) **L'*Union spirite*, tome III, pages 73 et 169.**

ditées. Effectivement la généralité des Esprits qui, à notre
époque, ont assisté les médiums, sont purs de deux défauts
les plus ordinaires et les plus difficiles à éviter en ces sortes
de matières : de l'obscurité, passez-moi le mot, du *galima-
tias*, et de prétentions orgueilleuses. Non seulement rien de
semblable ne fait le fond de leurs dictées, mais, malgré toutes les peines qu'on s'est données, on n'a pu y en découvrir
la moindre trace. Rien, absolument rien à mettre à leur
charge. En d'autres termes, les communications spirites
portent, d'une manière supérieure à tout ce qui s'est vu
jusqu'ici en ce genre, le premier caractère de toute bonne
inspiration, caractère purement négatif, consistant en ce
que l'Esprit ne soit point vain, prétentieux, systématique et
ne cherche point à en imposer par un langage singulier,
apocalyptique. Est-ce là ce que signifie le cri d'alarme qu'on
a jeté? Il faut au moins convenir qu'il n'est guère dangereux,
et qu'il est fort maladroit s'il cachait des espérances coupables.

Mais il s'en faut beaucoup qu'il n'y ait qu'une justification
dans le reproche qu'on a adressé aux communications. Malgré la confiance entière que nous inspire tout ce que nous
avons dit jusqu'ici à l'appui de l'intervention directe, personnelle des Esprits supérieurs, nous croyons trouver ici
dans ce fait extraordinaire qu'il n'y a rien de nouveau dans
les communications spirites, la preuve la plus forte, la plus
inattaquable de cette même intervention, intime, puissante,
vraie, incessante.

CARACTÈRE DE TOUTE PHILOSOPHIE ET RÉVÉLATION

Une révélation où il ne se rencontre point d'idées nouvelles, ou, en termes synonymes, obscures, étranges, irration-
nelles, énigmatiques, et, si elles sont vraies, au-dessus des

plus fortes intelligences humaines, est-ce chose si commune, si ordinaire, pour qu'il soit permis, quand elle se présente, de ne pas s'en préoccuper et de ne pas en rechercher l'explication? Nous ne le pensons pas. Pour préciser davantage les idées, nous allons adopter un point de repère bien connu et substituer à la désignation un peu vague de communications médianimiques le *Livre des Esprits* qui, jusqu'à présent, en est certainement le résumé le plus élevé et le plus parfait. A ce livre entendu en ce sens, nous comparerons non des faits obscurs, mal définis, incertains, mais des documents reconnus, authentiques, officiels : les livres inspirés de tous les peuples et les divers systèmes philosophiques qui se sont produits.

Le caractère le plus frappant commun à tous les livres sacrés, c'est de quelque nom qu'on l'appelle selon la diversité des pays et des choses, c'est le mystère, c'est-à-dire, d'après la définition théologique même du mot : une vérité au-dessus de la raison humaine. Aux enseignements graves, positifs, sérieux que de tout temps les Esprits ont donnés aux hommes, ils ont mêlé un certain nombre d'idées inintelligibles à la raison humaine terrestre. Est-ce parce qu'eux-mêmes en étaient fortement imbus et les regardaient comme des vérités au moins temporairement salutaires ; ou bien, ayant embrassé dans une vaste conception la création tout entière et son divin auteur, ont-ils livré un système grandiose peut-être, mais purement subjectif et personnel, selon ce désir si irrésistible pour certains esprits de propager les idées vraies ou fausses dont on est le père ; ou bien encore, s'accommodant à la faiblesse humaine, ne cherchaient-ils, en agissant ainsi, qu'à concilier plus d'autorité et de prestige à la partie la plus importante de leurs enseignements, en la faisant sagement bénéficier de ce respect aveugle et profond que l'homme n'accordait alors qu'à ce qui était inconnu, surprenant, mystérieux? Il serait difficile de le décider. Qu'il nous suffise de constater le fait sans en rechercher les causes, multiples sans doute et relativement bonnes.

Parallèlement aux divers systèmes religieux, se sont produits avec éclat dans le monde un grand nombre de systèmes philosophiques. En en prenant connaissance, en les étudiant, ce qui frappe avant tout, c'est que, s'ils ne sont tout-à-fait incomplets ou superficiels, ils se font tous remarquer, et cela le plus ordinairement dans leurs parties les plus importantes, par des idées excentriques, incroyables, les unes évidemment erronées, les autres obscures, insaisissables, et qui ne sont entièrement intelligibles, comme l'a naïvement déclaré tel philosophe allemand lui-même, qu'au moi qui les a conçues. Si ce n'est là le mystère, ce n'est guère mieux; ce sont, sinon les erreurs et les contradictions les plus manifestes, les ténèbres les plus épaisses, les singularités les plus choquantes, et, après de courtes réflexions, en comparant on s'aperçoit, non sans étonnement, que l'obstacle capital contre lequel on vient heurter ici n'est pas au fond différent de celui qui sert de borne à toutes les révélations religieuses : le mystère, l'insondable, le défaut de clarté et de saine raison, obstacle gigantesque, universel, absolu, contre lequel se sont simultanément essayées et sont venu échouer les forces humaines les plus imposantes, philosophiques et religieuses, réunies dans des efforts héroïques et désespérés.

Le spiritisme a-t-il été à cet égard plus heureux dans ses tentatives? Ici nous faisons avant tout appel à la bonne foi de nos frères. N'est-il pas vrai que ce qui frappe, charme et fascine l'esprit à la lecture du *Livre des Esprits,* c'est ce langage égal, simple, naturel; c'est cette philosophie si douce, si pure, si lumineuse ; ce sont ces pensées si profondes et exprimées avec cette merveilleuse clarté qui les rend intelligibles à l'enfant même ; à ce point qu'il est vrai de dire que parmi les causes purement humaines du succès des idées spirites, la première, sans contredit, est cette précieuse et rare faculté qui permet à Allan Kardec de se mettre avec aisance et dignité à la portée de tout le monde. Son livre, grâce à la noble simplicité qui le distingue, fera la longue joie de nos descendants et sera encore aimé par la postérité la plus reculée.

D'autres hommes que des spirites ont lu ce livre. Sa partie philosophique, ont-ils fait remarquer avec une impartialité qui les honore, était plus ou moins connue auparavant, et toutes les idées qui y figurent avaient été au moins une fois déjà éditées. En descendant le courant de l'histoire, on les voit toutes apparaître successivement, de plus en plus pressées, de plus en plus belles, à mesure qu'on se rapproche davantage des temps actuels. Ce sont toutes, si vous y tenez, des chefs-d'œuvre, des toiles admirables, mais où il n'y a de neuf que les cadres dans lesquels elles brillent, et que la splendide galerie qu'un homme de génie leur a élevée. Ce jugement dans sa généralité est vrai et nous l'acceptons.

Les ennemis du spiritisme et d'Allan Kardec, eux aussi, ont daigné lire ce livre, et, après l'avoir examiné, déclarer avec une emphase qui fait presque rire que tout y était médiocre, très ordinaire, vieux, trop vieux même et mis au rebut depuis longtemps ; que c'était une œuvre sans portée ni valeur philosophique, car on y chercherait en vain ces études profondes, ces considérations sublimes, ces vues d'aigle, ces témérités de la pensée, ces abstractions subtiles, ces théories nuageuses et indéfinissables dans lesquelles se drapent avec tant de bonheur les demi-dieux de la philosophie.

Comme on voit, il y a unanimité à accorder au spiritisme un caractère tout contraire à celui des philosophies et des religions. On lui reproche d'être trop clair, trop accessible à l'intelligence, trop facile à comprendre. Et en effet, au mystère religieux le spiritisme a partout substitué la clarté, l'évidence et l'autorité de la raison ; aux spéculations philosophiques incertaines, ténébreuses ou dangereuses encore dans l'état actuel de l'humanité, des propositions simples, catégoriques, intelligibles, négatives quelquefois, mais par là même toujours sages et utiles. C'est que, grâce à une forme qui le distingue radicalement de tous ses prédécesseurs, il a su s'élever à un point de vue nouveau, d'où il pouvait contempler la création sous son véritable aspect et en saisir avec précision l'harmonieux ensemble.

C'est donc au même degré de perfection que, dans les communications spirites, se rencontre le second aussi bien que le premier caractère de toute bonne inspiration, caractère positif, consistant en ce que l'Esprit reste constamment simple, naturel, sérieux et incapable de reproduire des systèmes inutiles, des idées impossibles.

Or, si l'on considère que ce caractère se rencontre constamment dans un nombre presque infini de communications, écrites sur toutes sortes de sujets, par toutes sortes de médiums, à des temps et en des pays très différents ; qu'il brille à toutes les pages d'un grand volume, et se maintient, sans jamais faiblir, à travers un vaste système philosophique et religieux, il est impossible qu'on ne soit vivement frappé de la grandeur insolite du résultat obtenu. Rien de plus difficile, rien de plus impossible à l'homme que d'être constamment, invariablement clair dans les idées et dans l'expression. Toutes les forces de la terre s'étaient coalisées en vain pour remporter cette victoire ; et aujourd'hui même, malgré les exigences de l'esprit moderne qui ne goûte plus que ce qui est positif et ne s'éprend guère que de ce qui est clair, y a-t-il beaucoup de philosophes, beaucoup de penseurs et d'écrivains qui possèdent cette double qualité et en fassent preuve dans un grand nombre d'ouvrages? Le spiritisme porte donc en lui-même des traces évidentes d'une force qui n'est pas propre à l'homme; et tout en accordant que l'humanité soit de nos jours plus forte, plus intelligente, il est impossible que nos ressources se soient si démesurément et si brusquement accrues, au point de combler le déficit considérable qui avait été de tout temps constaté et senti.

Soit $A > 2(b + c + d)$; et $E < A - 2(b + c + d)$, on aura $A > 2(b + c + d) + E$, tandis qu'il serait absurde de conclure $A = 2(b + c + d) + E$. Or, en reconnaissant la netteté, la simplicité, la clarté des idées spirites, et en niant en même temps l'intervention directe des Esprits supérieurs, on n'est pas moins absurde. Il faut que les moyens soient proportionnés à la fin; si la fin surpasse les forces humaines, il faut que les moyens les surpassent également. Des échecs quotidiens avaient constaté une disproportion entre l'intelligibilité constante de l'idée et l'intelligence de l'esprit humain; or, subitement la disproportion cesse, le vide se comble. Tout un immense système se produit, se répand, il est étonnamment clair et intelligible. Si la cause ne s'en trouve dans l'humanité, il faut qu'il y ait intervention, accession de forces extérieures suffisantes.

C'est ainsi qu'un caractère de certitude mathématique s'attache à la proposition de l'intervention directe d'Esprits supérieurs dans les travaux médianimiques qui se sont accomplis et qui s'accomplissent encore à cette heure.

CONSÉQUENCES PRATIQUES

Spirites, mes frères, comme moi sans doute vous avez été profondément affectés par une idée étrange, invraisemblable au moins qui s'était inopinément fait jour au milieu de nous.

Les Esprits supérieurs, les messagers autorisés, les amis intimes du Père, nous disait-on, ne visitent pas eux-mêmes nos excellents médiums, sont étrangers, au moins par une collaboration personnelle, à la sublime œuvre, à la révélation nouvelle, au mouvement grandiose qui nous emporte ; et, attristés peut-être et découragés, non seulement vous avez traité avec moins d'intime sympathie les chers médiateurs et recherché avec moins d'avidité les occasions précieuses où leur faculté s'exerçait au profit de votre âme, mais vous avez encore laissé échapper de vos mains le livre jusqu'ici cher et vénéré qui, par sa doctrine si pure et si belle avait arraché nos âmes au doute, à la mort et aux affreuses ténèbres qui désolent encore tant de nos frères de l'humanité. Eh bien ! élevez vos âmes, réjouissez-vous. Il est faux que les grands Esprits ne visitent pas nos bons médiums, n'inspirent pas leurs enseignements. Loin de là, ils les assistent intimement et comblent de faveurs insignes les doux et humbles de cœur. Revenez donc à vos premiers sentiments, élargissez-les, cultivez-les avec un nouveau soin. Traitez avec considération ces êtres distingués, faits d'électricité ; recueillez avec respect les précieuses dépêches qu'ils développent sous nos regards ; aimez-les et soupirez après leur présence, à cause des hôtes illustres qui ont un pied-à-terre chez eux. En ce qui concerne ce beau, ce saint, ce divin livre, reprenez-le avec plus de joie et plus de confiance que jamais. On s'était hâtivement prononcé sur son origine, et, ébloui par des clartés trop vives, on n'avait pu y voir de suite la grande âme des divins Esprits qui le remplit tout entier. Loin de redouter encore le mot qui vous avait effrayé ou d'en rougir, faites-le graver en caractères d'or au frontispice de l'œuvre, car il en est le sceau divin : ici tout est lumière et harmonie, pas d'énigme ni de mystère. Qu'un personnage de la cour céleste veuille en effet se rendre visible au milieu de nous, entrer en rapports personnels avec les hommes, les édifier par ses exemples et leur indiquer avec autorité la voie à suivre, pourrait-il, dites, autrement et mieux se faire reconnaître que par le rare assemblage des qualités qui brillent avec une si merveilleuse perfection à toutes les pages et dans tous les enseignements du *Livre des Esprits?*

Essences célestes, anges de la bonté, interprètes de la gloire, brillants génies de l'amour divin qui daignez nous visiter et réjouir de votre présence les ombres de la terre, Dieu vous rende au centuple tout le bien que vous nous faites! Restez avec nous, priez toujours pour ceux qui vous appellent, assistez toujours ceux qui sont humbles, et plus que jamais soyez sur l'homme de votre choix afin que tous, lui, vous, nous, répondions dignement aux grands bienfaits, à l'immense charité du Père commun.

Et toi surtout, Esprit divin, ange tutélaire, Quômes, aimable compagnon, comme en ton vieux style tu veux bien t'appeler toi-même, agrée les hommages de mon amour et de ma reconnaissance. Si trop souvent je t'attriste, pardonne, sois indulgent et ne m'abandonne pas, mais daigne, grand et puissant ami, daigne m'accompagner toujours, éclairer encore ma route et soutenir mes pas chancelants!

CONCLUSIONS

Le fait de l'intervention personnelle d'Esprits supérieurs étant constaté, il en découle des conclusions nombreuses dont nous allons relever les plus importantes au point de vue de l'état hiérarchique des Esprits qui se communiquent.

La distance qui sépare du créateur les êtres intelligents est infinie, et sur toute cette incommensurable étendue s'échelonnent en quantités innombrables des Esprits plus ou moins avancés selon la perfection plus ou moins grande qu'ils ont acquise. Comme sans être avancés nous ne sommes cependant pas les plus arriérés sur le chemin du ciel, nous avons dans le monde spirituel des inférieurs, des égaux et des supérieurs.

Les inférieurs ne possédant encore que les rudiments de l'être intellectuel et moral, s'ils peuvent dans certaines circonstances produire des effets médianimiques au milieu de nous, ne sauraient nous être avantageux qu'en nous fournissant par cette intervention l'occasion de leur être secourables et un champ particulier d'observations intéressantes et instructives. Les Esprits inférieurs se communiquent donc rarement d'une manière consciente. S'il s'agissait de rapports non d'eux à nous, mais de nous à eux, la question serait toute différente et la réponse à faire affirmative. Car on ne saurait nier que dans le but de leur être utiles nous pouvons entrer en relations avec les Esprits inférieurs pendant le sommeil ou autrement. Certains rêves bizarres ou pénibles ne semblent même être que des souvenirs de ces sortes de relations.

Nos égaux spirites ce sont tous les Esprits de la grande famille humaine qui non-seulement peuplent la terre, mais sans le moindre doute tout l'archipel connu dans la géographie céleste sous le nom de système solaire.

Tous les Esprits de cette famille ne sont pas exactement sur la même ligne de perfection, il y a parmi eux des grands, des moyens et des petits. Un tel a rempli de son vivant un rôle important, une mission difficile; celui-ci a brillé par son grand savoir, celui-là par son admirable vertu; tels globes forment la demeure des grands, tels autres globes le quartier des moyens, la terre et plusieurs autres planètes sont notre séjour à nous, à peu de chose près les plus petits et les plus étourdis de la famille ; mais quelque différence intérieure ou extérieure, locale ou personnelle qui les caractérise et les sépare, nul de ces Esprits n'est supérieur aux autres dans le sens propre du mot, ce sont tous, quelque nom qu'ils portent, des frères, des fils de l'homme, revêtus des caractères généraux et distinctifs de la famille.

Or, lorsque des circonstances heureuses permettent aux hommes de se voir, de se réunir et de jouir du plaisir réciproque de la conversation, quels sont ceux qui se réunissent le plus ordinairement? Ceux nécessairement qui ont des goûts, des pensées, des besoins ou des intérêts analogues. Les Esprits donc qui semblent devoir se rencontrer en majorité dans nos groupes, ce sont tous ceux qui, soit ici-bas, soit ailleurs, ont mené une vie très semblable, presque identique peut-être à notre propre existence terrestre, et sauf les exceptions que ce travail signale, les Esprits qui se communiquent le plus ordinairement ne sont que d'anciens frères, nos pères, nos amis, nos sœurs partis avant nous et nous attendant de l'autre côté de la tombe.

Au-dessus de la famille humaine se rencontrent des familles de plus en plus avancées, de plus en plus nombreuses et parfaites. Ce sont à proprement parler nos supérieurs. Nul d'entre eux ne s'incarne au milieu de nous, mais ils fréquentent invisiblement nos réunions et se communiquent autant qu'il est possible aux médiums capables de recevoir leur action.

Parmi les Esprits donc qui se communiquent et dont nous recevons les instructions, la plupart sont nos égaux, nos semblables, formant la population naturelle de notre système planétaire, plusieurs nous sont supérieurs, peu qui nous soient très supérieurs et moins encore qui approchent de plus près des divines demeures.

SIGNATURES DES ESPRITS

Mais on se demande comment il sera possible de s'orienter au milieu d'une si grande quantité et variété d'Esprits. Généralement ils signent leurs communications d'un nom historique, symbolique ou arbitraire. Pour s'éclairer sur leur véritable état hiérarchique, peut-on, outre les caractères généraux, négatifs et positifs indiqués plus haut, avoir égard à la signature ou simplement croire l'Esprit quand il affirme être un Esprit supérieur.

Les Esprits supérieurs sans exception et presque tous nos égaux n'ont pas de nom pour nous, et de quelque manière qu'ils signent c'est de leur part une pure formalité, à laquelle ils s'assujétissent pour se rendre à nos désirs ou faciliter notre instruction. Allan Kardec a traité ce sujet avec l'autorité qui caractérise tous ses écrits, et il est indispensable de méditer le chapitre 24, et particulièrement les nᵐˢ 255, 260, 261, 267, 13°, 14°, 268 du *Livre des Médiums*.

Le nom de l'Esprit ne signifie donc rien, et s'il y a doute sur la valeur de l'Esprit, voici les règles pratiques auxquelles il nous parait sage de s'arrêter. *Nemo præsumitur malus, nisi probetur,* dit-on en droit. Sans preuve on ne saurait condamner personne. Ce n'est donc que lorsque l'Esprit manque aux lois essentielles qui doivent caractériser toute bonne communication qu'il est permis de se défier de lui, de le soupçonner d'ignorance, d'incapacité ou de mauvaise intention.

Favores sunt ampliandi, dit encore le droit. Il faut donc être large à l'égard de l'Esprit qui se communique et avoir de lui autant que possible une idée avantageuse. C'est ainsi que nous traitons nos frères incarnés, et il y aurait injustice à ne pas traiter de même les désincarnés.

Quelques idées émises dans la suite de ce travail, telle que : rien de nouveau dans le spiritisme, pourraient être interprétées dans un sens qui n'est pas le nôtre. Dans un prochain et dernier article nous nous expliquerons clairement sur ces divers points, sur lesquels il est important qu'il n'y ait pas de malentendu.

Quòmes d'Arras.

ENCORE UN SERMON

CONTRE LE SPIRITISME

La croisade organisée de toutes parts contre la doctrine spirite est loin d'être finie. Partout où le spiritisme a l'audace de lever la tête, partout les représentants de la religion catholique l'anathématisent du haut de la *chaire de vérité;* souvent même (et certes ce n'est pas nous qui viendrons nous en plaindre) dans leur zèle à préserver leurs troupeaux des embûches du Diable, ce sont les prédicateurs eux-mêmes qui conduisent leurs ouailles à s'occuper d'une doctrine à laquelle elles étaient totalement étrangères et qui leur serait probablement restée bien longtemps encore inconnue, si leurs pasteurs ne s'étaient chargés de la leur enseigner tout en la combattant.

Car c'est une chose digne de remarque, et qui démontre combien le spiritisme vient combler un vide immense creusé au fond des cœurs, d'un côté par les formules sacramentelles et les cérémonies grossières d'une religion à laquelle on ne croit plus, de l'autre, par les conséquences désolantes autant qu'antisociales de cette doctrine du néant qu'on nomme matérialisme; c'est un fait acquis à l'expérience et qu'on ne saurait trop ni trop haut proclamer : *la propagation du spiritisme croît en raison directe du nombre et de la violence des attaques dont il est l'objet.* Cela devrait, il nous semble, faire réfléchir sérieusement nos adversaires. Pourquoi cette furie, d'ailleurs? pourquoi cette haine qui s'exhale en paroles si amères, et ces menaces qui ne font plus trembler personne? Serait-ce parce que le spiritisme enseigne que l'adoration du cœur vaut encore mieux que le culte matériel? ou bien parce qu'il dit que les prières payées n'ont pas la même efficacité que celles que, dans un pur élan d'amour et de charité, on fait monter aux pieds de l'Éternel, en repoussant jusqu'à l'idée d'une rétribution quelconque? Ne serait-il pas plus prudent et en même temps plus logique pour MM. du clergé, de dire avec Gamaliel : « Ne poursuivez plus ces gens-là, mais laissez-les en repos ; car si leur doctrine est un ouvrage des hommes, elle se détruira d'elle-même; mais si elle vient de Dieu, vous ne pouvez la détruire, et prenez garde que vous ayez fait la guerre à Dieu (1) ! »

Quoi qu'il en soit, les sermons se succèdent, les anathèmes redoublent, les menaces retentissent toujours. Et ce qu'il y a de remarquable, c'est que les mêmes arguments sont toujours employés, bien que déjà ils aient été sapés cent fois jusqu'à leurs bases par les réfutations solides et remplies de logique qu'on leur a opposées; partout c'est le Diable qui joue le plus grand rôle dans ces manifestations dont on ne saurait contester l'authenticité, mais qu'on est bien aise de mettre sur le compte du *prince des ténèbres,* afin d'empêcher par la peur les gens d'en rechercher le comment et le pourquoi. Dans leur aveuglement, nos adversaires oublient que nous sommes en plein XIXe siècle, et que les enfants mêmes ne craignent plus l'affreux Croquemitaine dont le nom seul nous faisait tant trembler quand nous avions leur âge. Aussi, à part quelques légères différences dans les détails, différences qui tiennent seulement au tempérament

____

(1) *Actes des Apôtres,* V, 38, 39.

plus ou moins bilieux des prédicateurs, et peut-être aussi au genre d'auditoire auquel ils ont à faire, tous leurs sermons contre le spiritisme semblent calqués les uns sur les autres. Comme nous avons déjà et souvent mis sous les yeux de nos lecteurs les réfutations péremptoires de tous les arguments employés par les antispirites cléricaux, nous n'y reviendrons pas et nous nous bornerons, tant que nos adversaires ne produiront pas des arguments nouveaux, à les renvoyer à ce que nous avons dit antérieurement, et notamment aux deux articles : *Les cours de dogme à la Faculté de théologie de Bordeaux* (*Ruche spirite bordelaise,* nos des 1er et 15 mai et 1er juin 1864), et *Le spiritisme et M. Funeaux, S. J.* (*Union spirite bordelaise,* depuis le 1er juin jusqu'au 22 août 1865).

Mais si nous ne voulons plus perdre notre temps à des polémiques dans lesquelles nous serions obligés de nous répéter sans cesse, il est de notre devoir de tenir nos lecteurs au courant des nouvelles attaques dirigées contre nous; c'est pour cela que nous venons les entretenir aujourd'hui du sermon prêché, le dimanche 18 février dernier, dans l'église catholique de Camblanes (Gironde), et sur l'ordre exprès de M. le curé de cette paroisse, par M. l'abbé Bliard, précepteur chez M. Hervouet, à Bouliac.

Si nous en croyons les renseignements qui nous sont parvenus et que nous savons puisés à de très bonnes sources, M. l'abbé Bliard a fait des spirites un tableau peu attrayant. D'après lui, les sectateurs de cette secte diabolique scandalisent le monde entier en général, la paroisse de Camblanes en particulier par leurs désordres, leurs vices, leurs crimes en tout genre; ils mettent la division dans les familles, ils escroquent l'argent du public par des « procédés chimiques, diaboliques et électriques; » ils veulent rétablir sur la terre le hideux paganisme chassé par Jésus-Christ, etc., etc. Aussi doit-on éviter avec soin tout contact avec eux, doit-on fuir leurs réunions comme la plus mortelle peste; enfin, les femmes doivent-elles s'opposer par tous les moyens possibles à ce que leurs maris fréquentent le Démon et ceux qui lui vendent leurs âmes. « Depuis longtemps, mes très chers frères, votre vénérable pasteur voulait lui-même vous avertir du piége tendu sous vos pas, mais croyant que plusieurs d'entre vous n'allaient à ces réunions diaboliques que par curiosité et sans désir de mal faire, il a gardé jusqu'ici le silence; aujourd'hui que le Démon, par ses nombreuses ruses, est arrivé à en attirer beaucoup dans ses piéges trompeurs et à s'y faire adorer, nous qui sommes préposés à la garde de notre troupeau, nous sommes bien forcés de crier de toutes nos forces : au loup! au loup! et de vous délivrer. » Puis le véhément prédicateur a tiré de sa poche un grand papier, et après avoir lu avec force gestes et force exclamations un document resté lettre morte pour tous ses auditeurs, car, hélas! il était écrit en latin, il a repris à peu près dans ces termes :

« Vous le voyez, mes frères, voilà l'excommunication provisoire que Son Éminence Monseigneur le Cardinal-Archevêque de Bordeaux a lancée contre tous les spirites, en attendant que l'excommunication majeure que Notre Saint Père le Pape prépare en ce moment à Rome vienne tomber sur leurs têtes coupables! Et, je dois vous le faire observer, ce péché est si grand que nous n'avons pas nous-mêmes le pouvoir de l'absoudre et qu'il faut pour cela un ordre de Son Éminence. »

Enfin il a terminé par cette menace bien faite pour épouvanter les auditeurs spirites : « Maintenant l'autorité ecclésiastique a fait son devoir, il faut que l'autorité civile fasse le sien, et elle le fera, parce qu'il faut que cette plaie affreuse disparaisse de la paroisse avant que le saint temps du Carême se soit écoulé. »

Et l'autorité civile, obéissant à l'influence des paroles tombées du haut de la chaire, a voulu faire son devoir. M. le maire de Camblanes a demandé des instructions au parquet de Bordeaux. Or, toujours d'après les mêmes renseignements, M. le procureur impérial a répondu que s'il ne s'agissait que de simples réunions ne dépassant pas le chiffre de 19 personnes, l'autorité ne pouvait nullement les interdire, à moins toutefois qu'il ne s'y passerait des choses scandaleuses ou contraires aux lois, et qu'à M. le maire appartenait le soin de veiller à ce que rien de semblable n'eût lieu dans sa commune.

La réponse de M. le procureur impérial, bien qu'elle ne fasse pas tout à fait l'affaire de M. l'abbé Bliard, n'a rien qui nous étonne. Les spirites, nous ne saurions trop le répéter, ne sont pas hors la loi parce qu'il sont spirites. Dans notre pays où chacun n'a à répondre que devant Dieu et devant sa conscience, de sa foi et de ses croyances philosophiques ou religieuses, on ne verra jamais un spirite traîné devant les tribunaux parce qu'il est spirite, pas plus qu'on ne le ferait pour un catholique, pour un protestant, pour un israélite, pour un mahométan, ou pour un matérialiste. Le spiritisme compte dans ses rangs des sénateurs, des députés, des magistrats, de braves militaires de toutes armes et de tous grades, depuis le plus simple soldat jusqu'à d'illustres généraux, et certes, nul ne saurait leur faire un crime de leur foi. Mais, pas plus que les autres, ceux qui sont ou ceux qui se disent spirites ne sont autorisés à enfreindre les lois de leur pays. Le spiritisme a toujours prêché et prêchera toujours l'obéissance aux lois et le respect des choses établies, et si quelqu'un de ses adeptes, vrais ou faux, commet des actes passibles du code pénal et qu'il en soit puni, le spi-

ritisme n'en est pas plus responsable que n'est le catholicisme, par exemple, des innombrables crimes et délits,
commis tous les jours par des catholiques, que n'est responsable le corps vénérable du clergé, des méfaits odieux et
coupables commis parfois par quelqu'un de ses membres.

La loi française qui nous régit à tous, quelles que soient
nos convictions et notre foi, déclare qu'une autorisation
préalable est indispensable pour toute réunion composée de
plus de 19 membres (1) ; il faut donc que les spirites qui
n'ont pas demandé ou à qui on a refusé cette autorisation,
s'abstiennent de dépasser ce chiffre, et comme nous sommes
assurés que, s'ils sont de vrais et sincères spirites, rien de
contraire aux lois ne se passera dans leurs réunions, ils peuvent sans crainte attendre l'arrivée au milieu d'eux de
M. le maire, accompagné de son garde champêtre ; rien ne
sera constaté qui puisse provoquer une action en justice, et
malgré les instigations de Messieurs les curés et de leurs
prédicateurs, ces réunions toujours empreintes d'un esprit
de paix et d'un sage recueillement ne pourront être empê-
chées.

M. l'abbé Bliard a parlé dans son sermon du désordre ap-
porté dans les familles par le spiritisme ; nous pourrions lui
signaler soit dans Camblanes, soit dans les paroisses environnantes, bon nombre de ménages autrefois désunis et qui,
grâce au spiritisme, sont cités aujourd'hui comme modèles
de paix et d'union. Nous pourrions lui en citer aussi un certain nombre d'autres où la désunion est venue de l'influence

---

(1) C'est là le chiffre qui, d'après les renseignements qui nous sont
parvenus, aurait été indiqué par la lettre de M. le procureur impérial.
Nous ne sommes certes pas fort en matière de législation, mais nous
croyons que le chiffre fixé par la loi est celui de 20 personnes, non
compris les membres de la famille dans la maison de laquelle a lieu la
réunion.

occulte du confessionnal; et M. l'abbé ne prêche-t-il pas lui-
même cette désunion lorsqu'il recommande aux femmes
d'empêcher *par tous les moyens possibles* leurs maris et
leurs enfants de se rendre aux réunions spirites? Faudra-t-
il que, pour maintenir cette union ainsi troublée par les recommandations du prédicateur, les maris abjurent leur foi
et cèdent en aveugles à leurs femmes fanatisées par le
clergé! Ah! M. l'abbé, vous ne craignez pas, vous, de semer
la division et le désordre, mais cela vous est permis car c'est
pour le triomphe de votre cause, pour le salut des âmes et
pour la plus grande gloire, non pas de Dieu, mais de
l'Eglise.

Vous faites un appel au pouvoir séculier, M. l'abbé! et
non seulement vous ne vous apercevez pas que ceux sur qui
vous voudriez faire tomber ses rigueurs sont, par leur conduite irréprochable, à l'abri de ses atteintes, mais vous sem-
blez ignorer que vous commettez vous-même un délit que
punissent nos lois. En anathématisant les spirites, en décla-
rant qu'ils n'accomplissent leurs « ténébreuses opérations »
qu'à l'aide de la magie, de procédés fantasmagoriques, chimiques et électriques; en recommandant à vos fidèles de les
éviter, n'excitez-vous pas vos ouailles à la haine et au mépris d'une classe de citoyens? Oh! certes, nous savons bien
que telle n'a pas été votre intention, que les paroles sorties
de votre bouche dans un de ces mouvements oratoires dont
vous savez si bien vous servir pour impressionner vos auditeurs, ont dépassé votre pensée; mais il n'en est pas moins
vrai qu'elles ont semé la division et la discorde dans une
paroisse où vous devriez vous efforcer de faire régner au
contraire l'union et la paix.

Croyez-nous, M. l'abbé, discutez, si vous le voulez, les
principes sur lesquels repose la philosophie spirite; réfutez,
si vous le pouvez, les grandes vérités qu'il met à la portée de

tous. Peut-être alors parviendrez-vous à faire rentrer dans le giron de l'Église romaine ceux qui s'en sont un instant écartés; mais tant que vous n'attaquerez le spiritisme que par des menaces et des anathèmes, vous ne réussirez qu'à lui amener de nouveaux adeptes, et ceux-là mêmes qui resteront indifférents à la polémique que vous avez si imprudemment soulevée, ne pourront s'empêcher de remarquer le contraste frappant qui existe entre vos véhémentes prédications et l'attitude calme de vos adversaires, et, naturellement, ils seront amenés à se dire : « Assurément la vérité n'est pas du côté où l'on se met en colère. »

Au moment de mettre sous presse nous apprenons que dans plusieurs autres paroisses des cantons de Créon et du Carbon-Blanc, à Saint-Caprais notamment, le même jour, 18 février, on a aussi prêché contre le spiritisme.

MM. les curés de l'Entre-deux-Mers se seraient-ils entendus pour nous attaquer tous ensemble afin de rendre leur intervention plus redoutable? S'il en est ainsi nous les en remercions sincèrement. Dans beaucoup de communes où le spiritisme n'était connu que de quelques individualités isolées nous verrons surgir bientôt, grâce à ces prédications, des réunions sérieuses à la naissance desquelles nous ne pourrons qu'applaudir.

AUG. BEZ.

H. MELVILLE FAY

Le *Banner of Light,* du 6 janvier, nous apporte quelques renseignements sur le M. Fay qui s'est dit *l'ancien compère* des Davenport, et sur ses révélations que les journaux ont reproduites avec tant de plaisir. « Il n'y a nul gobe-mouche aussi crédule que celui qui croit qu'il ne faut rien croire, » est un proverbe aussi bon qu'il est vieux. Vous verrez qu'avant peu les journaux incrédules raconteront à leurs lecteurs des faits plus surprenants que ceux enregistrés dans nos annales, et cela dans le but de combattre le spiritisme. Pour le moment ils acceptent sans aucune preuve toutes les calomnies qu'on peut répandre sur cette doctrine. Notre devoir est donc de dire la vérité et toute la vérité afin de mettre nos lecteurs à même de répondre aux sarcasmes que ne manquent jamais de nous lancer même nos meilleurs amis.

Ce M. H. Melville Fay s'était déjà adressé plusieurs fois aux journaux spirites d'Amérique afin de voir son nom figurer dans leurs colonnes, comme étant disposé à faire des lectures. Il voulait d'abord se poser comme médium puissant, mais les spirites qui ont, plus que tous autres, intérêt à connaître les charlatans, l'ayant plusieurs fois pris en flagrant délit de jonglerie, l'avaient chassé de leurs réunions à New-York, à Titusville, etc., etc.

M. Fay résolut de se venger et peut-être aussi de battre monnaie. Un matin les habitants de New-York purent lire une énorme pancarte ainsi conçue :

COOPER INSTITUT

SAMEDI, 16 DÉCEMBRE ; MARDI, 19 DÉCEMBRE ;
JEUDI, 21 DÉCEMBRE ; VENDREDI, 22 DÉCEMBRE ;
SAMEDI, 23 DÉCEMBRE ;
RÉVÉLATIONS FOUDROYANTES.
MIRACLE DES MIRACLES EXPLIQUÉ.
L'INCROYABLE RENDU CROYABLE.
LE MONDE DES ESPRITS ENVAHI.
GRANDE RÉVOLUTION PARMI LEURS HABITANTS.
UNE GRANDE RÉFORME EN DÉCOULE.

Les Esprits déclarent sur l'honneur qu'ils ne travailleront pas plus longtemps dans l'obscurité. Grande conspiration parmi eux. On en verra le résultat les jours sus-indiqués au Cooper Institut où une troupe de diablotins viendront révéler tous les secrets de leurs frères et sœurs, les Esprits. Que personne ne manque ! Tous les tours, faits et phénomènes étranges accomplis par les

FRÈRES DAVENPORT

reproduits par leur ancien associé et compère

II.—M. FAY

devant tout le monde, en pleine lumière.

Venez voir combien le tour est simple, venez voir quelle futilité a rempli d'étonnement l'ancien et le nouveau monde, nous a fait admettre au milieu des cours, a rendu riches et célèbres deux hommes ignorants et sans principes.

D'abord

M. FAY

qui par une pratique longue et de chaque jour avec les

FRÈRES DAVENPORT ET ISOLÉMENT

en est arrivé à une

ADRESSE ET UNE HABILETÉ DANS
LE MANIEMENT DES CORDES

vraiment admirables et étonnantes, entrera dans son cabinet de même dimension et de même modèle que celui des frères. Il produira là des phénomènes égaux et supérieurs aux leurs, de l'avis de tous les experts. Cela seul vaut deux fois le prix des places.

Des tours en apparence inexplicables, miraculeux, surpassant le pouvoir humain seront exécutés.

GRANDES EXPÉRIENCES DE LA FARINE ET DU CHARBON.
APPARITION DES MAINS D'ESPRITS.
MUSIQUE EXÉCUTÉE PAR EUX.

Tout cela pendant que

M. FAY

demeure solidement attaché.

En un mot tous les phénomènes accomplis par les frères
ui ont, il y a quelques mois, rendu fous les habitants de
·ette ville, qui font maintenant fureur dans l'ancien monde,
·eront reproduits devant le public.

Toutes intéressantes et merveilleuses que soient ces expé-
iences, elles ne seront rien en comparaison de ce qui
uit :

EXPOSÉ COMPLET ET ENTIER
DE TOUTES LES PRÉTENDUES MANIFESTATIONS SPIRITES.
M. FAY LIÉ ET DÉLIÉ

evant tous les spectateurs avec les portes de son armoire
uvertes. Musique sur les instruments ; vue de mains d'Es-
rits. Les phénomènes si difficiles de la farine, du cercle et
u charbon, accomplis devant toute la salle. Chacun pourra
n suivre la marche. Ces tours parfaitement expliqués font
e ce spectacle un des plus amusants, des plus étonnants et
es plus instructifs que le public de New-York n'ait encore
u. C'est étonnant et bien supérieur au prix d'entrée de voir
mbien, par des études sérieuses,

M. FAY

t devenu adroit et expert dans le maniement des cordes.
Qu'on se rappelle le jour des séances !
Seule occasion pour voir cette belle explication car

M. FAY

va faire voile pour l'Europe.

Prix d'entrée : 50 cents (2 fr. 50 c.); siéges réservés : 75 cents.

Eh bien ! MM. de l'*Événement*, de l'*Opinion nationale* et d'autres journaux de Paris et de la province, vous, rédacteurs intègres et ennemis du *humbug*, voilà pourtant le beau *canard* que vous avez servi à vos lecteurs, car M. Fay, l'associé des Davenport, donnait des séances dans les salles de Concert de la Reine, Hanover-Square, les lundi, mardi, mercredi, jeudi et vendredi 18, 19, 20, 21 et 22 décembre, juste à la même époque où le soi-disant même M. Fay les donnait à New-York.

Allez beaux masques, continuez votre chemin, nous vous connaissons maintenant, en attendant que nous vous fassions connaître à vos lecteurs.

C. GUÉRIN.

Bordeaux. — Imprimerie CHAYNES et MALICHECQ, c. d'Aquit., 57.

L'UNION SPIRITE BORDELAISE

REVUE DE L'ENSEIGNEMENT DES ESPRITS

PREMIÈRE ANNÉE   N° 39.   15 MARS 1866.

DE L'USAGE DES TABLES

DANS LES RÉPONSES, CHEZ LES ANCIENS PAÏENS ET CHEZ LES MODERNES ASIATIQUES

I

A peine la connaissance des curieux phénomènes des tables tournantes qui, alors, s'appelaient tables *dansantes,* fut-elle parvenue d'Amérique en Europe, que déjà, et dès le principe, la chose parut incroyable ; puis, quand de nombreuses sociétés en eurent, dans tous les pays, constaté la vérité, on n'entendit plus parler, pendant quelque temps, que de la nouveauté du fait, et tous voulurent voir, tous voulurent expérimenter. Beaucoup réussirent, plusieurs tentèrent inutilement les expériences, et l'on vit, alors, surgir cette mer de discussions entre ceux qui, témoins du phénomène, affirmaient avec ténacité, et ceux qui, s'appuyant également sur leur propre expérience, niaient avec obstination. Il était alors impossible de porter un jugement équitable. Après un combat inutile, la curiosité des expérimentateurs de salon qui n'avaient vu qu'un jeu dans le phénomène, se lassa complètement, les tables furent mises de côté et l'on n'en entendit plus parler.

Or, parmi les curieux, il y en eut toutefois quelques-uns qui, guidés par un louable amour d'investigation, s'aperçurent que les mouvements de la table étaient plutôt gouvernés par une intelligence secrète que par le hasard ; ils obtinrent d'abord des réponses vraies ; puis les tables, soumises aux expériences, obéirent à un simple acte de leur volonté, sans avoir besoin de prononcer une parole, et pendant que, ni les expérimentateurs, ni aucune autre personne n'avaient les mains sur la table. Je me rappelle avoir lu des exemples de pareils faits dans la *Chronique du magnétisme animal* qui se publiait à Milan, sous la direction du docteur Terzaghi. Je dois dire qu'il ne m'est jamais arrivé à moi-même d'en faire l'expérience (1).

Puisqu'on ne savait pas expliquer les lois de ces phénomènes, n'était-il pas au moins naturel de commencer à rechercher si, dans les temps passés, on trouvait quelque chose d'analogue ? Il arriva alors que, vérification faite de certains textes des anciens écrivains, on s'aperçut que l'antiquité n'avait pas complètement ignoré les réponses par le moyen des tables, que j'appellerais *Oracles typlologiques*.

Certaines personnes qui, dans toute chose extraordinaire, voient, je ne sais par quelle vertu sympathique, les cornes et la queue de Béelzebub, tinrent pour article de foi que les tables américaines n'étaient autre qu'un renouvellement des oracles des Gentils, un moyen trouvé par le Diable pour nous ramener bel et bien à la religion païenne.

---

(1) J'ai vu dans plusieurs passages de ce journal (Milan, Pirotta, 1853 et 1854) de nombreuses expériences faites avec le plus grand soin par plusieurs savants sur le mouvement des tables, chose entièrement nouvelle, pour cette époque, puisque la connaissance n'en était arrivée en Europe qu'avec la *Gazetta di Augusta*, du 4 avril 1853. Surtout les expériences faites par le savant chimiste toscan, Manteri, sont dignes de remarque. Il parvint à démontrer la nullité de l'explication de M. Faraday, et de celle que d'autres savants donnaient du mouvement des tables, en disant qu'il était produit par une impulsion inconsciente des doigts de ceux qui imposaient les mains.

Au point où en sont maintenant rendues les études spirites, nous avons tout sujet de croire que les oracles ne furent pas toujours l'œuvre de l'imposture des prêtres, comme l'écrivait Van Dale dans son savant ouvrage : *De Oraculis Ethnicorum,* suivi aveuglément par Fontenelle dans son *Histoire des Oracles.* Il nous parait aujourd'hui certain que bon nombre sont dus à l'intervention d'Esprits bons ou mauvais, comme il arrive assez fréquemment chez nous. La seule différence entre les anciens et nous c'est que ceux-ci avaient érigé ces réponses en un système absolu de religion, sans examiner la source d'où elles sortaient, et que nous, au contraire, pesons avec beaucoup de soin chaque parole, chaque conseil donné par les invisibles, ayant toujours soin de les confronter avec les lois éternelles du juste et de l'honnête, du vrai et de la morale ; nous tenons pour fanatique ou obsédé quiconque agit autrement.

Les anciens n'étaient pas aussi privés de bon sens que nous voulons bien le faire supposer, nous, orgueilleux fils du XIXe siècle, en croyant qu'ils ne doutaient pas quelquefois de l'origine céleste des oracles et qu'ils ne soupçonnaient pas l'imposture. Mais que voulait donc dire Démosthènes quand, dans une harangue contre Philippe à qui l'oracle de Delphes ordonnait de confier le commandement de la guerre sacrée, il se mit à dire hautement : *Piége de Philippe?* Pourtant Delphes était le sanctuaire le plus vénéré de toute la Grèce. Mais cela n'empêcha pas le grand orateur de démasquer, sous l'oracle ou l'imposture de prêtres vendus, ou quelque mauvais Génie du peuple athénien qui, dans la circonstance, avait envahi la pythonisse. Aurait-il risqué ces paroles en présence d'un peuple léger, turbulent, superstitieux comme le peuple d'Athènes, et au risque de faire la fin de Socrate, s'il n'avait eu pour lui l'opinion d'un grand nombre de ses concitoyens? Que voulait dire le romain Claudius Pulcher quand, à l'augure qui disait qu'il ne pourrait y avoir de combat, parce que les poulets sacrés ne voulaient pas manger, il répondit : *S'ils n'ont pas faim ils auront soif,* et ordonna de les jeter à la mer? Il voulait dire, ou qu'il ne faisait aucun cas des auspices, ou qu'il les jugeait complètement faux, soit par l'imposture des augures, soit par l'œuvre de Génies malfaisants. Les anciens avaient donc, comme nous, des yeux pour voir, des mains pour toucher, et du bon sens pour juger ; et si les oracles gouvernèrent le monde pendant tant de siècles et de tant de manières diverses, cela ne fut pas dû seulement aux ruses des prêtres. D'une autre part, presque tous les grands hommes de l'antiquité crurent à l'intervention dans les choses humaines d'une puissance invisible qu'ils appelaient Génies ; Socrate, réputé l'homme le plus sage de la Grèce, parlait ouvertement de son Génie ou de son Démon familier, comme d'un ami qui n'abandonnait jamais son côté. Qu'on se donne la peine de lire Plutarque, et l'on verra combien de ces faits appelés habituellement surnaturels sont rapportés par lui. Si nous le considérons comme une autorité dans tout le reste de son récit, pourquoi voudrions-nous qu'il fût, dans ces sortes de narrations, un crédule ou un imposteur?

Après ces préliminaires voyons ce que les anciens nous ont laissé d'écrit concernant les tables divinatoires.

II

Autant qu'il est à ma connaissance, il me semble que sauf Pausanias, Tertullien et Ammien Marcellin qui brillaient dans les premiers siècles de l'ère vulgaire, nul autre écrivain n'a traité ce sujet avant eux. Pausanias vivait vers 175, Tertullien au commencement du troisième siècle, Ammien Marcellin dans le quatrième. De ce que nous ne trouvons pas d'autres écrivains qui aient, avant ceux-ci, parlé des tables, telles que nous les comprenons, ne pourrait-on par aventure juger qu'on commença à les mettre en usage, au moment même où le polythéisme était sur son déclin ; quand déjà les oracles les plus célèbres, les plus renommés, tels que Dodone, Delphes, Épidaure avaient fait silence ? Quand le monothéisme juif, qui se mêlait par l'aide du juif Philon, avec les divinités de l'Olympe, et le principe chrétien, qui se propageait parmi les Gentils, semaient le doute dans les âmes, ne fallait-il pas des moyens plus nouveaux pour les convaincre et les retenir dans la croyance qui s'éteignait ? Alors, la secte néo-platonicienne avait acquis une grande autorité ; Plotin, Porphyre, Jamblique et, en dernier lieu, Proclus répandaient par le monde une nouvelle théurgie. C'est à cette époque, probablement, que furent inventées, ou du moins ramenées à un usage plus général, toutes les pratiques de la magie blâmées par Tertullien. Certes, le mouvement des tables, toutes précautions prises contre le jeu et l'adresse de la main, est un intermédiaire que le scepticisme de bonne foi ne peut nier, soit qu'il fasse, soit qu'il dise.

Pausanias en décrivant l'*Achaïe* dans son *Voyage en Grèce*, dit : « En descendant de Bura, comme pour aller à la plage, on trouve un cours d'eau nommé Buriaque, et dans un antre, une statue peu élevée d'Hercule, qu'on appelle Hercule Buriaque. On peut consulter là l'oracle *sur une table,* au moyen de dés. Le consultant prie devant la statue ; la prière achevée, il prend des dés (qui ne manquent jamais près de la statue d'Hercule), et il en jette quatre sur la table. Les figures marquées sur chaque dé ont sur la table une explication mystérieuse (1) appropriée à la figure qui est sortie du jet. »

______

(1) J'ai suivi la traduction du savant Sébastien Ciampi qui, au mot *explication*, fait remarquer que le mot grec *Exéguèsis* signifie ici : *explication d'une chose mystérieuse.*

Cette description circonstanciée de la manière d'avoir des prédictions d'Hercule Buriaque, fait croire qu'il ne s'agissait d'une chose ni bien remarquable, ni bien ancienne ; autrement Pausanias, comme il l'a fait dans d'autres passages de son *Voyage,* se serait contenté de faire remarquer seulement que, dans cet endroit, se trouvaient l'antre et l'oracle d'Hercule Buriaque.

Ecoutons maintenant Tertullien. Voici ce qu'on lit dans son *Apologétique des Chrétiens :* « De plus, si les magiciens évoquent des fantômes et appellent les âmes des défunts, s'ils forcent les enfants à rendre des oracles, s'ils font des miracles à l'aide du charlatanisme, s'ils provoquent des songes en appelant à leur aide le pouvoir des anges et des démons par la vertu desquels les chèvres et les *tables* ont l'habitude de prophétiser ; à plus forte raison, etc (1)..... Ici donc, on ne parle plus ni des prêtres, ni des oracles proprement dits, mais des magiciens et de véritables enchantements qui se faisaient par le pouvoir des anges et des démons, c'est-à-dire des bons et des mauvais Esprits. Les bons Esprits ne sont donc pas exclus, comme le prétendent inexorablement les démonologues ; Tertullien, on le sait, naquit dans le paganisme, et fut d'abord un détracteur acharné des chrétiens ; puis ému par la constance des martyrs qui confessaient la foi nouvelle, il se convertit au christianisme et écrivit ce beau travail apologétique. Il connaissait certaine-

___

(1) Porro si et magi phantasmata edunt, et jam defunctorum inclamant animas : si pueros in eloquium elidunt, si multa miracula circulatoriis præstigiis ludunt ; si et somnia immittunt, habentes semel invitatorum angelorum et demonum assistentem sibi potestatem, per quos et capræ et *mensæ* divinare consueverunt ; quanto magis, etc. — (Tertul., *Apologia XXIII.*)

Nous prions nos lecteurs de vouloir bien confronter ce **texte** avec celui donné par M. Fumeaux (*Union,* 1ʳᵉ année, page 27, nº du **8 juin**)

ment toutes les pratiques du paganisme ancien pour la consultation des oracles, et si on eût employé les tables entre autres, il n'en aurait pas fait mention seulement comme d'instruments magiques. Du reste c'est plutôt là une question d'érudition que de principe pour notre sujet; il nous importe peu, en effet, de savoir si les païens s'en servirent à une époque plus ou moins reculée, l'essentiel est de prouver qu'ils en firent usage.

III

Si Pausanias et Tertullien parlent des tables, ils ne disent rien de leur mouvement. Même le premier semble l'exclure. Ammien Marcellin enlève tout doute à ce sujet. Le passage où il en est question mérite d'être entièrement rapporté, malgré sa longueur. D'abord parce qu'il est fort curieux en lui-même, ensuite, parce que quelques-uns l'ont, ou tronqué, ou infidèlement traduit en le citant, lui faisant perdre ainsi toute son originalité. J'aurais voulu suivre entièrement la traduction de Francesco Ambrosoli, mais elle est en désaccord avec le texte dans certains passages. C'est surtout dans les endroits où l'auteur parle de la table que le savant traducteur, dont le travail parut en 1830 et qui, par conséquent, ne pouvait avoir la plus légère idée des phénomènes survenus en Amérique dix-huit ans plus tard, use de synonymes et de circonlocutions. Il ne pouvait sans doute comprendre ce que signifiaient la table et son mouvement dans le texte traduit par lui; quand Ammien dit : *Infaustam hanc mensulam;* Ambrosoli traduit par : *meuble funeste,* et pouvant encore moins comprendre comment une table peut se mettre en mouvement, il tourne ces mots : *movimus tandem* par cette phrase obscure : *nous nous en servîmes.* Tant il est vrai que pour faire une critique des auteurs de l'antiquité, il est indispensable de recourir au texte original! Ajouterai-je que ce passage est l'un des plus difficiles que l'on rencontre dans les œuvres d'Ammien! Je m'étudierai donc à le rendre le plus littéralement possible, non sans tenir compte dans certains endroits du beau travail d'Ambrosoli.

L'auteur décrit la manière dont deux devins, Patricius et Hilarius, se servirent d'une *table* pour connaître le successeur de l'empereur Valence. Ils faisaient partie d'une conspiration contre ce monarque abhorré. La mort en fut la suite pour eux et leurs associés. Devant les juges ils avouèrent la manière de construire le maléfice et son usage. Hilarius prit le premier la parole : « Nous construisîmes, dit-il, ô juges magnifiques! de branches de lauriers, à l'imitation du trépied de Delphes, cette funeste petite table *(infaustam hanc mensulam)* (1) que vous voyez ici. Après l'avoir consacrée suivant le rite, au moyen de prières secrètes et de cérémonies nombreuses et répétées, nous parvînmes à la mettre en mouvement *(movimus tandem)*. La règle était de la faire mouvoir, toutes les fois qu'on consultait sur des choses secrètes *(movendi autem, quoties super rebus arcanis consulebatur, erat institutio talis)*. Elle était placée au milieu de la chambre, préalablement purifiée par les parfums de l'Arabie, sur un plateau rond et poli formé de divers métaux, qui portait, sculptées tout autour sur le bord intérieur, les vingt-quatre lettres de l'alphabet, séparées l'une de l'autre par des espaces égaux. Un homme, en habille-

---

(1) *Mensulam* est un diminutif de *mensa*, qui a chez les Latins, comme chez les Italiens, de nombreuses significations. La *mensula* ou petite table d'Hilarius devait être celle à trois pieds que les anciens appelaient *mensa tripes*, imitant le trépied d'Apollon. Dans un autre passage, Ammien la nomme *tripode*. Il faut bien distinguer la table à trois pieds et celle à un pied, à laquelle on donnait le nom de *monopodium*, et qui serait le *guéridon* des Français.

ments et en chaussures de lin, le front ceint d'un turban *(torulo)* (1), tenant entre ses mains une branche de verveine d'un heureux augure, et s'étant rendu propice par des vers récités suivant les formes, le dieu de la divination présidait la cérémonie. Il imprimait le balancement à un anneau suspendu à de petits rideaux, attaché là avec des fils de lin (2) excessivement fins, et consacré par des cérémonies mystérieuses. Cet anneau, frappant par bonds et par intervalles sur l'une ou sur l'autre des lettres sculptées, composait des vers héroïques qui répondaient aux demandes, vers non moins parfaits par le rhythme et par la mesure, que ceux de la Pythonisse ou des oracles de Brancus (3). Comme nous nous demandions qui succéderait à l'empire, car on disait que ce serait un homme bon sous tous les rapports, l'anneau en bondissant frappa les lettres T, H, E, O. A peine la dernière lettre touchée, l'un des assistants s'écria que le prédestiné était Théodore. Nous cessâmes nos demandes ; il était cons-

---

(1) *Torulus*, diminutif de *torus*, est un mot dont les Latins se servaient particulièrement pour signifier une bandelette piquée qui se mettait autour de la tête. Rich, dans son *Dictionnaire des antiquités romaines et grecques*, nous a donné la figure du *torulus*, prise sur un tableau de Pompeïa. A Rome, on appelle *torcolo* une bandelette piquée qu'on pose, en guise de bonnet, sur la tête des enfants lorsqu'ils commencent à marcher seuls. C'est une corruption du mot latin *torulus*.

(2) *Cortinulis pensilem anulum librans sartum ex carpathio filo perquam levi*. Cette phrase, dit Wagner, est sans contredit le passage le plus inintelligible de tout cet extrait, déjà fort obscur. Pour moi, il n'est pas douteux qu'à la place de *carpathio*, on doive lire *carbasio*. Le *carbasus*, mot tiré du grec *carpasos*, était une belle espèce de lin qui se récoltait en Espagne. On en faisait des vêtements, des toiles pour théâtres, des voiles, etc. Il paraît même que les livres sybillins étaient faits de ce lin.

(3) Brancus fut un des favoris d'Apollon, il fonda un oracle sur le territoire de Milet, au-dessus du port de Panorme.

tant pour nous que Théodore était l'homme que nous cherchions (1). »

Nous ajouterons, pour satisfaire la curiosité de nos lecteurs, qu'Hilarius, après avoir exposé à ses juges l'ordre des faits, déclara que Théodore ignorait complètement la chose. Ce Théodore était un des courtisans de l'empereur, et jouissait d'une grande réputation d'intelligence et de vertu. C'est sur lui, comme on le voit, que les conjurés avaient jeté les yeux pour le placer sur le siége impérial ; mais le cruel Va-

---

(1) Voici le texte en entier : « Construximus, inquit, magnifici judices, ad cortinæ similitudinem delphicæ, diris auspiciis, de laureis virgulis, infaustam hanc *mensulam*, quam videtis, et imprecationibus carminum secretorum, choragiisque multis ac diuturnis rituoliter consacratam, *movimus tandem* : movendi autem, quoties super rebus arcanis consulebatur, erat iustitutio talis. Collocabatur in medio domus emaculata odoribus arabicis undique lance rotunda pure superposita, ex diversis metallicis materiis fabrefacta : cujus in ambitu rutunditatis extremo, elementorum viginti-quatuor scriptiles formæ incisæ perite, dijungebantur spatiis examinate dimensis. Hac linteis quidam indumentis amictus, calciatusque itidem linteis soccis, torulo capiti circumflexo, verbenas felicis arboris gestans, litato conceptis carminibus numine præscitiorum auctore, cærimoniali scientia supersistit : cortinulis pensilem anulum librans sartum ex carpathio filo perquam levi, mysticis disciplinis initiatum : qui per intervalla distincta retinentibus singulis litteris incidens saltuatim heroos efficit versus interrogationibus consonos, ad numeros et modos plene conclusos : quales leguntur pytici, vel ex oraculis editi branchidarum. Ibi tum quærentibus nobis, qui præsenti succedit imperio, quoniam omni parte expolitus fore memorabatur, et adsiliens anulus duas perstrinxerat sillabas THEO, cum adjectione litteræ postremæ, exclamavit præsentium quidam, Theodorum præscribente fatale necessitate ponendi. Nec ultra super negotio est exploratum : satis enim apud nos constabat, hunc esse qui poscebatur. » — (*Amm. Marcell.*, édition de Paris, A. Dezallier, 1681, pages 153 et 154.)

lence le fit mourir au milieu des tourments réservés à tous ceux qu'on soupçonnait avoir fait partie de la conjuration.

Quand plus tard les deux devins furent interrogés avec des outrages au milieu des tourments, et qu'on leur demanda si l'oracle leur avait prédit les maux qu'ils devaient souffrir, ils répondirent en récitant quelques vers grecs qui faisaient allusion aux châtiments réservés à ceux qui se livrent à la recherche de choses supérieures à l'entendement humain. Ces vers finissaient ainsi : « *Ton sang ne restera pas sans vengeance, car Thésiphone, gravement outragée, a prédit une mauvaise fin dans la plaine de Nimas aux hommes dont le cœur est ouvert au mal.* »

Ces vers achevés, les corps des deux devins furent mis en lambeaux.

IV

Que doit-on penser des syllabes frappées par l'anneau ? L'interprétation trop précipitée, et selon le désir des conspirateurs, fut la cause de la perte de l'innocent Théodore. S'ils avaient laissé achever l'anneau, ou, pour mieux dire, l'Esprit qui l'agitait, n'auraient-ils pas eu pour réponse *Théodose* au lieu de *Théodore*. Quoi qu'il en soit, tout le monde sait que *Théodose*-le-Grand fut le successeur de Valence.

Abstraction faite de toutes les pratiques superstitieuses dont on entoure l'expérience, on voit qu'il n'y a aucune différence entre le mouvement des tables rapporté par Ammien et celui qu'on observe aujourd'hui dans les réunions spirites. *Movimus tandem,* elle se met enfin en mouvement, dit Hilarius, donnant à comprendre que le mouvement n'a pas toujours lieu très facilement ; c'est ce qui arrive à chaque instant dans les expériences de typtologie. Un temps assez long s'écoule souvent entre l'imposition des mains et le mouvement du guéridon. Dans la narration d'Ammien, il est question du mouvement d'une table et des indications d'un anneau. Ce n'est pas une chose rare que de voir un anneau, suspendu à un fil de soie ou à un cheveu, acquérir d'abord le mouvement oscillatoire, battre ensuite dans un verre ou dans tout autre objet une réponse en harmonie avec la demande ou le désir des expérimentateurs. Les phénomènes du trépied antique étaient donc simplement des phénomènes spirites ordinaires, que l'ignorance ou l'imposture ornait de décorations théâtrales, de vêtements pompeux, de chants, de cérémonies, de branches de laurier, de rideaux, etc., etc. Ces faits et les théories développées par le spiritisme nous expliquent parfaitement toute la pratique des oracles de l'antiquité. D'une part, la crédulité toujours disposée à interpréter suivant ses désirs les réponses amphibologiques, la ruse sacerdotale, de l'autre, qui probablement ajoutait, pour son bénéfice, l'artifice et l'imposture, devaient avoir introduit de nombreux abus dans les consultations. Mais il est impossible de douter que le fond, sinon la plus grande partie de ces réponses, était dû aux Esprits. Je crois, pour ma part, que quand la doctrine sera propagée de manière à ne plus causer l'étonnement de personne, quand tous seront assez éclairés pour ne pas retomber dans les abus des païens, je crois, dis-je, qu'on pourra alors faire une histoire morale et critique des oracles de l'antiquité et de la magie du moyen-âge.

V

Qu'on ne croie pas cependant qu'avec le siècle d'Ammien finit l'usage des tables prophétiques. Nous n'avons aucune preuve, en effet, que les mages et les sorcières de l'Europe se servirent de cet instrument, mais il semble prouvé que toutes ces pratiques se refugiérent en Asie, où les voyageurs ont vu des choses extraordinaires, à propos de divination. Voici quelques exemples :

L'abbé Vincot, missionnaire, qui évangélisa la province de Si-Tchuen, à l'ouest du Thibet, nous dit que le magnétisme animal est connu depuis des siècles, et ajoute ce qui suit sur le mouvement des tables : « Ces tables savent même écrire, soit avec une plume, soit avec un crayon qu'on attache perpendiculairement à l'un des pieds (1). » C'est évidemment le phénomènc des tables écrivantes, tel qu'il s'est manifesté en Amérique et en Europe. On adaptait un crayon à l'un des pieds, et la table écrivait, après avoir été mise en contact avec la main d'un expérimentateur médium.

Les *Annales des Voyages* viennent corroborer l'assertion de Vincot. Voici ce qu'on y lit : « Celui qui a l'intention de faire apparaître un *Sin* fait nettoyer la meilleure chambre de sa maison (2) et prépare *deux tables* sur lesquelles il répand une poussière blanche ; puis il se procure une baguette dont il forme un pinceau. Alors, pour conduire le pinceau sous la direction d'un Esprit invisible, il cherche un enfant qui ne sache ni lire ni écrire. Le moment opportun étant arrivé, si l'Esprit consent à paraître, le pinceau que tient l'enfant commence à se mouvoir avec une force irrésistible et rend des réponses en prose ou en vers, selon la circonsance ; aucune femme ne peut être présente. Parfois l'Esprit évoqué refuse d'apparaître, mais souvent les mânes de Conucius, ou du dieu de la guerre, ou de ses officiers, se mon-

---

(1) *Univers* du 14 avril 1857.

(2) Collocabatur in medio domus emaculata odoribus arabicis. — Amm., I, C.)

trent et répondent sur les affaires d'État, ou sur les destinées de la dynastie (1). »

Le docteur russe Tscherpanoff, qui est resté longtemps dans les Indes occidentales, dit que les lamas font des choses aussi merveilleuses. Ce sont, ajoute-t-il, des mystères de la nature que ceux-ci ne veulent pas révéler. Le lama sait retrouver des objets perdus et se sert pour cela d'une table carrée, devant laquelle il s'assied à terre et impose les mains en lisant un livre écrit dans la langue du Thibet. Une demi-heure après, il se lève, ôtant la main de dessus la table, mais en continuant à la tenir un peu plus haut dans la même position. Alors la table suit la main, comme attirée par une force inconnue, bien que celle-ci s'élève parfois jusqu'au dessus de la tête du lama. Le prêtre fait alors un pas en avant, la table le suit. Elle le suit dans toutes les directions où il va jusqu'à ce qu'enfin elle aille tomber du côté où l'objet a été volé ou perdu. « Le jour où j'ai assisté à cette cérémonie, dit Tscherpanoff, la table a été lancée à une grande distance (trente mètres environ), mais l'objet n'a pas été retrouvé. Cependant, dans la même direction, était la cabane d'un paysan russe qui remarqua le signe et se suicida. Sa mort éveilla les soupçons, des recherches furent faites dans sa cabane, et on y trouva l'objet volé (2). »

VI

Si une ridicule superstition entoure l'usage des tables fatidiques chez les anciens, chez les Indiens et les Chinois, quelle différence n'observe-t-on pas chez les spirites de nos jours. Quand les sœurs Fox virent se manifester ce singulier

---

(1) Canton Reyester, cité par de Mirville.
(2) De Mirville, l'*Illustration* et la *Revue spirite*.

phénomène, elles n'avaient aucune connaissance de ce qui se
passait en Asie, et quand bien même les faits leur auraient
été connus, ils se présentaient d'une manière toute différente. Les jeunes filles ne provoquèrent pas le mouvement,
elles ne pensaient à rien de semblable, et l'étonnement qui
es saisit, ainsi que tous les témoins, était une preuve que
ul ne pouvait donner une explication de choses si nouvel-
es. Les journaux de cette époque reproduisirent une pétition
dressée au Congrès, afin qu'il prît l'initiative pour la re-
herche de l'origine de ces mouvements, de ces rumeurs
tranges, qui, produits sans cause palpable, troublaient la
aix des familles. Le phénomène fut donc spontané ; on ne
emarque ni cérémonies magiques, ni invocations secrètes,
i pratiques rituelles ; ce ne fut l'œuvre ni d'une secte, ni
e l'imposture, si nous devons croire ce qui en a été dit par
s journaux et les expériences faites depuis en Europe. Mais
s démonologues, bloqués dans leur dernier retranchement,
e voyaient dans les manifestations spirites que la main de
atan, et se targuaient en partie des faits rapportés plus
aut, et qu'ils travestissaient à leur profit, pour prouver que
s expériences typtologiques avaient toujours eu une ori-
ne infernale. Laissons-les s'éteindre en paix avec l'ana-
ème qu'ils ont lancé sur la nouvelle doctrine.
Les spirites savent avec quel soin on exclut des séances
s formes rituelles et les cérémonies superstitieuses. Le
lte chez nous est dans le cœur, dans la droiture des pen-
s, dans la beauté de la fin que nous nous proposons. A
ins que vous ne considériez la table, il n'y a rien de com-
n entre les opérations du temps d'Ammien et les expé-
nces des temps modernes. Les premières avaient pour but
de prédire l'avenir, d'aider l'homme dans les besoins de la
vie matérielle, de connaître les secrets que chaque homme
doit aujourd'hui respecter ; elles servaient aussi trop sou-

vent à allumer la guerre de peuple à peuple, elles vivaient en un mot de toutes les passions humaines. Les autres ne sont qu'un moyen d'étudier des phénomènes nouveaux, d'en connaître, s'il est possible, la nature et les lois, de répandre dans le monde le principe d'amour et de fraternité universelle, sans distinction de culte, de race, de nation, de sexe. Voici la différence entre les démonologues et nous : ils sont encore au moyen-âge, nous sommes, nous, dans le XIXe siècle. L'instrument est tout pour eux, pour nous, c'est l'intention ; ils préfèrent la matière à l'esprit, et nous l'esprit à la matière.

Felice Scifoni.

(Annali dello spiritismo in Italia.)

Traduction de C. Guérin.

SIMPLES EXPLICATIONS

LETTRE A M. L'ABBÉ BLIARD

Monsieur l'abbé,

J'étais à Camblanes dimanche dernier, 11 courant, et j'ai assisté à celui de vos sermons qui a suivi la grand'messe. Je ne vais plus par conséquent m'appuyer sur des récits qu'il vous est facile d'accuser d'inexactitude ; les quelques mots que j'ai à vous dire sont le résultat de mes propres réflexions et de mon appréciation personnelle. Aussi j'en assume sur moi et sur moi seul toute la responsabilité.

Vous n'avez pas voulu recevoir, avez-vous dit, le « pamphlet » qui vous a été remis samedi ou vendredi à votre résidence ; à son aspect seulement, à la seule vue de sa couverture, vous avez jugé « que c'était un mauvais livre et vous l'avez renvoyé à son auteur. » Excellent procédé que vous avez recommandé de toutes vos forces à vos fidèles auditeurs.

Voyons, entendons-nous ; certes, je n'ai jamais eu l'intention de vous convertir au spiritisme : Je respecte la foi et les croyances de chaque homme, et cela d'autant plus que je veux qu'on respecte les miennes ; mais en vous envoyant un exemplaire du numéro de l'*Union spirite* où se trouvait contenue la réponse à votre bruyante sortie contre le spiritisme, je n'ai fait que remplir un devoir commandé : 1º par la loyauté qui ne veut pas qu'on attaque un adversaire à l'improviste et sans lui ménager les moyens de se défendre en répliquant ; 2º par la plus simple politesse. Vous n'avez pas voulu en profiter, vous n'avez pas voulu lire mon « pamphlet, » tant pis pour vous ! Oui, tant pis pour vous ! Car si vous l'aviez lu, certainement vous ne vous seriez pas laissé aller à qualifier par un terme..... peu digne, un journal que je m'efforce de maintenir toujours dans les sentiers de la modération, de l'aménité de langage et de la plus constante politesse surtout à l'égard de ceux dont je suis forcé de relever quelquefois les attaques qui, elles, permettez-moi de le dire, ne donnent pas souvent l'exemple de la politesse et du bon ton. Si vous l'aviez lu, monsieur l'abbé, vous ne vous seriez pas laissé aller à démentir tout ce qui s'y trouve contenu pour, un instant après, le répéter vous-même du haut de la chaire :

« Afin de vous faire juger, fidèles, de toute la fausseté, de tous les mensonges dont ce « pamphlet » est rempli, il me suffira de vous dire qu'on prétend que j'ai fait un *sermon contre le spiritisme ;* or vous le savez bien et je puis vous rendre tous à témoins, ici, il n'en a rien été ; j'ai seulement, par l'ordre de M. le curé, appelé, dans une petite instruction précédant le sermon, l'attention des fidèles et de l'autorité sur cette secte impie et diabolique, etc., etc. » Voyons, monsieur l'abbé, ne jouons pas sur les mots, je vous en prie.

J'aime les situations bien nettes : Avez-vous, oui ou non, le dimanche 18 février, tonné du haut de la chaire contre le spiritisme? (Appelez cela un prône, une allocution, une instruction, un sermon, une conférence, le nom ne fait rien à la chose et ne saurait en diminuer la portée). Or vous avez crié « au loup! au loup! » Que me voulez-vous donc et pourquoi venez-vous me taxer de calomnie, ou, au moins, d'inexactitude.

» Vous ne voulez pas faire au spiritisme l'honneur de le discuter; » je le crois sans peine, Monsieur l'abbé, car pour discuter une doctrine il faut au moins l'avoir étudiée; or, les quelques mots que M. le curé de Camblanes vous a forcé d'en dire me prouvent grandement que vous ne la connaissez pas du tout. Je n'ai jamais eu l'intention non plus de vous enseigner ce que vous ne savez pas et ce que vous ne voulez pas apprendre, mais quand vous avez jeté l'anathème sur vos frères et cherché à attirer sur eux les rigueurs de l'autorité civile, il me semble que j'ai bien le droit d'élever ma faible voix pour les défendre et pour leur rappeler quels sont les droits que la loi leur accorde et qu'on ne saurait leur ravir que s'ils manquaient à leurs devoirs. Je l'ai fait, et loin de m'en repentir, je suis prêt à le faire encore, chaque fois qu'un semblable cas se présentera; je l'ai fait d'autres fois, Monsieur l'abbé, et bien avant l'occasion que vous venez de m'en fournir encore, et, je dois le dire à l'honneur des prédicateurs catholiques, non seulement mes adversaires ont reçu et lu mes « pamphlets, » mais ils m'ont fait l'honneur de les discuter en public et l'un d'eux, un savant docteur en théologie, un professeur de dogme, n'a pas craint de m'appeler devant tout un auditoire d'élite « son adversaire poli. » Je n'en demandais certes pas autant de vous, mais il me semble que vous n'auriez pas compromis votre cause en ne m'insultant pas.

Tenez, Monsieur l'abbé, une preuve pour moi bien évidente que vous ne connaissez pas la doctrine spirite, c'est votre magnifique sermon sur l'immortalité de l'âme. L'immortalité de l'âme, la base principale de tout système religieux, de toute société humaine ; l'immortalité de l'âme sans laquelle il n'est pas de morale possible, mais toutes les forces du spiritisme sont mises en jeu pour la démontrer catégoriquement, irréfutablement à tous ! « Vous ne voulez pas faire l'injure à votre auditoire, avez-vous dit, de croire qu'une seule des personnes qui le composent n'est pas convaincue de l'immortalité de l'âme. » Hélas ! Monsieur l'abbé, vous savez pourtant tout aussi bien que moi, mieux que moi, combien dans les temps actuels l'incrédulité la plus profonde règne au fond des cœurs, combien le doute et l'indifférentisme savent élever leur voix désespérante, et vous savez très bien aussi que cet état de choses existe, précisément parce qu'on ne croit pas à l'immortalité de l'âme. C'est pour cela que dans votre magnifique sermon vous vous êtes attaché à dérouler devant vos ouailles les preuves morales de cette base fondamentale de toute religion. Eh bien ! à ces *preuves morales* dont il se sert comme vous, le spiritisme ajoute les *preuves matérielles*. A côté du *raisonnement* et afin de le soutenir, pour le rendre invincible, irréfutable, le spiritisme ajoute *le fait*. Aussi un respectable ecclésiastique, M. l'abbé Marouzeau, du diocèse de Limoges, a-t-il pu dire dans sa *Réfutation de la doctrine spirite, lettre à M. Allan Kardec :*

« Si le matérialisme qui déborde de toutes parts a jeté l'effroi dans votre âme et vous porte à chercher un remède souverain aux maux qui minent sourdement la société ; si l'amour de Dieu et des âmes vous enflamme, foudroyez cette philosophie bâtarde qui ne sourit qu'au néant. Montrez à l'homme qu'il est immortel. En dehors des preuves qu'en fournissent la révélation, la résurrection du Christ, les miracles des saints, *leurs apparitions,* rien ne peut mieux vous seconder dans cette noble tâche que *la constatation matérielle des Esprits et de leurs manifestations.* Des faits de cette nature, bien établis, exposés au grand jour et pouvant subir le contrôle de tous, seront le tombeau du panthéisme et du matérialisme. »

Vous le voyez, M. l'abbé Marouzeau qui a passé de longues années à l'étude du spiritisme, ne pense pas comme vous au sujet des manifestations des âmes et il reconnaît toute la puissance du *fait* pour prouver notre immortalité.

Mais jusque dans la magnifique parabole du mauvais riche et de Lazare que vous avez citée, je trouve la preuve de la possibilité, de la vérité de ces manifestations : Lorsque le mauvais riche demande à Abraham de lui envoyer Lazare afin qu'il trempe le bout de son doigt dans l'eau et lui en donne une goutte pour rafraîchir sa langue, Abraham lui répond que *ce n'est pas possible;* mais lorsqu'il lui demande d'envoyer Lazare sur la terre pour avertir ses frères, Abraham se borne à répondre : « Ils ont Moïse et les prophètes, qu'ils les écoutent. » Et le mauvais riche insistant encore : « Oui, dit-il, mais si quelqu'un des morts ressuscitait, ils le croiraient. » Ah ! ici, Monsieur l'abbé, si les morts ne *peuvent pas* revenir sur la terre avertir les vivants, Jésus ne laissera pas échapper cette occasion de mettre dans la bouche d'Abraham un *non possumus* bien formel, et pourtant que répond l'illustre patriarche, déclare-t-il qu'un mort ne peut pas ressusciter, c'est-à-dire une âme se manifester, apparaître aux yeux de ceux qui l'ont connue alors qu'elle habitait un corps? Oh ! non, écoutez plutôt : « S'ils ne croient pas Moïse et les prophètes, ils ne croiraient pas non plus, quand même un mort ressusciterait. »

Je ne discute pas, Monsieur l'abbé; je n'oublie pas que

vous méprisez trop le spiritisme pour lui faire l'honneur même de le combattre, aussi je laisse de côté tout ce qui touche au dogme des récompenses et des punitions et, m'en tenant à la question de la manifestation des âmes, j'arrive immédiatement aux impossibilités qui, d'après vous, s'y opposent formellement. « Les âmes des justes, avez-vous dit, sont au ciel et ne se mêlent plus aux choses de la terre. » Que faites-vous alors de toutes les apparitions de saintes et de saints dont les légendes catholiques sont remplies? Les mettez-vous sur le compte du Diable?

« Les âmes des damnés s'en vont en enfer où elles brûlent éternellement et d'où, par conséquent, elles ne sauraient un instant s'échapper pour répondre à nos évocations. » Mais le Diable et ses acolytes, ces grands damnés bien plus coupables encore que les hommes ont la liberté de sortir de l'enfer et de venir au milieu de nous. Seraient-ils moins punis parce qu'ils sont plus coupables? Ou bien emportent-ils leur enfer avec eux? Et alors pourquoi les âmes des damnés n'en feraient-elles pas autant?

« Enfin les âmes des justes auxquelles il reste à expier quelques petites fautes s'en vont au purgatoire d'où elles ne sortent que quand Dieu leur en ouvre la porte pour les conduire en paradis. » Mais, avant le spiritisme, ne disait-on pas, et ne dit-on pas encore dans beaucoup de contrées, surtout dans la campagne, que des *âmes en peine demandent des prières,* et lorsque quelques bruits insolites se font entendre dans certaines maisons, ne s'empresse-t-on pas de faire dire des prières, des messes pour le *revenant,* pour l'*âme en peine?* Si le Diable seul se manifeste pour qui dit-on ces messes? Et si elles ne doivent profiter à personne pourquoi en touche-t-on le prix?

Mais je m'aperçois, Monsieur l'abbé, que je me laisse entraîner par mon sujet et je m'empresse de clore cette lettre.

La politesse la plus simple, la loyauté et la courtoisie me font un devoir de vous en adresser encore un exemplaire. Si vous lui réservez le même sort qu'à celui de jeudi dernier, ma foi! Monsieur l'abbé, je serai forcé de répéter encore :

Tant pis pour vous!

Veuillez agréer, Monsieur l'abbé, l'expression bien sincère de mes sentiments respectueux et me croire votre loyal adversaire mais non votre ennemi.

Aug. BEZ.

Correspondance

Smyrne (Turquie d'Asie), le 18 février 1866.

Monsieur et cher frère spirite,

Veuillez me permettre aujourd'hui de vous renouveler encore toutes les sympathies que m'inspire votre estimable revue.

Je vois avec plaisir que vous êtes de ceux qui comprennent parfaitement bien toute la portée scientifique et morale du spiritisme.

La mauvaise foi et l'ignorance peuvent trouver mauvais vos raisonnements, mais tout homme sérieux qui croit en Dieu et à la justice divine, doit forcément adhérer à cette consolante doctrine du spiritisme qui, seule, tient la clef de ces mystères insondables jusqu'aujourd'hui :

Que sommes-nous? D'où venons-nous? Où allons-nous?

Persévérez, Monsieur, dans la pénible tâche que vous avez entreprise; le spiritisme, malgré toutes les entraves qu'on lui oppose, sera, j'en suis convaincu, avant la fin de ce siècle, la lumière qui doit éclairer le monde.....

Un fait spirite des plus étonnants a eu lieu dernièrement dans la maison d'un de mes amis.

Ce fait n'est pas peut-être nouveau, mais s'il a jamais eu lieu, il a passé, comme tant d'autres faits, inaperçu et inexplicable.

Il était réservé au spiritisme de voir clair là où tant de savants ne voient que ténèbres.

Les acteurs du petit drame que je vais avoir l'honneur de vous raconter sont deux petits enfants dont l'un est à peine âgé de quinze mois et l'autre de trois ans.

Il y a un proverbe populaire qui dit : « C'est par les enfants qu'on apprend le plus souvent la vérité, » et ce proverbe est vrai.

On ne dira jamais, je suppose, pour un enfant qui commence à peine à parler, qu'il peut être sujet à avoir comme les grandes personnes, l'*imagination frappée,* jusqu'à croire, entendre ou voir des choses qui, assurément, ne lui ont jamais été révélées par personne.

Si les ogres, les fées ou autres espèces de chimères peuvent, à un âge si peu avancé, éveiller plus ou moins son attention, il ne croira voir sans doute, dans ses moments de frayeur dans l'obscurité, que la représentation exacte de ces êtres fantastiques, mais de là jusqu'à être témoin d'un des phénomènes les plus frappants du spiritisme, il y a un abîme.

Bref, voici le fait, je vous en envoie la relation, et je puis vous assurer d'avance que je n'ajoute ni n'omets rien de ce qui m'a été raconté par le père et la mère de ces deux enfants.

M. F. M....., négociant en cette ville et père d'une nombreuse famille, a eu dernièrement la douleur de perdre le plus jeune de ses enfants, âgé à peine de quinze mois.

Les circonstances de la mort de ce petit être sont tellement étranges que je me suis permis de vous les relater en peu de mots.

Je trouve que tout en n'ayant plus besoin de nous convaincre de l'existence des Esprits, des faits de ce genre et des acteurs pareils, raffermissent encore plus notre croyance.

Le petit André était à l'agonie. Le père et la mère, ayant perdu tout espoir de la part des hommes, entouraient son berceau ; ils n'avaient plus d'espérance qu'en Dieu.

Malheureusement l'heure de leur enfant chéri était sonnée, et un dernier spasme vint mettre un terme à ses souffrances.

Instantanément son frère, qui couchait dans la même chambre, se leva en sursaut, les yeux démesurément ouverts et vitreux, les bras étendus vers le plafond :

— Maman, dit-il, en regardant en haut et tout ébahi, vois donc, vois André ! Comme il est beau ! Pourquoi s'en va-t-il ? Où va-t-il ?.....

Après ces paroles, il retomba sur sa couche et continua de dormir avec le même calme qu'auparavant.

Ce fait parle de lui-même, il n'a pas besoin de commentaires. Il est non-seulement patent et irrécusable, mais aussi brutalement concluant. Le spiritisme l'explique de la manière la plus rationnelle du monde ; que le matérialisme tâche de l'expliquer mieux ; je l'en défie.

Veuillez agréer, Monsieur et cher frère, l'expression de ma plus vive sympathie et accepter aussi de ma part la cordiale et fraternelle poignée de main de votre dévoué

E.-M. Rossi.

Bordeaux. — Imprimerie Chaynes et Malichecq, c. d'Aquit., 57.

L'UNION SPIRITE BORDELAISE

REVUE DE L'ENSEIGNEMENT DES ESPRITS

PREMIÈRE ANNÉE — N° 40. — 22 MARS 1866.

LA LIBERTÉ DIVINE

M. Guérin pose une question qui a une haute portée et qui est très importante au spiritisme, car elle est la base de l'intervention de Dieu dans l'humanité. Toutefois elle est plus grave que vraiment difficile, et bien que M. Guérin ait déjà sommairement indiqué la solution, nous croyons devoir élucider ce problème par l'histoire de la philosophie, afin de faire toucher du doigt à nos lecteurs le parti auquel il convient de s'arrêter :

Qu'est-ce qui avait porté les fatalistes à nier la liberté humaine ? C'est sa limitation. Or, cette limitation ne pouvant exister en Dieu, être absolu et absolument indépendant, il est évident que la liberté de Dieu est la plus souveraine et la plus excellente. D'après la définition de Spinosa, un être ne peut se dire libre qu'autant qu'il se détermine par sa seule nature, sans aucune dépendance. C'était restreindre la liberté à Dieu seul, c'était poser hardiment et logiquement le panthéisme. Mais de même que nous ne trouvons rien de contradictoire à ce que l'infini ait été fécond et ait créé le fini, de même nous ne voyons aucune difficulté à affirmer libre, quoique d'une inférieure liberté, l'être qui, tout en recevant les influences du dehors par une dépendance naturelle, a le pouvoir de se les approprier, de les modifier, de les combattre l'une par l'autre en opposant les bonnes aux mauvaises par une initiative volontaire. De ce que l'homme est fini, de ce que Dieu est infini, il résulte nécessairement que la liberté de l'homme devait être infiniment moindre que celle de Dieu. Cependant il y a eu des philosophes qui ont vu le fatalisme même en Dieu.

Ici, la réponse de Spinosa est toute-puissante. Il n'y a pas de plus souveraine liberté que celle d'un être qui se détermine par sa propre nature. Or, nous allons voir, malgré cette belle réponse, Spinosa nous représenter Dieu comme une force mécanique et fatale, se manifestant nécessairement dans l'univers.

Il y a, sur la question qui nous occupe, trois solutions bien tranchées entre lesquelles il nous faut choisir. Selon les uns, il n'y a pas de règle pour Dieu, même la règle du bien. Il n'est assujéti à aucune loi, il peut faire ce qui lui plaît. C'est l'opinion de Descartes et de ses successeurs.

Selon les autres, parmi lesquels il faut compter Hobbes et Spinosa, tous les actes de Dieu sont absolument nécessaires, et rien n'arrive qui n'ait dû arriver. Enfin, entre ces deux opinions extrêmes de la liberté d'indifférence et de la nécessité absolue, Leibnitz, Clarke, et surtout Malebranche, qui s'est séparé en cela d'une manière éclatante du cartésianisme, ont soutenu le système nommé : la nécessité morale, en vertu de laquelle Dieu choisit toujours le meilleur, et ne peut rien faire contre les lois de sa sagesse.

Selon Descartes, Dieu étant parfait et toute dépendance témoignant l'imperfection, Dieu est souverainement libre. Il n'est soumis à aucune loi, pas même à celle du bien, puisque c'est lui qui l'a faite, et qu'il peut la défaire. Décider autrement, serait le représenter comme Jupiter enchaîné au destin, ce serait revenir aux idées des païens.

Les idées du vrai, du bien, du beau, n'ont rien d'immuable

et de nécessaire, puisque c'est Dieu qui les a mises en nous, et qu'il peut les changer ou les modifier à son gré.

Cette opinion est grosse de conséquences désastreuses, il en résulte que ce qui est la vérité, pourrait être l'erreur ; ce qui est le bien, le mal ; ce qui est le beau, le laid ; ce qui est la vertu, pourrait être le vice ; ce qui est la justice, pourrait être l'iniquité.

L'innocent pourrait être puni ; le coupable récompensé ; le vol et l'assassinat pourraient être choses saintes et permises. Que nous aimons bien mieux dire avec Malebranche : « Ce qui est juste au regard de Dieu, est également juste au regard de l'ange, comme au regard de l'homme. » Il faut croire que Descartes n'a pas compris les conséquences terribles de son système, sans cela il ne l'eût point émis. D'ailleurs Descartes est infidèle à sa propre doctrine, il n'a pu établir l'existence du corps et du monde extérieur qu'en invoquant la véracité divine. Or, si Dieu peut faire tout ce qui lui plait, que devient cette maxime ? qui nous assure que ce que Dieu a établi par un décret arbitraire, il ne le renversera pas de même ? Le sens commun persiste à croire que les principes de la raison sont absolument et éternellement vrais, qu'ils sont une perpétuelle communication de Dieu à l'homme ; quel rôle indigne ferait-on jouer à Dieu ? S'il y a deux sagesses, l'une, la sagesse humaine, confiante en elle-même, et pourtant vouée à la possibilité de l'erreur, l'autre, la sagesse divine qui se réservera précieusement la vérité, notre nature est donc menteuse, et Dieu, de qui nous la tenons, est un imposteur. Y songe-t-on bien ? De peur d'enchaîner la liberté de Dieu et de le soumettre à aucune nécessité, on dit qu'il peut défaire à son gré les principes de notre raison. Autant vaudrait dire que Dieu peut décréter qu'il ne sera plus existant pour nous. D'où tirons-nous, en effet, la preuve de son existence ? N'est-ce pas de la raison ? Et si la raison peut nous tromper, qu'y a-t-il de certain pour l'homme ? Dieu lui-même disparaît logiquement de notre pensée.

« La conséquence de cette doctrine, dit Bayle, sera, qu'avant que Dieu se déterminât à créer le monde, il ne voyait rien de meilleur dans la vertu que dans le vice, et que ses idées ne lui montraient pas que la vertu fût plus digne de son amour que le vice. Cela ne laisse nulle distinction entre le droit naturel et le droit positif; il n'y aura plus rien d'immuable ou d'indispensable dans la morale ; il aura été aussi possible à Dieu de commander que l'on fût vicieux, que de commander que l'on fût vertueux, et l'on ne pourra pas être assuré que les lois morales ne seront pas un jour abrogées comme les lois cérémonielles.

« Elle ouvre la porte au pyrrhonisme le plus outré, car elle donne lieu de prétendre que cette proposition : trois et trois font six, n'est vraie qu'où et pendant le temps qu'il plaît à Dieu; qu'elle est peut-être fausse dans quelque partie de l'univers, et que peut-être elle le sera parmi les hommes, l'année qui vient; tout ce qui dépend du libre-arbitre de Dieu pouvant avoir été limité à certains lieux et à certain temps, comme les cérémonies judaïques (1). » Oui, répétons-nous avec Bayle, cette doctrine ouvre la porte au pyrrhonisme le plus outré, le plus absolu; il nous est impossible d'être assurés de rien, sans une déclaration formelle de Dieu.

« C'est tout renverser, s'écrie Malebranche, de prétendre que Dieu soit au-dessous de la raison, et qu'il n'a point d'autre règle dans ses desseins que sa pure volonté. Ce faux principe répand des ténèbres si épaisses, qu'il confond le bien avec le mal, le vrai avec le faux, et fait de toutes choses un chaos où l'esprit ne connaît plus rien. »

---

(1) Bayle, *Rép. à un provinc.*, ch. LXXXIX, p. 175.

L'attribut moral par excellence de Dieu est la justice, c'est-à-dire la conformité de ses actes au bien qui est la substance même de son être. Si cette règle est arbitraire, que devient la nature de la justice? que devient l'idée de Dieu?

Non seulement Descartes est infidèle à son propre principe de la véracité divine, mais encore il laisse la place ouverte au scepticisme, car la meilleure réponse à faire aux sceptiques qui nient la légitimité de nos facultés, est d'établir clairement contre eux la conformité de la raison divine et de la raison humaine, sous les limites toutefois d'une intelligence et d'une volonté finies. Descartes renverse cet argument, et avec lui le fondement de toute certitude. La vérité n'étant telle que parce que Dieu l'a voulu, elle peut être différente pour chaque esprit, elle peut changer selon les temps, elle perd tous ses caractères de nécessité et d'immutabilité. La vérité, anéantie pour l'homme et l'univers, ne se conserve pas davantage en Dieu, car s'il n'y a pas de vérité dans les êtres créés, on peut en conclure qu'il n'y en a pas dans la volonté du Créateur; tout disparaît, tout est abîmé du même coup.

Bayle a écrit à ce sujet un fort beau passage : « C'est une chose certaine, dit-il, que l'existence de Dieu n'est pas un effet de sa volonté. Il n'existe point parce qu'il veut exister, mais par la nécessité de sa nature infinie. Sa puissance et sa science existent par la même nécessité. Il n'est pas tout-puissant, il ne connaît pas toutes choses parce qu'il le veut ainsi, mais parce que ce sont des attributs nécessairement identifiés avec lui-même. L'empire de sa volonté ne regarde que l'exercice de sa puissance; il ne produit hors de lui actuellement que ce qu'il veut, et il laisse tout le reste dans la pure possibilité. De là vient que cet empire ne s'étend que sur l'existence des créatures; il ne s'étend point aussi sur leurs essences. Dieu a pu créer la matière, un homme, un cercle, ou les lai%er dans le néant ; mais il n'a pu les produire sans leur donner leurs propriétés essentielles. Il a fallu nécessairement qu'il fît l'homme un animal raisonnable, et qu'il donnât à un cercle la figure ronde, puisque, selon ses idées éternelles et indépendantes des décrets libres de sa volonté, l'essence de l'homme consistait dans les attributs d'animal et de raisonnable, et que l'essence du cercle consistait dans une circonférence également éloignée du centre, quant à toutes ses parties... Cela ne se doit pas seulement entendre des premiers principes théorétiques, mais aussi des premiers principes pratiques, et de toutes les propositions qui contiennent la véritable définition des créatures.

» Ces essences, ces vérités, émanent de la même nécessité de la nature que la science de Dieu. Comme donc c'est par la nature des choses que Dieu existe, qu'il est tout-puissant et qu'il connaît tout en perfection, c'est aussi par la nature des choses que la matière, que le triangle, que l'homme, que certaines actions de l'homme, etc., ont tels ou tels attributs essentiellement. Dieu a vu de toute éternité et de toute nécessité les rapports essentiels des nombres et l'identité de l'attribut et du sujet des propositions qui contiennent l'essence de chaque chose. Il a vu, de la même manière, que le terme juste est enfermé dans ceux-ci : estimer ce qui est estimable, avoir de la gratitude pour son bienfaiteur, accomplir les conventions d'un contrat, et ainsi de plusieurs autres propositions de morale (1). » Affirmons donc, avec Malebranche, que c'est en Dieu et dans sa nature immuable que nous voyons la beauté, la vérité, la justice, puisque nous ne craignons point de critiquer son ouvrage, d'y remarquer des défauts, et de conclure même de là qu'il est corrompu. Il faut bien que l'ordre immuable, que nous voyons en partie,

---

(1) *Continuation des Pensées diverses*, chap. CLII, p. 410.

soit la loi de Dieu même, écrite dans sa substance en caractères éternels et divins, puisque nous ne craignons point de juger de sa conduite par la reconnaissance que nous avons de cette loi.

Sommes-nous des impies ou des téméraires, de juger de ce que Dieu doit faire ou ne faire pas? Aveugles, si nous suspendions sur cela notre jugement. C'est que nous ne jugeons point de Dieu par notre autorité, mais par l'autorité souveraine de la loi divine que notre raison semblable à celle de Dieu nous révèle et nous impose. Le scepticisme qui découle de cette fausse et fatale doctrine de la liberté d'indifférence est plus grave et plus dangereux, si c'est possible, que le pyrrhonisme ordinaire. Celui-ci, en effet, ne s'attaque qu'au moi humain, il ne met en doute que la légitimité de nos connaissances. Il respecte, en quelque sorte, le moi divin, tandis que Descartes et ses sectateurs sur ce point placent le relatif jusque dans l'absolu lui-même, le variable dans l'immuable, le contingent dans le nécessaire. Ce système, poussé à ses extrêmes conséquences, ne va pas à moins que d'anéantir l'Être suprême et ses lois. Rien n'est assuré, pas même Dieu, dès qu'on porte une main téméraire sur la souveraine sagesse, dès qu'on tarit la source première et unique de toute certitude.

Spinosa, au contraire, enseigne que toutes les choses du monde ont été produites par la nécessité de la nature : « *Ex necessitate divinæ naturæ, infinita infinitis modis sequi debuit.* (Eth. 1re, pr. XVI.) » Et il n'entend pas, par la nécessité de la nature divine, cette perfection et cette rectitude de la volonté de Dieu, par laquelle il se détermine toujours à faire le meilleur. Il entend, au contraire, un inexorable *fatum,* un découlement fatal et inéluctable. Il dit, en effet, que Dieu n'opère pas par une volonté libre : « *Deum non operari ex libertate voluntatis. (Cor., à XXXIIIe.) »

Il nie tout pouvoir à Dieu d'avoir produit les choses autrement qu'elles ne sont : « *Res nullo alio ordine neque alio modo produci potuerunt, quàm productæ sunt.* (**Pr.** XXXIIIe.) » Dieu étant donné, le monde a dû être ce qu'il est ; pour changer l'effet, il faudrait changer la cause ; il faudrait que la nature divine fût autre qu'elle n'est : « *Si res alterius naturæ potuissent esse, vel alio modo ad operandum determinari, et naturæ ordo alius esset, ergo Dei natura alia etiam posset esse, quàm jam est.* (Pr. XXIIIe.) » Dire que Dieu a pu faire autrement, c'est dire que la nature d'un triangle n'importe pas que ses trois angles sont égaux à deux droits : « *Sed hoc idem est ac si dicerent, ut ex naturâ trianguli non sequatur, ejus tres angulos æquales esse duobus rectis.* (Sch., ad pr. XVII.) » Aussi Spinosa affirme-t-il que la volonté libre n'appartient pas à la nature de Dieu : « *Ad naturam Dei voluntas et intellectus non pertinent.* (Sch., ad pr. XVII.) » Il n'y a rien de contingent dans l'ordre des choses ; car Dieu agit et détermine tout à l'existence et à l'action ; il n'y a rien d'arbitraire, rien de laissé au hasard dans ce déplacement perpétuel qui crée pour détruire, qui détruit pour renouveler ; chaque volition est déterminée par une cause, et cela à l'infini : « *Una quæque volitio non potest existere, neque ad operandum determinari, nisi ab aliâ causâ determinetur, et hæc rursus ab aliâ, et sic porro in infinitum.* (Dem. XXXIIe.) » Si l'on pouvait embrasser d'une seule vue le double mouvement de la pensée et de l'étendue, on n'y verrait rien de libre, rien de contingent, mais comme le développement géométrique de termes dérivant l'un de l'autre. Le libre arbitre en Dieu et en l'homme, n'est au fond que notre ignorance.

La troisième opinion a pour but de réfuter Descartes tout aussi bien que Spinosa, mais elle leur accorde quelque chose à tous deux. A Descartes, elle concède la souveraine liberté de Dieu. A Spinosa, elle accorde que Dieu ne peut varier dans ses desseins, et que l'ordre du monde est immuable, mais en en donnant la véritable raison qui avait échappé à Spinosa. Non, ce n'est pas en vertu d'un caprice que Dieu agit, mais en vertu des lois mêmes dérivées de son intelligence. Descartes s'était trompé en considérant l'omnipotence de Dieu, abstraction faite de sa sagesse suprême. C'est en réunissant ces deux attributs qui ne font qu'un en Dieu, que s'opère le retour à la vérité.

Selon Malebranche, Dieu ne peut rien faire contre l'ordre divin et immuable des choses, qui est la sagesse même de Dieu. Il voit toujours ce qu'il y a de meilleur, et il le fait; autrement il ne serait pas souverainement bon. On peut donc dire en un sens avec Spinosa, que Dieu n'a pas pu ne pas faire ce qu'il a fait, pourvu que l'on entende bien qu'il n'agit pas sous l'empire d'une aveugle fatalité, mais conformément aux lois de son intelligence toute parfaite et toute immuable. Ainsi Dieu ne peut pas changer les vérités éternelles de la raison, puisqu'elles découlent de lui : « Si mon esprit était ma raison, dit Malebranche, il serait la raison de toutes les intelligences. » Et ailleurs : « Je crois que deux et deux font quatre, qu'il faut préférer son ami à son chien, et je suis certain qu'il n'est point d'homme au monde qui ne puisse le voir aussi bien que moi... Il est donc nécessaire qu'il y ait une raison universelle qui m'éclaire et tout ce qu'il y a d'intelligences. Car si ma raison n'était pas la même que celle des chinois, je ne pourrais pas être assuré que les chinois voient les mêmes vérités que moi, et je le sais cependant. (*Traité de morale,* cap. I.) » De là, Malebranche conclut qu'il y a du vrai et du faux, du bien et du mal, du beau et du laid, et cela pour toutes les intelligences; que ce qui est vrai et juste au regard de l'homme, est vrai et juste au regard de l'ange et de Dieu : « La raison, ajoute-t-il, est la même dans le temps et dans l'éternité, la même chez nous et dans les peuplades étrangères, la même dans tous les mondes de l'univers. *(Ibid.)* »

Leibnitz ne pense pas autrement que Malebranche quand il dit : « Dieu n'est enchaîné que par lui-même, que par les lois de sa suprême intelligence. »

Clarke, à son tour, est d'accord sur ce point avec Leibnitz et avec Malebranche. Il soutient contre Spinosa que la nécessité à laquelle Dieu est soumis, n'est pas une nécessité aveugle et naturelle, mais une nécessité de sagesse et de convenance, qui est entièrement compatible avec la plus parfaite liberté : « Le fondement, en effet, de cette nécessité, n'est autre chose que la rectitude de la volonté, et la perfection de la sagesse de l'Etre suprême qui le met dans une espèce de nécessité d'agir toujours sagement, et de se déterminer toujours pour le meilleur parti. (*De l'existence de Dieu,* cap. X.)» Aristote (*Métaphysique,* livre 12) distingue trois espèces de nécessités : la nécessité violente, qui contraint notre inclination ; la nécessité qui est une manière d'être du bien (mot à mot : sans laquelle le bien ne serait pas) (1) ; la nécessité dont le contraire implique et qui est absolument : « Or, c'est évidemment la seconde nécessité qui s'applique à Dieu, mais ce n'est qu'une nécessité toute morale. C'est la manière d'être, la condition *sine quà non* du bien, sans laquelle le bien ne serait pas, comme le dit admirablement Aristote. »

La raison humaine nous révèle les vérités premières, et ces vérités sont indépendantes de la volonté divine qui ne

---

(1) Coussin, comme MM. Alexis Pierron et Zévort, traduit *la nécessité qui est la condition du bien.* Il y a une nuance dans le texte que nous avons cherché à rendre : *Manière d'être du bien* exprime mieux, à notre avis, la pensée d'Aristote que : *Condition du bien.*

saurait les changer. C'est elle qui fait l'unité des êtres moraux, l'unité du genre humain. La raison a partout les mêmes lois et les mêmes procédés.

Quelles sont les notions nécessaires, communes à tous, constituant l'identité de nature? Ce sont celles qui, composant le vrai absolu, le bien absolu, le beau absolu, sont indépendantes de l'homme être fini, du monde terrestre où tout est relatif, et sont, par conséquent, impersonnelles et universelles.

Dans les mondes voisins ou distants, partout, dans Jupiter comme dans Saturne, dans le Soleil, dans Sirius, il sera vrai, et éternellement vrai, que la ligne droite est le plus court chemin d'un point à un autre, que le tout est plus grand que la partie, qu'il n'y a pas d'effet sans cause. Partout il sera bien de conformer sa conduite aux rapports dérivant de la nature des êtres, puisque le bien est la pratique du vrai (1).

---

(1) Voltaire, dont on peut également citer l'opinion élevée sur la justice, soutient l'universalité de la morale dans tous les mondes de l'univers. Il a écrit le beau passage suivant :

« Je méditais cette nuit, absorbé dans la contemplation de la nature; j'admirais l'immensité, le cours, les rapports de ces globes infinis qui scintillent au-dessus de notre terre. J'admirais encore plus l'intelligence qui préside à ces vastes ressorts, après les avoir créés et mis en mouvement. Je me disais : il faut être aveugle pour n'être pas ébloui de ce spectacle; il faut être stupide pour n'en pas reconnaître l'auteur; il faut être fou pour ne pas l'adorer. Quel tribut de culte et d'adoration ne dois-je pas lui rendre? Ce tribut ne doit-il pas être le même dans toute l'étendue de l'espace, puisque c'est le pouvoir suprême qui y règne partout?

« Un être pensant qui habite dans une étoile de la voie lactée, ne lui doit-il pas le même hommage que l'être pensant sur ce petit globe où nous sommes? Les lois de la lumière sont uniformes pour l'astre de Sirius et pour nous, la morale doit être uniforme.

Dieu se détermine par les lois de son intelligence ; mais cette intelligence n'étant qu'en lui, ne devant rien qu'à lui, c'est donc Dieu même qui est la cause unique de ses déterminations. La volonté de Dieu ne saurait s'exercer contre son intelligence, car en supprimer quelque chose serait mutiler l'Être. Dieu peut-il faire qu'il y ait un effet sans cause? que deux et deux ne fassent pas quatre? que la partie ne soit pas plus petite que le tout? Évidemment non. Cela empêche-t-il l'omnipotence et la liberté? pas le moins du monde. Seulement cette omnipotence et cette liberté ne combattent point l'Être et ses lois, puisqu'elles en sont au contraire l'attribut. Cette supposition d'une lutte entre la puissance et l'intelligence divines est une impiété et une folie. Dieu est libre et tout-puissant, si ce n'est contre lui-même, contre sa propre intelligence, c'est-à-dire la vérité éternelle. Remarquons que ce n'est pas une limitation de la liberté de Dieu : un être n'est pas limité par lui-même. De même les créatures étant douées de liberté, Dieu ne peut pas les violenter, il ne peut pas faire que les rapports de la créature avec lui ne soient pas tels que celle-ci les fait. Ainsi Dieu ne souhaite pas le mal, cependant le mal existe, et quand il y a désobéissance à la loi, cette désobéissance a nécessairement son contre-coup en Dieu et décide l'intervention de sa justice. De même, la faiblesse des créatures et leur impuissance pour le bien provoque à chaque nouveau

---

« Un être sentant et pensant dans Sirius, doit autant d'amour et de soins à ses parents que nous leur en devons ici-bas. Si quelqu'un, dans la voie lactée, voit un indigent estropié, s'il peut le soulager et s'il ne le fait pas, il est coupable envers tous les globes. Le cœur a partout les mêmes devoirs. » *(Diction. philos)*

N'est-ce pas que ce fragment est admirable? Nous n'épousons certes pas toutes les idées de Voltaire, mais on ne peut que rendre hommage à la sublimité de cette citation.

besoin le secours de Dieu. Par là même que Dieu a produit des intelligences libres, Dieu doit respecter leur personnalité; mais cette restriction évidente n'est pas une limitation réelle à la liberté divine. Cette limitation, c'est Dieu qui se l'est imposée, puisqu'en créant il a voulu qu'il en fût ainsi.

En résumé, la liberté en Dieu est entière, indépendante; elle ne tire rien que de la nature de l'Être. Mais ce n'est pas une liberté d'indifférence, car Dieu ne peut rien entreprendre contre lui-même, contre les lois de sa suprême sagesse. Cette seule supposition d'une lutte possible entre la puissance et l'intelligence de Dieu, est le comble de l'absurdité et de la déraison.

Dieu, en suivant les lois d'ailleurs indéfiniment flexibles de l'univers physique et moral, n'obéit pas à quelque chose qui soit en dehors de lui, puisque toutes ces lois émanent de l'essence de sa sagesse et sont réellement partie intégrante de lui-même. Or, l'Être ne peut agir que selon sa nature.

Nous traiterons un autre jour de la volonté divine; car, nous le répétons, ces questions sont importantes pour le spiritisme, qui doit aspirer à savoir tout ce qu'il est permis ici-bas d'élucider sur les attributs de Dieu.

A. PEZZANI.

LA TROISIÈME A M. L'ABBÉ BLIARD

Monsieur l'abbé,

Après vos déclarations formelles non-seulement de ne pas répondre à mes observations, mais encore de ne pas leur faire l'honneur de les lire, je croyais toute polémique, toute discussion entre nous terminée. Aussi c'est bien à regret, qu'au moment de mettre sous presse, je me vois forcé de saisir encore la plume pour m'occuper de vous,

On m'informe à l'instant même que dimanche dernier, 18 courant, sous l'empire sans doute de la sainte colère qu'avait fait naître en vous la vue de mon second « pamphlet, » vous vous êtes cru permis de décerner aux spirites une foule d'épithètes que la politesse me fait un devoir de ne pas reproduire ; puis, qu'à défaut de bonnes raisons, vous les avez accusés d'être venus, le dimanche avant, à la messe dans le seul but de vous épier et *d'avoir, par leur tenue et par leurs gestes, ainsi que par leur manière d'entrer et de sortir, causé un véritable désordre dans l'église.*

Je ne saurais trop protester, Monsieur l'abbé, contre de pareilles imputations, qui s'adressent directement à moi. Non, il n'est pas vrai que le moindre désordre se soit produit dans l'église, et certes, s'il était une tenue réservée et digne, c'était celle des spirites allés à votre sermon pour vous entendre et non pour vous épier, pour se convaincre si vous leur prouviez leurs erreurs, et non pour scandaliser vos paroissiens et profaner la maison consacrée aux prières.

De semblables accusations, quand elles sont inexactes, frisent la calomnie ; or, vous le savez, Monsieur l'abbé, la calomnie est une arme à deux tranchants qui risque fort de 'blesser les mains de ceux-là qui s'en servent.

Fort du témoignage de ma conscience, je ne veux pas accorder à cet incident plus d'attention qu'il ne mérite, et je me bornerai à opposer un démenti formel à votre accusation. Vos paroissiens seront les juges.

Tant que j'ai la plume à la main, permettez-moi, Monsieur l'abbé, de relever une autre accusation lancée par vous contre les spirites dans votre « instruction » du 11 courant, et qui paraît avoir causé beaucoup d'émotion à Camblanes.

« Si vous saviez, fidèles, avez-vous dit, si vous saviez ce qu'ils (les spirites) ont fait d'un saint évêque que vous connaissez tous ! Si vous saviez de quelle manière hideuse ils prétendent récompenser son noble caractère, vous frémiriez d'horreur !

Assurément c'est de Mgr Dupuch, évêque d'Alger, que vous vouliez parler, et vous connaissiez, en prédicateur habile, toute la puissance de ce nom sur des auditeurs, parmi lesquels se trouvaient des parents, des amis, des voisins, des compagnons d'enfance du vénérable prélat. Malheureusement pour vous, Monsieur l'abbé, vous ne connaissez pas aussi bien le spiritisme et ce qui s'y rattache, et si vous aviez jeté les yeux sur le *Livre des Médiums* ou plus particulièrement encore sur l'*Imitation de l'évangile,* vous y auriez lu de très nombreux enseignements empreints de la morale la plus élevée et de la charité la plus pure et signés : « Dupuch, évêque d'Alger, » ou bien : « Adolphe, évêque d'Alger, » qui attestent dans toute sa grandeur le noble et saint caractère de ce pasteur qui avait le droit de dire un jour du haut de cette chaire que vous occupez ce carême : « Mes frères, il y en a qui vous disent parfois : « Et que » vous importe ce que je fais ! faites ce que je vous dis et » laissez à Dieu le soin de me juger ! » Mais moi je ne vous tiens pas ce langage ; je vous dis la main sur la conscience : « Faites ce que je vous dis, mais aussi et surtout chacun dans » la mesure de vos forces, faites ce que je fais. »

Le spiritisme fait de Mgr Dupuch mort un saint et ardent prédicateur de l'évangile ; un infatigable apôtre de la charité. Libre à vous de penser que ce rôle est indigne de lui. Pour moi je ne crois pas qu'il soit tellement flétrissant que vos paroissiens, s'ils le connaissaient, en frémiraient d'horreur !

Veuillez agréer, Monsieur l'abbé, l'expression bien sincère de mes sentiments respectueux.

AUG. BEZ.

Bordeaux, le 22 mars 1866.

PROPAGATION DU SPIRITISME

ÉDUCATION DES ENFANTS

Dans le courant de l'année dernière, un meeting important a été tenu à Boston (États-Unis) par les spirites américains. Le but de la convention était de discuter le sujet de l'éducation des enfants. Les résolutions prises donneront une idée du caractère et des vues de la réunion.

« 1° Nous sommes profondément convaincus qu'il existe de grands défauts dans les systèmes actuellement en vigueur pour l'éducation des enfants, dans ceux surtout qui prétendent leur enseigner la religion et la morale ;

» 2° Nul ami de l'humanité ne peut réfléchir, sans frissonner, aux tendances démoralisatrices des enseignements théologiques populaires près de l'esprit des enfants ;

» 3° Le temps est venu pour les spirites de prendre des mesures convenables afin d'apprendre à leurs enfants la vérité au lieu de l'erreur, et cela en établissant aussitôt que possible, sur une base pratique, des lycées et autres institutions qui puissent combler les lacunes que notre siècle et notre philosophie demandent ;

» 4° Dans le but d'encourager ces idées, d'assurer une connaissance plus intime des spirites les uns avec les autres et aussi avec les besoins de notre cause commune, d'établir une fraternité plus féconde, une coopération plus généreuse et plus efficace pour l'accomplissement du grand œuvre, le comité se déclare en séance permanente, conformément aux articles de la convention.

Si nous n'approuvons pas la décision précédente dans les termes de la rédaction, nous l'approuvons dans le fond. Nous n'avons du reste rien à ajouter aux idées déjà publiées sur ce sujet par notre ami M. Ch. Dubos.

CONVENTION DES SPIRITES ET DES AMIS DU PROGRÈS
A DARLINGTON (ANGLETERRE)

Une réunion qui comptait des spirites, des partisans du magnétisme et des amis du progrès venus de tous les points de l'Angleterre a eu lieu les 26 et 27 juillet dernier à Darlington. De nombreux orateurs s'étaient fait inscrire pour développer les sujets les plus intéressants de la philosophie moderne. « Que nul d'entre vous, disait l'adresse publiée dans les journaux spirites, ne vienne avec le désir d'être étonné par de puissantes manifestations, mais que tous cherchent à étonner le monde, en manifestant un esprit de charité, de tolérance, d'amour pratique des vérités immortelles et du bien de l'humanité. » Cet appel a été entendu et, ce qui est mieux encore, compris de nos frères d'Angleterre. La concorde et l'amour réciproque n'ont cessé de régner à Darlington pendant les deux jours que le meeting a duré. Des problèmes redoutables ont été abordés et résolus à la satisfaction de tous. La tribune, dit le *Spiritual Times,* a été successivement occupée par des orateurs des deux sexes; l'intérêt de l'assemblée a toujours été soutenu par la hauteur des questions développées et le talent des penseurs. Mme Spear a discuté avec âme l'influence de la femme dans la société. La théologie et la littérature ont eu un interprète vivement applaudi dans Mme Gardner, de Newcastle. Le docteur Mac Leod a fait une excellente lecture sur ses expériences personnelles et les manifestations extraordinaires dont il avait été témoin. Une autre lecture sur les enseignements du spiritisme eu égard au progrès de l'humanité a été donnée par M. Burns, de Londres. Enfin un adepte du magnétisme a pris la parole pour prouver que tous les phénomènes spirites pouvaient s'expliquer par le mesmérisme. Cette proposition, vigoureusement repoussée par les spirites présents, n'a fait que jeter encore plus de lumière sur le spiritisme.

Une société a été formée sous le nom de *Association des Spirites amis du progrès, de la Grande-Bretagne.* Le docteur Mac Leod en a été nommé secrétaire.

' Le rapport sur cette première convention, publié par les soins du comité, porte pour épigraphe les mots suivants : *Notre religion est l'amour, notre temple l'univers.*

LE SPIRITISME DANS LE NORD DE L'ANGLETERRE

A M. le Rédacteur du Spiritual Times

Monsieur,

Je profite de mon séjour à Londres pour vous donner quelques détails sur le spiritisme dans le nord de l'Angleterre.

Invité à prendre part aux travaux de la convention spirite qui a eu lieu les 26 et 27 juillet dernier à Darlington, je quittai Londres le 22 et atteignis Birmignham, où je devais assister à un meeting le lendemain, qui était un dimanche. M. Underwood, un de nos frères dont l'activité vous est connue avait pu se procurer une petite salle pour la réunion. Cette première séance fut suivie de plusieurs autres qui eurent lieu chez M. Underwood même, à quelques milles de Birmingham. De là je me rendis à la convention dont les travaux vous sont connus.

J'avais déjà eu le bonheur d'assister à la première convention spirite qui se tint en Amérique, c'est avec une nouvelle satisfaction que j'ai pu être également présent à la première tenue dans ce royaume. Le nom que nos frères ont pris (Spirites du Progrès) me semble d'un heureux présage pour l'avenir ; j'espère que beaucoup d'adeptes qui ont pu suivre les phénomènes spirituels vont se livrer à l'étude de la philosophie, pour travailler à son troisième développement, la mise en pratique des vérités morales révélées par les Esprits. Sur l'invitation de mon ami M. Morgan, je partis pour visiter Sunderland et Northumberland.

A Sunderland, j'eus le plaisir d'assister à quelques réunions choisies; puis conduit par la puissance qui me guide, je dirigeai mes pas vers l'Écosse après avoir dit adieu à mon ami le docteur Mac Leod. A Glasgow, je descendis à l'hôtel Cobden, ne sachant trop avec quelles personnes je pourrais entrer en relation. Je ne connaissais qu'un monsieur qui m'avait conseillé, il y a quelques mois, de ne pas venir visiter Glasgow. Cependant M. Burns, de Londres, m'avait donné les adresses de quelques amis du spiritisme. Je dis à mon maître d'hôtel que j'étais spirite, et que je venais à Glasgow pour faire une œuvre dont je ne connaissais pas au juste la nature. Celui-ci, pour première réponse, commença par rire, me prenant sans aucun doute en pitié; puis il me dit que le spiritisme était mort dans ce pays depuis les séances des Davenport. Je lui répondis qu'il se trompait, mais je m'aperçus bientôt que mes paroles ne faisaient aucune impression sur son esprit de granit.

Le ciel me guida vers l'honorable M. Nesbit qui me fit faire connaissance avec M. J.-W. Jackson, président de l'Institut mesmérien. Par leurs soins nous pûmes avoir deux bonnes réunions publiques et nombreuses, à la première desquelles j'eus le bonheur de me trouver avec notre frère Andrew Leighton, de Liverpool. La seconde fut troublée par quelques expressions aigres sorties de la bouche d'un ecclésiastique et de trois ou quatre autres personnes, mais avant la fin de la séance nos rapports furent rétablis sur un bon pied, et ces Messieurs nous dirent fort courtoisement que nous ne faisions que différer d'opinion. Ces réunions publiques ne furent pas les seules; plusieurs conversations privées eurent lieu dans des cercles de famille à Glasgow et à Port-Glasgow. Dans cette dernière ville, je fus chaleureusement accueilli par un ami du Progrès, M. Glendinning.

Sans vouloir vous fatiguer par le récit des nombreux incidents qui m'encouragèrent dans mes travaux de plusieurs semaines à Glasgow, je vous dirai que la première semaine je fus tellement persécuté par l'esprit de bigoterie, qu'on me renvoya de mon hôtel à cause de mes opinions et de mon dessein de provoquer des réunions spirites. Je dirigeai mes pas vers Liverpool en passant par Edimbourg, Clyde et Greenoch.

Un défenseur de notre cause, M. Wason, me procura des appartements où nous eûmes sept belles réunions. De là il me conduisit à sa maison de Chester, où j'eus la satisfaction de jouir des beaux points de vue qui font la réputation de cette ville.

Pendant ce long et pénible voyage, j'ai travaillé nuit et jour, acceptant l'aide et les amis que la Providence m'envoyait. Que tous ceux qui m'ont aidé dans la propagation de notre belle doctrine reçoivent donc ici l'expression de ma gratitude. Mon voyage dans le nord de l'Angleterre m'a donné la certitude que le temps n'est pas éloigné où les spirites que j'ai visités coopéreront d'une manière plus active à propager cette grande pensée : que des communications sont ouvertes avec le monde des Esprits, qu'une grande révolution est à la veille de s'accomplir, de laquelle doit sortir la régénération des habitants de cette planète.

J.-M. SPEAR.

Londres, 10 août 1865.　　　　　　*(Spiritual Times.)*

Pour les articles : *Propagation du spiritisme,*

C. GUÉRIN.

Bibliographie

LA VÉRITÉ SUR LES DAVENPORT (1)

Dans cette brochure, M. Z.-J. Piérart, directeur de la *Revue spiritualiste,* nous offre le récit succinct des phénomènes produits par les Davenport et le compte-rendu analytique de la campagne aussi bruyante que grotesque entreprise contre les deux frères par la presse de toutes couleurs et de toutes dimensions.

Après avoir fait à chacun des combattants qui se sont signalés dans ce tournoi peu chevaleresque la part qui lui revient, M. Piérart examine lui-même la question restée tout entière debout malgré tout le scandale soulevé autour d'elle et conclut que les Esprits sont étrangers aux manifestations de l'armoire, bien que les Davenport ne puissent nullement être taxés de charlatanisme.

Nous croyons devoir reproduire textuellement cette conclusion que nous livrons sans commentaire à l'examen de nos lecteurs :

« 1° Vu les divers et si précieux phénomènes de bi-corporéité, de dédoublement ou bilocation animique, rigoureusement observés en tant d'occasions ;

» 2° ATTENDU : Qu'il a été constaté que le nombre des mains vues à la fois par l'ouverture du cabinet des frères Davenport ne s'est jamais élevé au-delà de quatre ;

» 3° Que la musique qui se joue sur leurs instruments ne sort jamais du répertoire habituel des médiums et de la médiocrité propre à des musiciens fort peu ordinaires ;

» 4° Que les frères Davenport, tout en disant que les faits qu'ils produisent sont inexplicables et inexpliqués par la science ordinaire, ne les ont cependant jamais attribués aux Esprits (2) ;

---

(1) Une brochure in-8° ; Paris, E. Dentu ; prix, 1 fr.

(2) Ceci est une erreur à laquelle M. Piérart ne se serait pas laissé

» *Vu,* toutefois, qu'il leur est matériellement impossible de les produire avec leurs organes ordinaires, garrottés comme ils le sont par des liens soigneusement cachetés et scellés et souvent tenus et observés de tout près par des curieux;

» Nous CONCLUONS, jusqu'à preuve du contraire, qu'il appert de ces faits *que les frères Davenport produisent leurs phénomènes à l'aide de la bilocation ou dédoublement animique des organes de leur corps spirituel, rendus visibles ou investis de force sous l'empire des lois qui gouvernent la production de ces sortes de faits, faits que la science devrait bien enfin s'attacher à connaître.* »

Ce qui nous attriste, dans cet ouvrage, comme dans la plupart des numéros de la *Revue spiritualiste,* c'est de voir toujours M. Piérart se laisser entraîner à cette haine invétérée qu'il porte contre tous les spirites en général et, en particulier, contre M. Allan Kardec; haine qui se traduit parfois en attaques peu courtoises et en épithètes que nous ne voulons pas qualifier. Et tout cela pourquoi? Parce que M. Piérart ne veut pas de la réincarnation!

Eh! grand Dieu! ne pouvons-nous donc pas différer d'opinion sur un point, sans nous injurier sans cesse mutuellement? Sera-t-il dit que nous ne mettrons jamais de côté les susceptibilités d'un sot amour-propre blessé, pour travailler paisiblement et d'un commun accord à la recherche de la vérité, but où tendent tous nos efforts!

Ce n'est pas ici le lieu de rechercher laquelle des deux écoles, spirite ou spiritualiste, est plus rapprochée de ce but; ce que nous avons voulu constater, c'est seulement la douleur profonde que tous les vrais adeptes de l'une et de l'autre ne peuvent s'empêcher de ressentir à la vue d'un antagonisme si peu courtois, et les aspirations de tous

---

entraîner s'il avait lu attentivement les comptes-rendus des journaux américains et anglais et surtout le livre publié par le docteur Nichols : *Les phénomènes des frères Davenport.*

vers un état de choses plus en rapport avec la loi de charité, de fraternité et de solidarité universelle proclamée avec autant de force par les spiritualistes comme par les spirites.

SUIS-JE SPIRITE?

Sous ce titre, un nouvel adepte de la doctrine, M. Sylvain Alquié, vient de publier, à Toulouse, une petite brochure dans laquelle il expose d'une manière à la fois franche, simple et claire les diverses questions qu'il s'est posées à lui-même quand il a entendu parler sérieusement du spiritisme, et aussi les raisonnements qui l'ont amené à pouvoir se répondre, avec une précision pour ainsi dire mathématique : « Je suis spirite. »

Nous ne saurions trop recommander ce petit livre (prix, 50 c.) à nos lecteurs.

Aug. Bez.

Variétés

LES MOYENS MÉCANIQUES DE M. SOTHERN

Au numéro 129 de George's Road, Halloway, vit un couple respectable, simple, honnête et tranquille nommé Wallace. On dit le mari et la femme médiums remarquables. Il y a quelques mois, M. T..., spirite sérieux et d'une haute position, pria les Wallace, et cela à la requête de M. Addison, de vouloir bien donner chez eux une séance de spiritisme. Le jour convenu, MM. Sothern, Toole et Addison entrèrent chez les Wallace et prirent place autour de la table.

La table se mit en mouvement, malgré les efforts de

M. Toole. On obtint des réponses à des questions mentales. Des bruits divers, des coups et les manifestations ordinaires se produisaient, quand M. Sothern, qui suivait ces expériences avec beaucoup de sérieux, devint pâle, fut pris de violentes convulsions et mit par là fin à la séance. Il écumait, aboyait comme un chien, se mordait les doigts et essayait de mordre les autres ; il se frappait la tête contre le plancher et montrait tous les symptômes de la rage. L'émotion était grande parmi les intimes de M. Sothern qui parlaient d'envoyer chercher un médecin, quand M. T..., qui soupçonnait un cas de possession, les pria de lui abandonner leur ami. Ils s'informèrent aussitôt si M. T... avait déjà vu de semblables cas. Il en avait vu en effet, et espérait pouvoir exorciser la mauvaise influence. Posant alors ses jambes de chaque côté du corps de M. Sothern complètement inanimé en apparence, il le souleva de dessus le plancher et commanda solennellement au démon de laisser en paix sa victime. Puis, on fit prendre l'air à M. Sothern, dont les yeux enflammés, la bouche et le nez écumant indiquaient encore une mauvaise influence. Aussitôt qu'on le vit un peu plus calme, on le conduisit à la voiture qui l'attendait, et il partit avec ses amis.

Nous attendons, dit le *Spiritual Magazine* auquel nous empruntons cet article, que M. Sothern veuille bien expliquer à ses amis et adhérents les moyens dont il s'est servi pour couronner sa série de mystifications commencées devant les personnages les plus haut placés des trois royaumes et terminés devant une pauvre famille d'Halloway.

C. GUÉRIN.

Bordeaux. — Imprimerie CHAYNES et MALICHECQ, c. d'Aquit., 57.

L'UNION SPIRITE BORDELAISE

REVUE DE L'ENSEIGNEMENT DES ESPRITS

PREMIÈRE ANNÉE   N° 41.   1er AVRIL 1866.

ÉTAT HIÉRARCHIQUE DES ESPRITS
QUI SE COMMUNIQUENT
Suite (1)

Notre organisation intellectuelle, comme nous l'avons vu, se refuse d'une manière absolue à l'assimilation brusque et immédiate de la vérité supérieure, quelque peu qu'elle dépasse notre portée. De là impossibilité radicale pour les Esprits, lors même qu'ils le voudraient, de nous livrer directement une idée supérieure quelconque ; de là également absence complète et nécessaire de toute idée semblable, scientifique ou autre dans les communications.

En outre, le travail personnel, telle est la loi du progrès. Il en résulte que les bons Esprits, lors même qu'ils le pourraient, se refuseraient constamment, par intérêt pour nous, en vue de notre perfectionnement obligé, à nous communiquer, d'une manière abrupte et gratuitement, la science, la vérité, la lumière.

DU CÔTÉ DE L'HOMME QUATRE LIMITES BORNENT TOUTES LES COMMUNICATIONS INTELLIGENTES POSSIBLES.

Ce ne sont cependant pas là les seules lois qui régissent et déterminent la mesure distributive de la vérité par le canal

---

(1) Voir tome III, pages **169** et suivantes, et tome IV, n° **38**, pages **25** et suivantes.

des médiums. Pour avoir une idée exacte de ce qui est ou n'est pas possible par ce moyen, aux considérations qui précédent il faut joindre les deux suivantes.

Entrant dans les vues divines, prenant conseil de volontés supérieures, nos éducateurs spirituels ont arrêté à notre égard, et fort probablement avec notre propre consentement, un ensemble de mesures, de prescriptions et d'exercices les plus aptes à nous débarrasser de nos faiblesses, de nos défauts, et à nous rapprocher de la perfection, but final de notre existence. Cet ensemble de dispositions constitue pour chacun d'entre nous ce qu'on appelle la destinée. Elle est fatale et il n'est au pouvoir de personne, incarné ou désincarné, de nous y soustraire ou seulement de nous mettre à même de l'éluder en partie. Toute demande, tout essai donc tendant à ébrécher cette loi fondamentale fait nécessairement ricochet et subit une direction différente.

Enfin, dans une foule de cas, l'activité personnelle, cause et condition indispensable de progrès, n'existerait pas ou au moins ne se produirait pas au même degré, s'il n'y avait pour la provoquer, pour l'accélérer et la diriger, un mobile spécial, une cause particulière ; soit l'ignorance qui nous pèse, ou l'incertitude qui nous tourmente, ou la souffrance qui nous aiguillonne, ou l'espoir qui nous entraîne. Quel que soit ce mobile, quelle que soit cette circonstance particulière, les Esprits, pas plus que les incarnés, ne sauraient s'y attaquer avec avantage, nous priver d'un ressort si utile ou d'une occasion si précieuse. Etre pleinement libres, avoir l'entière initiative et responsabilité de toutes nos décisions, de toutes nos démarches, de tous nos actes et tentatives, telle est notre loi, tels notre bien, notre gloire et notre privilége. L'erreur même et le mal dans lesquels nous tombons par accident, les ennuis que nous nous attirons, les malheurs qui nous arrivent à la suite de cette grande liberté n'ont-ils pas leur côté utile et ne constituent-ils pas les expériences les plus salutaires, les plus instructives? Au point de vue purement matériel et terrestre nous n'avons pas toujours lieu de nous en réjouir, c'est très vrai ; mais on y gagne énormément au moral, on en devient plus circonspect, plus humble, plus hardi, plus entreprenant, plus avisé, plus sûr, chacun d'après ses besoins personnels. C'est ce que n'ignorent pas nos guides, et ayant mission de veiller à nos intérêts les seuls vrais et sérieux, ils ne permettront à qui que ce soit de changer, de dénaturer cet utile état de choses.

Quatre bornes donc, que nous appellerions volontiers les quatre bornes radicales des communications, limitent fatalement du côté de l'homme toute inspiration, tout acte médianimique intelligent. En dehors de ces quatre bornes rien n'est sérieux, rien n'est possible, et s'imaginer par exemple que pour avoir des nouvelles du capitaine Franklin on pouvait, au moyen du spiritisme expérimental, économiser bien des sommes, éviter bien des dangers, ou, que pour guérir une maladie, sonder une plaie, il serait plus sûr de recourir aux docteurs désincarnés qu'à ceux qui exercent leur utile art visiblement au milieu de nous, c'est insinuer une théorie qui, prise absolument, est fausse, et, appliquée, ne tarderait pas à s'infliger à elle-même le plus humiliant démenti, et à devenir funeste au spiritisme quoiqu'il puisse y avoir des cas particuliers, isolés, assez nombreux même, mais toujours indéterminables et circonscrits, où il soit loisible aux Esprits de prendre l'iniative de pareilles révélations, la destinée elle-même pouvant avoir ménagé et des raisons d'utilité générale autoriser une telle exception.

Pas plus spécialement donc, au point de vue de la science, qu'à tout autre égard, le spiritisme ne promet rien de nouveau, rien de gratuit, rien d'absolument étranger à nos connaissances actuelles. Ce n'est pas à dire que, sous le rapport même purement scientifique, il ne soit très profitable. Loin de là, le spiritisme découvrant au savant, à l'observateur, un monde nouveau bien plus grandiose et plus admirable que tous les mondes matériels possibles, ouvre devant nos regards émerveillés des perspectives immenses, et ajoute des espaces incommensurables à l'ancien et étroit champ d'observation.

Mais si cet avantage est incalculable il ne faut jamais oublier qu'il est le seul, l'unique que la science puisse attendre du spiritisme, directement, sans préparation spéciale, sans étude et déduction laborieuse.

Quiconque a donc raisonnablement à cœur le progrès scientifique et tient sérieusement à doter l'humanité de nouveaux trésors intellectuels, au lieu d'interroger les Esprits, de leur demander qu'ils expliquent les mystères grands ou petits, difficiles ou faciles de ce monde ou de l'autre, qu'ils nous initient sans travail aux secrets des sciences morales, religieuses, éternelles ou simplement humaines, naturelles et terrestres, de tenter en un mot l'impossible et de s'égarer dans une voie sans issue, qu'il préfère des fatigues plus sages et plus fécondes, qu'il se joigne avec courage et fierté aux glorieux et nobles bataillons des ouvriers de l'intelligence, quelque part qu'ils aient planté leur tente, élevé leur observatoire, appliqué la règle et le niveau, construit leur laboratoire, dans le monde visible ou dans le monde spirituel, physiciens, voyageurs, chimistes, astronomes, mathématiciens, philosophes, théologiens. Là seulement, ouvrier infatigable, assidu à votre poste, vous trouverez l'occasion de réussir à laquelle se dérobe follement ce chasseur ridicule sans cesse à l'affût de la vérité derrière les barbes d'une plume médianimique.

TOUT EST NOUVEAU DANS LE SPIRITISME.

Après tout ce qui précède il est à peine utile de faire remarquer, avant de terminer, que cette proposition, plusieurs fois rappelée et accordée dans le courant de cette thèse : rien de nouveau dans le spiritisme, ne peut avoir qu'un sens restreint et n'est vraie qu'à un point de vue très relatif. Entendue dans un sens général, elle est on ne peut plus fausse, et s'il fallait opter entre deux expressions inexactes, nous préférions de beaucoup la suivante comme l'étant infiniment moins : Tout est nouveau dans le spiritisme.

Il y a, en effet, deux choses distinctes dans le spiritisme : la découverte scientifiquement illustrée d'une loi naturelle, et la doctrine proprement dite. Or, comme découverte, il est entièrement nouveau, et comme doctrine, essentiellement différent de tout ce qui l'a précédé.

Les phénomènes, nous ne dirons pas spirites mais fantastiques, ne datent pas seulement d'hier, tout le monde le sait. L'antiquité aussi bien que le moyen-âge nous en offre des exemples variés, nombreux et frappants ; l'art même de les provoquer n'était pas inconnu et fut, au moyen-âge surtout, bien plus exploité qu'on ne le pense généralement, mais semblablement à tant d'autres faits graves qui restent inaperçus ou incompris, les manifestations fantastiques ne furent jamais vues sous leur véritable jour, saisies dans leur véritable nature, et n'éveillèrent pendant de longs siècles dans l'esprit des peuples les plus civilisés que les idées les plus étranges, les plus fausses. Toute manifestation de force intelligente et occulte était alors universellement regardée comme un fait surnaturel, c'est-à-dire échappant par sa nature même à toute étude, à toute explication rationnelle. C'étaient des merveilles, des prodiges, des miracles qu'on n'étudiait pas, mais devant lesquels un seul parti était à prendre, se confondre, se taire, trembler et prier. Au dernier siècle une réaction violente se produisit et poussa les Esprits dans une direction diamétralement opposée. Toute manifestation de cet ordre fut regardée comme contraire aux lois naturelles, déclarée en conséquence absurde, impossible et rayée du nombre des questions qu'un homme sérieux pouvait étudier. La lumière sur ces sortes de faits en devenait doublement impossible, à l'aveugle et implacable superstition des anciens venait s'ajouter l'aveugle et non moins implacable incrédulité moderne, se propageant avec rapidité et s'affirmant avec force jusqu'à nos jours sous le faux nom de positivisme, de science, de progrès dans tous les rangs de la société sans excepter les esprits mêmes qui, par état ou par leur profession religieuse, y paraissaient les moins accessibles.

C'est au milieu de circonstances aussi défavorables qu'Allan Kardec vint, et le *premier*, écartant les préjugés et les erreurs accumulés sur cette question difficile, soupçonna qu'une étude des phénomènes, sérieuse, directe, utile, était possible. Les faits nombreux, multiples, que dans ce but il réunit, compara, analysa, interrogea sans parti pris, avec sagacité et persévérance, lui apprirent unanimement que dans la nature il existait un principe particulier, intelligent, indépendant de la matière, s'individualisant sur tous les points de la terre et se manifestant par des effets propres; qu'entre ce principe spirituel et l'homme, séparé de lui par l'épais voile du corps, il existait un commerce actif, intime, général; que ces rapports exigeaient certaines conditions spéciales, qui en constituaient la loi et les accompagnaient invariablement; enfin, que les phénomènes fantastiques sur la nature et la possibilité desquels on s'était si étrangement mépris n'étaient rien autre chose que les formes sensibles et variées que ce commerce intercréaturel revêtait, que le bruit et les mille apparences extérieures auxquelles il donnait sans cesse lieu.

Il en résultait que loin d'être contraires aux lois de la nature, les faits merveilleux n'en étaient qu'une conséquence nécessaire et rigoureuse. Ce n'était pas en dehors ni au dessus de la nature, en vertu de la volonté divine s'exerçant directement, arbitrairement, ni par le pouvoir exceptionnel d'un mauvais Esprit tout-puissant qu'ils se produisaient ; mais leur principe se révélait directement et existait avec sa nature, ses qualités, ses conditions et ses incompatibilités propres dans les entrailles mêmes de la création dont il était une des forces et dont il constituait une partie intégrante. Il n'y avait plus ni merveilles, ni prodiges, ni fait surnaturel ; le merveilleux des mystiques aussi bien que l'impossible des sceptiques s'évanouissait et à leur place n'apparaissait plus qu'un fait purement et absolument naturel, n'offrant rien de plus inadmissible, rien de plus divin ou de plus diabolique que la vile multitude des accidents innombrables qui se produisent journellement dans les relations de la vie sociale terrestre.

Après avoir découvert ce grand principe et en avoir assigné la loi, Allan Kardec, sans enthousiasme irréfléchi, avec calme mais avec conscience et toute la gravité que méritait l'événement, fit part de sa découverte à ses contemporains et les pressa d'en prendre connaissance, de la vérifier par eux-mêmes, de l'approfondir davantage, et enfin de l'appliquer, comme on l'avait fait si avantageusement pour tant d'autres découvertes, au plus grand profit de l'humanité. Après avoir, en effet, constaté l'existence et les propriétés du gaz, de la lumière, de l'électricité, de la chaleur, n'avait-on pas su en déduire des conséquences pratiques, créer les chemins de fer, la navigation à vapeur, les paratonnerres, la photographie, la télégraphie électrique et tant d'autres merveilles dont s'honore la science moderne. Allan Kardec était convaincu que la nouvelle découverte serait d'autant plus féconde en grands et magnifiques résultats qu'elle dépassait en excellence tout ce qui s'était jamais produit de plus grand, embrassant les phénomènes les plus divers, les opérations les plus graves et les plus intimes de l'activité humaine dont elle utilisait et commandait le noble principe lui-même, la pensée, la raison, l'âme.

Nous ne dirons pas comment un public adversaire, systématique et passionné de toute idée spirituelle, comment une science orgueilleuse et frivole, comment une presse intolérante et illibérale ont accueilli la découverte nouvelle. Dans un avenir moins éloigné que bien des spirites eux-mêmes ne le pensent, le public lui-même, la science elle-même, la presse elle-même, convertis à d'autres idées diront mieux que nous ne pourrions le faire à présent l'abîme où de nos jours l'humanité s'était égarée, les dangers qu'elle a courus, les excès qu'elle a commis et la grandeur du bienfait, que le spiritisme lui aura assuré. Nous voudrions seulement, en présentant ces réflexions, faire voir que tout dans le spiritisme ne remonte pas aux temps anciens ou au moyen-âge, mais qu'il s'y rencontre un élément exclusivement nouveau, la connaissance scientifique du principe spirituel et la découverte de la loi qui le régit, ayant l'une et l'autre pour date 1853.

LA SCIENCE DOIT AU SPIRITISME LA DONNÉE DE L'EXISTENCE ET DE LA PERPÉTUATION INDÉFINIE DE L'AME HUMAINE

Non-seulement comme découverte le spiritisme est absolument nouveau, mais même comme doctrine, comme philosophie et puissance morale on ne saurait lui refuser ce caractère. Donnant l'exemple, et appliquant pour son propre compte à la recherche scientifique des plus hautes vérités la loi nouvelle dont il venait de reconnaître l'existence, le spiritisme a aussitôt réalisé un progrès immense et animé d'une vie nouvelle, efficace et réelle les plus sublimes spéculations de l'esprit humain et les principes fondamentaux de l'ordre moral.

Toute assertion philosophique ou religieuse, que dis-je, la pensée elle-même et ses moindres conceptions reposent sur un principe unique, nécessaire, sans lequel tout est chaos, confusion, impossibilité dans l'ordre intellectuel. Ce principe sans lequel il n'y en a point dans un sens général, appelez-le comme vous voudrez, immortalité de l'âme, survivance, indestructibilité du principe pensant, éternité de la matière, le nom importe peu, la chose seule nous intéresse, nous l'appellerons la vie éternelle de l'âme humaine, désignation qui ne nous paraît pas inexacte. Or, avant les travaux spirites, l'âme humaine, loin d'être connue, expliquée, analysée, n'avait même jamais été solidement établie. Dieu nous garde de dédaigner les travaux remarquables et grandioses dont l'âme a été l'objet à toutes les époques de l'histoire, Dieu nous garde d'injurier la foi simple et profonde du moyen-âge. Oui, de par la raison ou de par la foi, on a toujours cru à l'existence et à la perpétuation indéfinie du principe spirituel humain. Notre époque a peut-être seule le triste privilége de faire exception à la règle générale. Mais il n'en est pas moins avéré et certain que même en ces temps relativement meilleurs, malgré les traités les plus sublimes, malgré les théories les plus profondes, malgré les affirmations les plus énergiques, malgré les convictions les mieux ancrées, un doute, une arrière-pensée sur ce point capital, une tache noire s'est constamment et invinciblement maintenue, secrète mais réelle, vivace, indestructible dans les plus profonds replis de l'esprit humain. On n'osait pas toujours se l'avouer à soi-même, mais le mal n'en existait pas moins ; on le sentait, on en souffrait, on en gémissait, on le combattait, c'était en vain, aucun remède ne pouvait l'extirper. Dans un traité célèbre sur ce sujet, après avoir affirmé avec cette majesté dont il était seul capable, l'existence et l'immortalité de l'âme, et développé avec force les preuves rigoureuses qui l'établissent, Cicéron, le grand philosophe romain, n'en termine pas moins par ces paroles significatives et étonnantes qui peuvent justement être regardées comme l'expression exacte de la conscience humaine à travers les siècles sur ce point capital : Après la mort, nous verrons s'il en est ainsi. *Si supremus ille dies commutationem affert loci, quid optabilius, sin autem perimit ac delet omnino, quid melius........ aut in æternam et plane in nostram domum remigramus aut omni sensu molestiaque careamus.* Si le jour de la mort nous procure un nouveau séjour, que pouvons-nous désirer de plus heureux, si au contraire il nous détruit et nous annihile complètement, il sera encore avantageux ce jour-là ; ou nous rentrerons chez nous réoccuper notre première demeure, ou nous serons délivrés de tout ennui et privés de tout sentiment (Cicéro, *Tusculan., Disputat., lib. I, de contemnendâ morte, epilogus.)*

Il serait naïf de notre part de chercher à faire voir les effets désastreux qu'une si grave incertitude sur la première de toutes les questions devait produire sur l'ensemble des opérations de l'esprit, et plus spécialement sur la raison qui en est la partie la plus active et la plus noble. Elle engendrait les plus grands maux, paralysait les plus nobles efforts et était l'unique cause de cette extrême faiblesse de la philosophie, de cette impuissance de la raison, qui sont les caractères les plus saillants de la vie intellectuelle et morale dans les âges passés.

Pour établir l'existence de l'âme et en faire connaître les diverses propriétés, le spiritisme négligea volontiers, sans répudier cependant le raisonnement pur, les discours doctes et pathétiques, la foi aveugle, pour essayer exclusivement d'un nouveau procédé d'investigation. Il n'en avait pas trop présumé, et les résultats obtenus dépassèrent toutes les espérances. L'âme humaine que l'on cherchait depuis si longtemps, et qui s'était sans cesse dérobée aux plus habiles investigations, apparut elle-même après la mort du corps, vivante, libre, active, indépendante et se confondant par sa nature avec ce principe spirituel lui-même que le spiritisme venait de découvrir et de constater si clairement. Plus de théories abstraites, plus d'arguments subtils et difficiles, plus de croyance aveugle sur la foi de personnes qui n'étaient pas toujours bien convaincues elles-mêmes; mais directement et sans voiles, l'âme humaine se formulait d'une manière concrète, se traduisait en faits palpables, accessibles à tous nos sens, irrécusables, et quiconque le voulait sérieusement pouvait à son tour la voir, la toucher, l'examiner, l'étudier à loisir, la constater en un mot comme la science constate tout autre agent naturel, l'électricité, le fluide magnétique, la lumière, au moyen des effets produits, nombreux, variés, constants. Le doute, l'énervant doute, n'était plus possible, il fallait se rendre, et l'éternel ver rongeur de la raison humaine venait de périr au contact de l'air et de la lumière.

A une grande découverte le spiritisme joignait donc une donnée scientifique d'une immense portée. L'âme existe, réelle, distincte du corps et lui survit, individuelle, progressive; la pensée, l'intelligence, la volonté, la liberté la distinguent et la caractérisent essentiellement. Elle visite et assiste ceux qu'elle aime sur la terre. Telles étaient les connaissances définitivement acquises à l'esprit humain, et que, sous peine de déchéance, la science ne pouvait davantage négliger dans l'ensemble de ses opérations que n'importe quelle autre donnée rationnelle. Ce n'était pas là seulement du nouveau du meilleur aloi, bénéfice net irrévocablemen assuré, c'était une révolution gigantesque qui débutait et s'apprêtait à envahir le monde.

QUÔMES D'ARRAS.

(La fin au prochain numéro.)

PROPAGATION DU SPIRITISME

ADRESSE DES SPIRITES (1) DES ÉTATS-UNIS RÉUNIS EN CONVENTION NATIONALE, AU MONDE ENTIER

Nous lisons dans le *Banner of Light,* une lettre de M. Mitchell, disant que l'*Avenir* est le premier et jusqu'à ce jour le seul organe spirite européen qui ait publié l'adresse des spirites américains au monde entier. Si l'*Union* n'a pas enregistrée dans ses colonnes cette magnifique déclaration de faits et de principes à laquelle nous adhérons de toutes nos forces, c'est que le numéro du *Banner of Light,* qui la contenait, ne nous est pas parvenu. Ce journal publie de nouveau cette adresse en faisant remarquer que plusieurs inexactitudes s'étaient glissées dans la première copie ; nous en donnons aujourd'hui la traduction extraite de l'*Avenir*, mais avec les changements nécessités par la nouvelle édition.

Nos lecteurs admireront comme nous la hauteur d'idées développées dans ce manifeste ; ils reconnaîtront dans cette belle page le spiritisme universel que nous défendons, nouvelle révélation qui doit unifier, en les englobant, toutes les croyances de l'humanité.

Le 18 octobre 1865, les délégués des associations spirites

(1) Nous prévenons nos lecteurs, une fois pour toutes, que nous traduisons le mot anglais *spiritualist* par le mot français *spirite ;* ce mot signifiant simplement pour nous *celui qui croit en la manifestation des Esprits bons ou mauvais.*

des Etats-Unis réunis en Convention nationale à Philadelphie, état de Pensylvanie, chargèrent les soussignés de préparer une adresse à tous les peuples du globe.

En exécution de ce mandat, ils viennent respectueusement
et fraternellement soumettre le compte-rendu suivant des
faits et des principes contenus dans le spiritisme :

ADRESSE

Le spiritisme est une religion et une philosophie basée sur
des faits, et sous ce rapport il diffère de toutes les autres religions qui reposent sur la foi. Nous respectons, comme spirites, les croyances de l'humanité, mais nous leur préférons
les faits manifestés par la nature et le Dieu de la nature.
Nous croyons que toutes les religions ont été basées, à leur
origine, sur des faits spirites semblables. Nous acceptons
les inspirations de tous les âges et de tous les peuples, mais
nous n'en pouvons endosser ni les interprétations erronées,
ni les formes conventionnelles.

Vouloir prouver l'existence de ces faits serait de notre
part faire insulte à l'intelligence du monde civilisé, car leur
nombre et la variété de leur caractère ont provoqué l'attention universelle ; ils ont victorieusement résisté à la critique
rationnelle, ainsi qu'au scepticisme, et il ne peut y avoir de
présomption en réclamant pour eux les investigations les
plus minutieuses. Ces faits se sont d'abord manifestés en 1848,
dans un petit village du nom de Hydesville, situé près de la
ville de Rochester, dans l'état de New-York, et ont été connus sous le nom de *coups frappés de Rochester*. Depuis
cette époque ils ont tellement augmenté en nombre, en variété et en puissance que leur réalité a été reconnue par le
monde entier.

L'existence du magnétisme animal et de ses phénomènes
avait prédisposé beaucoup de personnes à accepter ces manifestations ; mais d'autres, enfermés comme ils l'étaient dans
les formes ecclésiastiques de la théologie, ont été conduits
à leur assigner une toute autre cause que la seule vraie ; ils
se sont réfugiés sous l'ombre même des choses que jusque-
là ils avaient condamnées. Mais pour l'instruction des personnes qui n'ont pas eu le désir ou l'occasion d'étudier par
elles-mêmes ces faits, nous les présentons sommairement
selon leur classification.

Premièrement. Des mouvements physiques et tangibles

d'objets extérieurs avec ou sans contact humain, sont venus faire appel aux sens, et ont obligé les intelligences scientifiques à en chercher l'explication dans d'autres lois que celles de leur philosophie supposée. Cette explication a été invariablement la même, c'est-à-dire que ces mouvements sont produits par des Esprits qui ont quitté la sphère d'action terrestre.

Secondement. L'écriture et d'autres manifestations intelligentes, accomplies sans la volonté des intermédiaires, sont des phénomènes d'une autre classe, mais dérivant de la même source.

Troisièmement. Puis vient la faculté de parler des langues étrangères aux médiums, et de parler dans la leur sur des sujets en dehors de l'intelligence et des connaissances acquises de l'orateur.

Quatrièmement. Le fait d'obtenir des guérisons, soit par des prescriptions, soit par l'imposition des mains, forme une autre classe non moins remarquable. Combien de malades, dans toutes les positions sociales, n'ont-ils pas béni cette nouvelle révélation, ou plutôt ce renouvellement d'une révélation de tous les âges!

Nous ne pouvons présenter ici avec utilité que quelques-unes des formes de cette puissance merveilleuse. Toutes ces classes pourraient être subdivisées à l'infini, et l'investigateur sérieux trouvera dans chaque manifestation une preuve évidente de l'existence et de la présence des Esprits. Nous donnons ici les conséquences qui résultent d'une étude sérieuse, et qui s'imposent d'elles-mêmes à toute intelligence dégagée de préjugés et non systématique. Cependant nous ne les présentons pas comme *articles de foi*, ou comme étant l'opinion absolue de tous les spirites, mais comme renfermant les vérités générales de la religion et de la philosophie du spiritisme.

Les penseurs de tous les pays cherchent depuis longtemps une preuve plus tangible de l'immortalité de l'âme que celles que fournissent les religions de nos jours. Nous dirons en peu de mots ce que le spiritisme enseigne sur ce sujet, et ce qu'il doit inévitablement accomplir pour le bien de l'humanité.

Le spiritisme, dans sa philosophie, rejette le surnaturel; dans ses manifestations, il déclare qu'elles se produisent conformément à des lois naturelles ayant existé de tout temps, et qui maintenant se révèlent à l'intelligence de l'homme.

Il prouve l'immortalité de l'âme qui n'avait jamais été prouvée comme un fait démontré, et qui jusqu'ici n'avait été qu'une hypothèse ou un désir de la qualité inhérente de l'âme ; ce désir avait pu donner naissance à la croyance à l'immortalité, mais il n'offrait au penseur aucune démonstration suffisante.

Il enseigne le progrès de l'âme comme étant le principe fondamental de son immortalité, vérité immense, sur laquelle repose toute la philosophie de la vie future, et qui n'avait jamais été adoptée par aucune philosophie ou religion connue.

Il nous offre une religion conforme aux lois de la nature ne possédant *ni dogmes, ni articles de foi,* une religion qui repousse les formes de l'*esprit de secte* et accepte les vérités de tous les temps.

Il considère le développement de l'esprit humain comme la plus haute expression de l'harmonie divine.

Il a pour but l'amélioration de l'humanité et l'établissement d'une religion naturelle, vraie et élevée, reconnue par les esprits indépendants de tous les siècles dans la paternité de Dieu et la fraternité des hommes.

Sa mission est :

Délivrer l'humanité de l'esclavage spirituel, suite de l'ignorance et de l'erreur, en même temps que de l'esclavage corporel ;

Établir la foi dans l'existence future de l'âme comme une certitude absolue ;

Détruire la crainte de la mort par la connaissance des lois de la vie future.

Profondément touché par l'existence de la misère et de l'erreur dans ce monde, il ne condamne aucun individu ni aucune classe d'individus ; mais il nous offre ses vérités, qui, semblables au soleil, éclaireront le monde et transformeront l'ignorance et le crime en vérité et en bonté.

Il ne vient lier aucune âme, car pour lui la foi n'est pas un effet de volition, mais le résultat d'une conviction.

Il s'appuie sur la loi du progrès et sur les efforts de toutes les âmes sages, pour faire accepter à tous les peuples les vérités les plus sublimes qui aient été enseignées au monde et qui sont éternelles.

L'objet principal de cette croyance est que l'Esprit ne peut mourir ; que la mort n'est qu'un changement et l'entrée dans un état supérieur où se continuera la vie commencée

sur la terre, et que l'Esprit progressera et s'améliorera à
jamais.

Les sources de l'inspiration ne sont pas taries, car des
cohortes immortelles nous ont de nouveau conduits au baptême de l'âme et ont fait briller pour nous la lumière du
monde immortel. Le feu de Prométhée ne sera plus un mythe,
car des anges ont allumé sur l'autel de nos cœurs le feu de
la vie éternelle, phare lumineux qui nous guide vers ces
demeures d'où sont bannies à jamais les ténèbres de la
mort.

Nous prions donc instamment les hommes de toutes les
nations et de toutes les croyances d'étudier attentivement
eux-mêmes les phénomènes, la philosophie et la religion du
spiritisme, et nous avons la ferme conviction qu'ils en tire-
ront des conclusions identiques aux nôtres.

Ont signé :

A.-G.-W. Carter, d'Ohio, *président ;*

J.-J. Loveland, de Massachussets,
Cora-L.-V. Scott, de New-York,
William-A. Boldwin, de Michigan,
Joseph-J. Hatlinger, d.-m., de Connec-
L.-K. Joslin, de Rhode-Island,   [ticut,
Lizzie Dotten, pour Delaware,
C.-A.-K. Poore, de New-Jersey,
Newman Weeks, de Vermont,
Isaac Rehn, de Pensylvanie,
Joseph-L. Taylor, de Kentucky,
H.-S. Brown, d.-m., de Wisconsin,
J.-C. Smith, du district de Colombie,
S.-S. Jones, de Saint-Charles (Illinois),
Membres du Comité.

Pour les articles : *Propagation du spiritisme,*

C. Guérin.

<hr>

SPIRITUALISME ET SPIRITISME

Nous nous empressons d'insérer la lettre suivante :

« **Bois-de-la-Lande, à Villiers-sur-Marne, près Paris, ce 24 mars 1866.**

» *A Monsieur le directeur du journal* l'UNION SPIRITE

» Monsieur,

» Je vois dans un compte-rendu que vous faites de ma brochure sur les *Davenport* des paroles que je ne puis laisser passer.

» Selon vous, la façon sévère avec laquelle je traite certains hommes et la manière dont ils ont posé la question spiritualiste, provient des *susceptibilités d'un sot amour-propre blessé.*

» Je ne puis que protester avec énergie contre de telles paroles.

» Ceux qui me connaissent dans mon passé comme dans mon présent, savent que mon caractère est la droiture et l'abnégation et un dévouement sans bornes à la cause du vrai.

» Ils s'étonneront que des réponses fréquentes ayant été faites dans la *Revue spiritualiste* à des insinuations du genre de la vôtre, il n'y ait jamais été répondu. Qu'on réponde d'abord, en les reproduisant, aux raisons que j'ai données de l'attitude critique que la défense de la vérité m'impose parfois : ce n'est qu'après avoir montré le néant de ces raisons, qu'il sera permis de me condamner dans les termes auxquels vous avez recouru.

» Mais cela n'a jamais été fait, et vous ne le faites pas davantage aujourd'hui.

» Fort de la situation qu'une telle attitude me donne, je vous dirai donc que quand j'ai eu à parler des spirites en général, leur reprochant de mal poser la question spiritualiste, et par là de la compromettre, je ne suis pas sorti des bornes de la discussion courtoise.

» Si mon langage parfois est devenu plus accentué, c'est quand je me suis trouvé en présence d'hommes à l'égard de qui un tel langage était de rigueur.

» Quand dans le sanctuaire de la justice le magistrat accusateur a à traiter un faussaire que ses actes ont conduit sur la sellette, il ne l'épargne pas : il le traite avec toute la sévérité de la conscience publique indignée et il ne vient à l'idée de personne de lui reprocher d'avoir manqué de courtoisie à l'égard du coupable. Le magistrat ne peut élever en effet celui-ci à son niveau et par là avilir la justice.

» Or, j'ai devant moi des faussaires de l'idée, des falsificateurs de vérités saintes, et il m'est permis de les traiter comme ils le méritent; je le fais franchement, à poitrine découverte, prenant la responsabilité de mes paroles. Je ne sais pas ce que c'est que d'agir lâchement dans l'ombre en affectant un langage hypocrite.

» Il y a eu un grand et charitable esprit dans ce monde : c'est celui de Jésus. Nul de nous n'a le pouvoir de l'égaler, mais il est permis parfois de se le proposer pour modèle. Que voyons-nous dans les luttes ardentes et pénibles qu'il soutint en faveur de la vérité? Partout des paroles véhémentes et indignées à l'adresse des faux docteurs qui, déjà, de son temps trompaient et séduisaient les âmes. Cela lui paraissait d'autant plus nécessaire, que l'erreur avait recours à toutes sortes de ruses et d'artifice, et que par là elle se faisait puissante.

» Croyez-vous que la race des hommes qu'eut à combattre Jésus soit éteinte? Elle est plus vivace que jamais, et les mêmes devoirs incombent aux soldats de la vérité, aujourd'hui comme de son temps.

» Pour vous, si, comme je le pense, vous êtes de bonne foi, vos yeux ne tarderont à se dessiller sur ces choses, et la lumière vous apparaitra dans tout son jour.

» En attendant, je vous dirai en toute fraternité :

» Prenez garde de rendre des hommages irréfléchis à des idoles qui, en s'écroulant, pourraient fort bien écraser leurs adorateurs. Ne vous faites pas, je vous en prie, le séide de gens dont vous ignorez les antécédents, les façons occultes d'agir, et sur la valeur scientifique desquels vous vous méprenez. Si ces hommes, quand ils ont été attaqués, ont cru prudent de se taire, pourquoi viendriez-vous bénévolement les défendre ?

» Mettez, au lieu de cela, ceux qui vous lisent à même d'établir leur jugement par l'insertion des pièces qui sont propres à les éclairer. Insérez donc mes articles tels qu'ils sont, et si vous ne pouvez aller jusqu'à cet acte d'impartialité, insérez du moins la lettre qui a été écrite par un spirite fort désabusé à l'endroit de ceux que vous défendez, et qu'un journal même de votre école a mise au jour. Au commencement de cette année, le directeur de la librairie académique, M. A. Didier, écrivait à l'*Avenir* une lettre dans laquelle se lisent les lignes suivantes :

« ..... Pendant de longues années j'ai été spectateur plus
» attentif qu'on ne le supposait des actes spirites ; ce n'est ni
» le lieu ni le moment d'exposer mes convictions ; mais j'af-
» firme qu'en écartant même la question de convenance per-
» sonnelle qui touche chaque individu, les spirites ont tort
» de se livrer à des évocations qui ne donnent aucun résul-
» tat, n'apportent aucune preuve d'identité, et, comme le
» disait mon cher père, servent de verges à nos adversaires
» pour flageller la doctrine spirite. »

» Spirites, vous l'entendez, les voies et façons de faire du pontificat devant lequel vous vous tenez courbés, servent de verges pour vous flageller.

» Vous empêcher, Monsieur le Rédacteur, vous et les autres fidèles de ce pontificat de donner à vos adversaires de semblables verges, tel a toujours été mon but dans l'œuvre de juste critique que j'ai entreprise. Tous devraient m'en savoir bon gré au lieu de m'appeller comme vous le faites un homme imbu d'un *sot amour-propre blessé*. C'est ce que vous ferez sans doute un jour. En attendant veuillez montrer l'esprit d'impartialité qui vous anime en insérant cette lettre dans votre plus prochaine livraison, sans que j'ai besoin pour cela de recourir au bénéfice que la loi m'accorde.

» Agréez, s'il vous plaît, Monsieur, l'assurance de toute ma considération.

» Z.-J. PIÉRART. »

M. Piérart se méprend étrangement et sur notre caractère et sur notre manière d'envisager la question *spirite* ou *spiritualiste* (peu importe le nom). Nous ne sommes ni l'adorateur d'une idole quelconque, ni le séïde de qui que ce soit. Loin de nous tenir courbé devant un pontificat dont nous n'avons pas connaissance, nous avons maintes fois déclaré hautement que nous ne *voulons pas* de *pontificat,* et si jamais quelqu'un tentait de se produire, toutes nos forces seraient employées à le combattre et à le renverser. Nous avons donné notre adhésion complète à l'Adresse de nos frères d'Amérique que le directeur de la *Revue spiritualiste* n'accusera certes pas d'être, eux aussi, les séïdes d'un sectaire quelconque. Pour nous, est spirite tout homme qui croit à l'immortalité de l'âme, à son individualité après la mort du corps et à la possibilité de ses manifestations aux êtres qu'elle a laissés sur la terre ; et si nous avons donné la préférence à l'appellation de *spirite,* c'est qu'elle désigne *clairement* et *uniquement* cette croyance, tandis que le mot *spiritualiste* s'applique d'une manière générale à quiconque croit à l'âme, nierait-il et son immortalité, et son individualité après la mort, et la possibilité de ses manifestations.

Loin de nous la pensée de faire un crime à M. **Piérart** de ne pas penser comme nous sur tous les points. Nous lui reconnaissons parfaitement le droit de crier sur tous les tons que nous posons mal la question spiritualiste. Chacun est libre dans ses opinions comme dans sa foi ; mais ce n'est pas une raison pour insulter sans cesse ceux qui ne pensent pas ou ne croient pas comme lui. C'est pour cela que nous avons protesté et que nous protesterons toujours contre une polémique qui ne sait jamais atteindre les régions loyales de la discussion et se traîne toujours dans les bas-fonds de la personnalité et de la haine. On dirait vraiment, à lire la *Revue spiritualiste,* que M. Piérart ne peut pardonner à M. Kardec le crime énorme d'avoir eu du succès ! Aussi les organes du spiritualisme en Angleterre et en Amérique, peu au courant de ce qui se passe réellement en France, représentent-ils les deux écoles comme plongées dans un antagonisme complet qui dégénère en une lutte peu courtoise. C'est là une erreur qu'il est de notre devoir de relever. Ceux qui se prétendent les chefs de ces deux écoles se font une grande illusion s'ils croient que spirites et spiritualistes ont épousé toutes leurs querelles et sont prêts à s'entredévorer pour eux. Grâce à Dieu, il n'en est rien. Loin de là, et comme nous le disions dans l'article incriminé par notre confrère, les vrais adeptes de l'une et de l'autre école aspirent tous vers un état de choses plus en rapport avec la loi de charité, de fraternité et de solidarité universelle, et ils sauraient bien, s'il le fallait, prouver aux hommes de parti que la vérité n'a pas besoin d'eux pour se frayer un passage à travers les erreurs dont est abreuvé notre siècle.

Nous n'avons à défendre personne, nous n'avons pas non plus à combattre qui que ce soit. Les hommes, pour nous, pèsent bien peu dans la balance où viennent se peser les idées ; nous ne demandons pas mieux que de discuter froidement, d'une manière loyale et courtoise, les questions qui nous séparent de nos frères spiritualistes, mais jusqu'à ce que la discussion ait pris ce caractère que nul homme poli ne saurait vouloir lui refuser, nous sommes bien obligé de donner la préférence à ceux qui sont constamment attaqués d'une manière indigne plutôt qu'à ceux qui les attaquent. Depuis longtemps nous lisons avec beaucoup d'attention, beaucoup d'intérêt même la *Revue spiritualiste;* mais, nous l'avouons à notre honte, nous n'y avons jamais vu des raisons plausibles de l'attitude critique et acerbe de M. Piérart. Si jamais nous les rencontrons, nous les reproduirons avec empressement, tout en nous réservant le droit imprescriptible de les discuter; mais nous ne saurions trop le répéter, nous voulons des raisons plausibles et non pas des personnalités.

Nous sommes parfaitement convaincu de la droiture de caractère, de l'abnégation et du dévouement qui animent M. Piérart; mais, nous sommes persuadé aussi que la ligne de conduite qu'il a adoptée est la moins propre à faire triompher la vérité, et nous le remercions de nous avoir fourni l'occasion de le lui dire.

AUG. BEZ.

Communications médianimiques

LA PAQUE SPIRITE

BORDEAUX. — Médium, M. S... B...

La fête dont toute la chrétienté célèbre aujourd'hui le glorieux anniversaire est une de celles qui répandent le plus dans notre cœur un baume consolant.

Gardez-vous bien, spirites, de négliger la Pâque, car la Pâque, toujours, sera l'emblème saint de votre réconciliation avec l'Être suprême.

Christ venait de finir sa divine mission; chassant devant lui les grossières pratiques du culte mosaïque, dépouillant de leurs apparences trompeuses les momeries des Scribes et des Pharisiens, il avait de sa voix douce et tendre prêché aux hommes l'amour et la fraternité, et sa vie tout entière avait rendu un témoignage saint à la pureté, à la sainteté de sa doctrine.

« Aimez Dieu de tout votre cœur et votre prochain comme vous-même, » c'est ainsi qu'il venait de résumer la loi ; et, mettant en pratique cette sainte maxime, il était mort pour son prochain après avoir prêché son Dieu.

Mais tout n'était pas encore fini. Après la mort glorieuse du Christ, sa résurrection aussi avait été prédite. Christ ressuscita. Ses disciples le virent, le touchèrent, lui parlèrent, écoutèrent encore ses leçons bien-aimées et ses conseils toujours affectueux.

La mort fut vaincue. L'union du ciel et de la terre fut à jamais scellée.

Mon intention n'est pas d'examiner ici avec vous le caractère particulier de la résurrection du Christ ; je ne rechercherai pas si elle fut matérielle, si le corps matériel, en chair et en os, sortit, comme on nous l'a dit, du sépulcre fermé, et rempli de nouveau de cette vie qui l'avait quitté sur la croix, continua pendant quarante jours ses pérégrinations terrestres ; ou bien, si Jésus, dans ses apparitions à ceux qu'il venait de quitter, n'a produit d'autre phénomène que celui si fréquent aujourd'hui des apparitions tangibles, ou celui plus rare mais non moins possible par lequel les Esprits se montrent à vos yeux avec toutes les réalités de la vie.

Mon but en prenant la plume a été de vous montrer seulement dans le fait même de la résurrection du Christ l'acte d'alliance du ciel et de la terre, et de répéter avec chacun de vous ces paroles sublimes de l'apôtre :

« O Mort ! où est ton aiguillon ! O Sépulcre ! où est ta victoire ! »

Christ a triomphé. O mes frères ! Christ est ressuscité. Et comme lui, nous aussi nous triompherons, nous aussi, nous ressusciterons.

Aussi la Pâque, la Pâque spirite doit-elle être l'objet d'un rapprochement toujours de plus en plus intime entre l'âme de la créature et le sublime créateur.

Sans doute, nous devons sans cesse élever nos voix et nos cœurs jusqu'à lui, et par nos hymnes de reconnaissance, nos cantiques d'amour, nos bonnes actions surtout, notre charité vraie, les efforts continus pour dépouiller les restes du vieil homme, nous devons lui montrer combien notre cœur est touché de toutes ses bontés. Mais l'homme, sur la terre, a constamment à lutter avec ses intérêts, avec les exigences de son enveloppe matérielle, exigences qui lui font tant de fois, hélas! négliger les travaux de l'Esprit, et il est nécessaire que de temps en temps, sur sa route, il puisse échapper à ces mille soucis et que, tout à ses intérêts spirituels, tout à sa foi, tout à son Dieu, il oublie un instant les choses de la terre pour élever son âme jusqu'à son créateur et, rempli d'une sainte allégresse, s'écrie :

« Hosannah! gloire à Dieu, au plus haut des Cieux, car la mort est vaincue et Christ a triomphé! »

UN ESPRIT SYMPATHIQUE.

Notice bibliographique

—

SPIRITISME CHRÉTIEN

ou

RÉVÉLATION DE LA RÉVÉLATION

Contenant les quatre Evangiles, suivis des Commandements expliqués en esprit et en vérité par les Evangélistes assistés des Apôtres et Moïse

recueillis et mis en ordre

PAR J.-B. ROUSTAING

Avocat à la Cour impériale de Bordeaux, ancien bâtonnier

(3 forts vol. in-8°; prix : 3 fr. 50 le vol.)

Nous sommes heureux d'annoncer à nos lecteurs que cet important ouvrage, depuis longtemps impatiemment attendu par les amis de l'auteur va être mis en vente. Les deux premiers volumes, contenant les trois évangiles dits *synoptiques* : Saint Matthieu, saint Marc et saint Luc, paraîtront le 5 avril prochain ; le troisième, contenant l'Evangile selon saint Jean et les dix commandements, sera mis en vente au plus tard le 5 mai prochain. — Paris, Lemer, éditeur, *Librairie Centrale*, 21, boulevard des Italiens ; Bordeaux et les grandes villes de France et de l'Etranger, chez les principaux libraires.

Bordeaux. — Imprimerie CHAYNES et MALICHECQ, c. d'Aquit., 57.

L'UNION SPIRITE BORDELAISE

REVUE DE L'ENSEIGNEMENT DES ESPRITS

PREMIÈRE ANNÉE   N° 42.   8 AVRIL 1866.

ÉTAT HIÉRARCHIQUE DES ESPRITS
QUI SE COMMUNIQUENT
Suite et fin (1).

LE SPIRITISME FONDE L'EMPIRE DE LA RAISON

Quelques sophismes qu'on ait mis en avant pour faire croire le contraire, nulle autorité, aussi bien en matière religieuse, philosophique et morale que dans le pur domaine de la science, n'est légitime, sainte, utile et possible en principe, que l'autorité souveraine de la raison. Elle seule peut et doit goûter, contrôler, juger tout ce qui veut pénétrer dans l'esprit, rejeter tout ce qu'elle trouve mauvais, n'admettre que ce qu'elle trouve juste et bon. Telle est l'économie providentielle, immuable, éternelle et quand on réfléchit combien cette loi est évidente par elle-même, combien cette assertion est élémentaire, on reste stupéfait des erreurs accumulées par l'esprit de parti sur cette question fondamentale. Et cependant jusqu'à nos jours la raison a-t-elle jamais exercé au milieu de nous cette noble et providentielle magistrature? Opprimée, méconnue, faible, honnie, supplantée tantôt par la passion, tantôt par une autorité artificielle, ou bien, quand elle parvient à dominer, impie, immorale, folle,

---

(1) Voir tome III, pages 169 et suivantes, et tome IV, n° 38, pages 25 et suivantes, et n° 41, pages 97 et suivantes.

corrompue, impuissante, violente, sanguinaire; c'est qu'il existe, comme l'expérience historique le démontre, une corrélation intime, rigoureuse entre elle et l'âme, son principe, sa base, dont elle dépend absolument, et dont, par une conséquence inévitable, elle partage la bonne ou mauvaise fortune, obscure, incertaine, irrégulière, égarée, dépravée, haïe et repoussée quand l'âme elle-même est niée, repoussée ou mal connue, vaguement entrevue, hypothèse plutôt que vivante réalité; forte au contraire, pure, honnête, lumineuse, respectée et aimée, quand des idées vraies, grandes, élevées, incontestables, règnent sur le principe pensant, en établissent d'une manière invincible l'existence, en expliquent le mode d'action et les merveilleuses propriétés.

Or, avant les travaux spirites, il ne régnait sur l'âme que les idées les plus obscures, les plus incomplètes, les plus étroites, souvent les plus inconcevables et les plus contradictoires. Non seulement la substance spirituelle n'était que très imparfaitement affirmée et expliquée, mais fréquemment, et peut-être avec raison vu l'état où se trouvait alors la question, plutôt reléguée parmi les hypothèses généreuses que clairement admise. Si en effet on voulait alors mettre quelque ordre dans ses pensées, préciser ses idées, tout aussitôt le terrain se dérobait sous les pieds et on flottait dans le vague le plus indéfinissable. Tout ce qui, à première vue, avait paru solide, réel, certain, n'offre plus à la main qui veut toucher qu'une ombre, un vain fantôme. Ce n'est pas le néant, ce sont des images creuses, sans consistance, trompeuses, des lueurs incertaines qui vous attirent, vous repoussent, se jouent de tous vos sens et ne semblent se presser en foule autour de l'imprudent visiteur que pour multiplier à l'infini dans son âme la déception, le découragement, sinon le désespoir et la mort. Pour avoir une idée de ce qu'il y avait de difficultueux et de poignant dans une semblable recherche, il faut lire ce qu'un grand génie de l'antiquité chrétienne, Augustin, nous apprend à cette occasion sur lui-même. *Converti me,* dit-il, *ad animi naturam et non me sinebat falsa opinio quam de spiritualibus habebam verum cernere (Confess., lib. IV, cap. XV).* « Je me mis à rechercher la nature de l'âme ; mais la fausse idée que j'avais des substances spirituelles m'empêchait de voir la vérité. » Il insiste sur cette difficulté, y revient dans beaucoup de chapitres de ses *Confessions,* répétant tristement que dans les efforts désespérés qu'il faisait pour s'arracher à l'erreur, il venait toujours se heurter et se briser contre le même écueil : l'impossibilité de concevoir les choses spirituelles.

Au milieu de tant d'incertitude et de contradictions, n'était-il pas naturel, nécessaire, non-seulement que la raison ne jouît d'aucun prestige, de nulle force, mais qu'à défaut de la seule autorité vraie et légitime, il s'élevât et se maintînt, pendant les âges écoulés, comme de fait il est arrivé, une autorité factice, purement conventionnelle, afin de suppléer jusqu'à un certain point la première, d'amoindrir le mal et de rendre la vie sociale possible.

Admettez, au contraire, que l'âme est scientifiquement démontrée, s'offre clairement à notre esprit, s'impose directement à nos sens par des effets nombreux et incontestables, qu'en un mot disparaissent à la fois le long doute qui s'acharnait contre son existence et le vague qui en caractérisait l'idée, aussitôt tout change et se transforme. La raison, échappée à ses liens, grandit, se fortifie et acquiert la solidité, l'indestructibilité de la base même sur laquelle elle repose. Sa dignité, sa loi, sa grandeur, sa légitimité, son rôle se dessinent nettement à notre esprit, proportionnellement à l'énergie même avec laquelle l'âme s'affirme et à l'éclat dont elle brille à nos yeux étonnés. D'humble esclave souffrante et maltraitée, elle devient une autorité grandiose, chère et respectée.

Vous tous qui à ses excès avez appris à redouter la raison humaine, et qui, par les scrupules les plus respectables que je connaisse, vous attachez malgré tout au roc de l'autorité en matière religieuse, rassurez-vous ; les maux que vous déplorez et dont vous redoutez le retour, ne sont désormais plus possibles à l'ombre du spiritisme. L'âme humaine est enfin délivrée des sombres limbes qui la retenaient captive ; elle est là dans le camp spirite, belle, rayonnante, victorieuse, immortelle. La raison est sa fille et partage toutes ses nobles prérogatives. Il n'y a plus ni inconvénient ni danger à ce que l'ordre naturel s'établisse et prenne cours au milieu de nous. Étroitement unie à sa mère et sous ses ordres, la raison, sainte, forte, éclairée, soutenue, gouvernera sûrement, efficacement chaque individu, s'assiéra sur les trônes, dirigera les peuples et présidera avec gloire aux destinées du monde. Rien n'échappe à la nouvelle souveraine, tout la regarde, tout en relève, tout en reçoit ou en subit l'action forte et bienfaisante. Religion, philosophie, morale, métaphysique, sciences, beaux-arts, l'industrie elle-même, tout est atteint dans ce vaste univers ; et à l'heure même, chacun prend déjà ses dispositions, procède en son particulier aux changements requis pour se mettre d'accord et faire sa paix avec l'autorité nouvelle.

Tout cela le spiritisme, partout où il se propage, le provoque, l'accomplit sans luttes, sans efforts, facilement, naturellement, par une simple conséquence de sa découverte et des données claires, scientifiques qu'il possède sur l'âme.

Il serait assurément très instructif de pénétrer dans ce nouvel empire et d'y considérer à l'œuvre cette raison affermie et placée par le spiritisme sur le trône. Là encore, malgré une organisation incomplète, on ne ferait pas un pas sans découvrir partout ce qui ne s'était jamais vu auparavant ; mais, pressé de finir, nous allons seulement choisir entre mille un trait caractéristique qui complètera amplement notre démonstration et achèvera de nous montrer le spiritisme tel qu'il est réellement : bien nouveau, et, même comme doctrine, entièrement distinct de tout ce qui le précède.

LA RAISON, AFFERMIE PAR LE SPIRITISME, INAUGURE SUR NOTRE GLOBE L'UNITÉ RELIGIEUSE ET LA MORALE UNIVERSELLE

A mesure que l'humanité grandit, se développe sur la terre et gagne en prospérité matérielle, les richesses intellectuelles se constituent également, s'accumulant graduellement et formant bientôt à elles seules tout un monde à part, où les idées les plus diverses se meuvent, tourbillonnent, brillent, se croisent, et trop souvent aussi s'enchevêtrent, se heurtent et finissent, par leur agglomération même, par engendrer sur bien des points les plus épaisses ténèbres. Le mal, l'obstacle au bien, à la lumière, ce n'est plus la pénurie, c'est au contraire un excès d'abondance. Il y a pléthore, confusion, anarchie, et un travail bien autrement long et pénible, mais surtout bien autrement difficile, devient nécessaire. Il faut, non plus créer dans le même sens et augmenter encore le désordre en ajoutant de nouveaux éléments aux anciens déjà trop nombreux, mais procéder à une opération d'élimination, à un bon triage ; écarter ce qui est faux, inutile, puéril, mauvais ; retenir et sauver ce qui est bon, utile, sérieux, raisonnable. Déjà, dès le IIe siècle de l'ère chrétienne, on avait vivement senti ce besoin nouveau, et l'école philosophique d'Alexandrie jeta un certain éclat, uniquement pour avoir essayé de l'éclectisme ; mais elle n'eut pas de succès. Le moyen-âge nous offre des exemples moins illustres, il est vrai, mais très sérieux des mêmes aspirations, des mêmes efforts. Enfin, vers la fin du dernier siècle et dans celui-ci, des esprits distingués, obéissant au même sentiment, se jetèrent également dans cette voie et publièrent en ce sens des travaux remarquables, mais toujours sans obtenir des résultats vrais et durables.

Après les échecs nombreux et éclatants que l'éclectisme avait subis, ne pas se méprendre sur ses avantages réels et sur son efficacité unique, c'était bien déjà un certain mérite, une élévation, une sûreté de jugement qui peuvent paraître dignes d'attention ; mais, malgré les difficultés de toutes sortes, prendre résolûment son parti, se mettre hardiment à l'œuvre, et pratiquer pour son propre compte, à ses risques et périls, un système faible et condamné par l'expérience, c'était vraiment supérieur. Non-seulement le spiritisme franchit lestement ces embarras préliminaires, mais il s'acquitta admirablement de la tâche entreprise elle-même.

Depuis le premier mot écrit médianimiquement, les Esprits spirites ne firent, en religion aussi bien qu'en philosophie, que pur éclectisme, et c'est là uniquement ce que signifie cette phrase : Tout est nouveau dans le spiritisme. Les vérités sociales les plus graves avaient périclité entre les mains de la philosophie et de la religion; le spiritisme, non-seulement les débarrasse d'un alliage impur, les sauve, mais leur communique une force extraordinaire, une vitalité indomptable. A peine apparues, les idées spirites sur Dieu, sur l'âme, sur les devoirs, sur les moyens, sur la fin de l'homme, font une sensation immense, profonde, retentissent dans tous les pays, se répandent sans cesse davantage, envahissent toutes les couches sociales, et, de plus en plus impétueuses et irrésistibles, courent, se précipitent, renversant les obstacles, subjuguant les résistances, étourdissant l'audace et remplissant de terreur la haine obstinée. L'émotion est générale, se communique du riche au pauvre, du savant à l'ignorant, du souverain au plus humble sujet. Partout l'idée nouvelle s'implante et, sans être fort clairvoyant, il est facile de prédire, à quelques années près, le moment précis où elle régnera sans conteste et sans rivale sur le monde. Pour le moment, je ne la discute, ni ne la juge; vraie ou fausse, bonne ou mauvaise, grande ou puérile, elle réussit au-delà de toutes les espérances. Je suis simple spectateur, je vois un grand fait et le constate.

Pour réussir il fallait deux choses : d'abord assez de lumière pour se reconnaître sûrement au milieu de cette effroyable et tumultueuse multitude d'idées confuses, incohérentes, hostiles, de négations et d'affirmations, d'erreurs et de vérités que le passé nous avait léguées, ensuite une autorité suffisante pour faire accepter et triompher les idées préférées.

Avant le spiritisme, la raison humaine, non-seulement ne pouvait jouir d'aucun prestige et être influente, comme nous l'avons vu, mais elle était aussi moins soutenue, inspirée par des Esprits moins élevés, et ne pouvait avoir ni la lumière ni l'autorité nécessaires pour mener à bonne fin l'œuvre commencée. L'échec était logique, nécessaire. Aujourd'hui la raison est assise sur un trône inébranlable, entourée d'Esprits supérieurs qui la conseillent, la dirigent et la soutiennent. C'est une autorité dans toute la force du terme, et elle ne pouvait que réussir dans le labeur difficile qu'elle s'était donné pour mission d'accomplir.

Si donc il est très vrai que beaucoup d'idées spirites sont anciennes, éclectiques, il est également vrai qu'elles doivent au spiritisme des qualités nouvelles qui en changent entièrement la physionomie et la valeur. Jadis noyées dans le faux, sans force, sans publicité, elles se caractérisent aujourd'hui par leur pureté, par la confiance qu'elles inspirent, et par la force irrésistible avec laquelle elles se propagent ; et quand il s'agit d'idées, ces dernières qualités seules sont à considérer et à relever ; le reste n'est véritablement rien, de sorte qu'il est encore très exact de dire que, même comme système philosophique, le spiritisme est entièrement nouveau.

Ainsi nous voyons la bénigne nature réunir toutes ses forces et en appeler à toutes ses ressources pour réjouir l'homme par ses doux produits. Le soleil fournit la lumière et la chaleur, la terre ses sucs, l'air les gaz, la tempête la fraîcheur, les nuits le délicieux breuvage de la rosée ; et quand l'automne est venu, le propriétaire laborieux et satisfait cueille la pêche exquise, la pomme vermeille et rebondie, la prune parfumée, la poire savoureuse, la grappe enivrante. Un logicien subtil essaiera peut-être de troubler tant de bonheur, disant que ce beau fruit n'étant que l'assemblage d'éléments hétérogènes et préexistants n'est rien moins que nouveau, et l'appellera un fruit vieux et dépourvu de qualités propres. Soit, il suffit de s'entendre. Vous appelez vieux et pauvre ce qu'un autre plus sensé appelle nouveau et riche, tout comme un Français nomme cerise mûre ce qu'un Allemand dit : *reife kirsche*. Il n'y a pas là un différend sérieux. Comme il ne suffit pas, pour être en désaccord d'appeler du même nom deux choses distinctes, ainsi on n'est pas davantage en désaccord quand on appelle la même chose chacun d'un nom différent. Cette observation servira de réponse à certaines critiques dont ce travail ou un autre pourrait être l'objet.

LE MONDE JOUISSANT DES BIENFAITS DU SPIRITISME

Tout donc dans le spiritisme, loin d'être vieux et d'appartenir aux siècles passés, est nouveau, très nouveau et lui appartient exclusivement. Ainsi, grâce à la divine influence de ce messager brillant, si différent de tous ceux qui l'ont précédé, grâce à la présence au milieu de nous de princes spirituels du plus haut rang, tout dans l'homme et autour de l'homme, change, se transfigure et rajeunit. Au chaos, aux ténèbres, à l'anarchie, aux discordes, aux angoisses de la destruction, au silence de la mort, succèdent l'ordre, la paix de l'autorité, le calme, la douce lumière, la confiance, la sécurité, la bruyante et joyeuse activité de la vie. C'est le même monde, la même terre, mais débarrassé d'effluves malsaines, de dépôts repoussants, d'eaux croupissantes, de maladies mortelles, heureux de vivre, d'exercer ses facultés nouvelles et à peine reconnaissable sous sa lumineuse parure. Un jour nouveau, radieux l'illumine, l'embellit, le vivifie. Nous ne sommes encore, il est vrai, qu'à la première heure de ce beau jour, bien des esprits dorment encore ou ne veulent pas voir; mais un peu de patience, la seconde heure trouvera tout le monde sur pied et arrachera un cri d'admiration aux plus paresseux, aux plus indifférents.

QUÔMES D'ARRAS.

LES QUATRE ÉVANGILES

SUIVIS DES COMMANDEMENTS (1)

Nous venons de parcourir à la hâte les deux premiers volumes de cet important ouvrage dont nous avons entretenu déjà nos lecteurs. En attendant qu'une étude plus complète nous permette d'en faire l'analyse, nous croyons devoir extraire de la préface les passages suivants qui nous fixeront et sur la personnalité de l'auteur, et sur la part qui

---

(1) 3 vol. in-8°; Prix : 3 fr. 50 c. le vol. (Voir le dernier n°, page 120.)

lui revient dans cet immense travail, et sur les conditions dans lesquelles ce dernier a été mis au jour.

Nous laissons la parole à l'auteur :   A. B.

Je viens livrer à l'examen et à la méditation de mes frères de la terre, — LES QUATRE ÉVANGILES, et à la suite : LES COMMANDEMENTS, — EXPLIQUÉS *en esprit et en vérité.*

Cette œuvre n'émane point de moi ; elle émane de ceux — qui ont préparé l'avènement de la mission terrestre de Jésus, — qui ont participé à l'accomplissement de cette mission, — qui ont écrit ces livres appelés à conserver, comme un dépôt sacré et impérissable, — la grande révélation messianique, — les paroles prononcées par le Maître, les actes par lui accomplis, les événements qui ont présidé à son apparition et à son passage sur la terre.

Après avoir rendu témoignage de Jésus, — *dans les limites de leur mission terrestre,* — sous l'empire et le voile *de la lettre,* — ils viennent encore, aux temps prédits de l'ère nouvelle qui commence, — organes de l'esprit de vérité, — accomplissant une mission spirituelle, rendre encore de lui témoignage par cette révélation nouvelle ; — révélation de la révélation qui, afin que la lumière pénètre au fond de tous les cœurs, éclaire toutes les intelligences, vient, — en dépouillant l'*esprit* DE *la lettre,* — répandre la clarté sur ce qui paraissait ténèbres, et, en montrant, *en esprit et en vérité, selon le cours des lois de la nature,* tout ce qui est appelé — par les uns : *mystères, miracles ; — légendes, fables,* par les autres, — faute de pouvoir comprendre ; — dans l'*ignorance* ET de ces lois, et de la nécessité, du motif et du but, des révélations successives et progressives ; — faire ressortir la vérité de ce qui est réputé mensonge.

Je dois (et c'est à la fois une nécessité et un devoir à cette époque transitoire de raillerie, d'incrédulité et de négation, où le spiritualisme lutte contre le matérialisme), — EXPLIQUER comment et par quel concours de circonstances j'ai été conduit à entreprendre, à accomplir et à publier cette œuvre, qui n'est, — (j'en ai été médianimiquement averti et suis chargé d'en avertir mes frères), — qu'une œuvre préparatoire dans cette grande et progressive révélation, prédite et promise par le Christ, de l'*esprit de vérité,* et dont elle n'est qu'une entrée en matière destinée à préparer l'unité de croyance parmi les hommes.

Une entrée en matière : car tous ceux qui ont préparé

l'avènement de la mission terrestre de Jésus, — qui ont participé à l'œuvre de cette mission, doivent revenir sur la terre pour concourir à l'accomplissement des promesses du maître, à l'accomplissement de la mission de l'*esprit de vérité, précurseur* du second avènement de Jésus esprit de vérité comme complément et sanction de la vérité, — alors qu'il viendra, mais, cette fois, dans son éclat spirite, sur notre planète épurée et transformée, en souverain visible aux créatures épurées et transformées également, montrer la vérité *sans voile*.

Dieu m'avait donné,—pour épreuve,—d'être dès mon jeune âge, dès mon entrée dans la vie sociale, le fils de mes œuvres, à travers la pauvreté, par l'étude, la fatigue et le travail.

Au mois de janvier 1858, je fus frappé d'une maladie aussi longue que douloureuse, — due à cette longue vie d'études, de fatigue et de travail, — D'ABORD à Toulouse, de 1823 à 1826, dans l'enseignement des lettres et des sciences. — alors que je poursuivais en même temps l'étude des lois et du droit pour arriver à l'obtention des diplômes qui devaient ouvrir devant moi la carrière du barreau ; PUIS à Paris, de 1826 à 1829, dans la cléricature où j'apprenais la mise en action de la loi, et dans le stage, allant écouter ceux qui étaient alors les princes de la parole et les favoris de la renommée, — PUIS ENFIN au barreau de Bordeaux, ma ville natale, dans cette vie active et militante de labeur incessant dû à une des positions les plus occupées.

Au moins de janvier 1861, ma santé était, depuis un an, rétablie ; et je songeais à reprendre cette profession aimée, et à laquelle je devais une position libre et indépendante, alors déjà acquise par près de trente années de travaux dans le cabinet et à l'audience ; mais « l'homme propose et Dieu dispose, » dit la sagesse des nations.

A cette époque, un médecin distingué de notre ville, m'ayant rencontré, me parla — de la possibilité de la communication du monde corporel avec le monde spirituel,— de la doctrine et de la science spirites comme fruit de cette communication à l'aide d'une révélation générale.

Tout cela m'était absolument inconnu ; je n'en avais jamais entendu parler.

En présence de ce qui venait de m'être dit, ma première impression fut l'incrédulité, due à l'ignorance.

Mais je savais (et une longue expérience me l'avait alors

déjà appris), — qu'une impression n'est pas une opinion et ne saurait être la base d'un jugement.

Je savais, et sais encore, que, pour affirmer ou nier ce qui s'offre à l'examen de l'homme, — de sa raison, — de son intelligence, — de son cœur, — il faut, préalablement, se mettre en situation de se prononcer en pleine connaissance de cause.

Je savais, et je sais encore, que c'est l'acte d'un insensé d'approuver ou de blâmer, — d'affirmer ou de nier, — ce qu'on ne connaît pas du tout, — ou qu'on ne connaît pas suffisamment, ce qu'on n'a pas suffisamment examiné et approfondi, au double point de vue *théorique* et *expérimental*, — dans toute la mesure de ses facultés et sans parti pris, sans idées préconçues.

Comme les hommes, — ignorants ou savants dans les choses humaines, qui ont, selon les paroles de Leibnitz à Bossuet, « un profond sentiment de la dignité de la raison, et » qui ne savent pas en abandonner les droits devant une au- » torité qui s'impose et ne se légitime qu'en s'affirmant, » — j'étais « éloigné des prédications impérieuses, exclusives, qui » imposent silence à la raison et la resserrent entre la ser- » vitude et l'incrédulité. »

Respectueux alors comme aujourd'hui encore, — pour toutes les croyances, pour tous les cultes, au nom de la li- berté de conscience, — de raison, — d'examen, au nom de la tolérance et de la charité, — je n'avais aucune foi assise.

Je n'avais aucune foi assise ; car ma raison se refusait à admettre ce qui était *enseigné*, par les interprétations hu- maines, — relativement au Christ et aux évangiles qui res- taient obscurs et incompréhensibles pour moi, pour tout ce qui, en dehors de la morale pure de Jésus, se rattachait à sa personnalité et à sa mission terrestre, et que le voile *de la lettre* cachait à mes regards, et que l'ignorance des hommes et leur impuissance de comprendre et d'expliquer ont quali- fié et qualifient de *surnaturel*, de *miracles*.

Pour moi, il n'y avait, comme il n'y a encore, point de *surnaturel*, point de *miracles*, dans le sens qui est attaché à ces mots : de DÉROGATION aux lois de la nature.

J'étais en présence du doute qui s'abstient d'admettre ou de rejeter.

Toute ma vie, irrésistiblement entraîné à la recherche de la vérité, dans l'ordre physique, moral et intellectuel, — je voulus, scientifiquement, me rendre compte par l'étude et l'examen D'ABORD, PUIS par l'observation et l'expérimentation, — de ce qu'il pouvait y avoir de possible, — de vrai ou de faux, dans cette communication du monde spirituel avec le monde corporel, — dans cette doctrine et cette science spirites.

Après nous avoir fait assister aux diverses impressions produites en lui par la lecture du *Livre des Esprits,* du *Livre des Médiums,* des divers « livres de la philosophie profane et religieuse, ancienne et moderne, » de l'Ancien et du Nouveau Testament, l'auteur ajoute :

Je sentis l'impuissance de la raison humaine, — pour pénétrer les ténèbres *de la lettre,* — ET DÈS LORS LA NÉCESSITÉ d'une révélation nouvelle, *d'une révélation de la révélation.*
Mais ce qui était acquis pour moi, au nom de l'histoire, de la philosophie et des révélations déjà envoyées par Dieu aux hommes, — c'était : — que la communication du monde spirituel avec le monde corporel, avait eu lieu de tous temps, — selon toutes les natures et catégories d'Esprits, — bons ou mauvais, et qui n'étaient autres que les âmes de ceux qui avaient vécu sur la terre ou dans d'autres mondes ; — que la doctrine et la science spirite, — œuvre d'une révélation générale, — venaient éclairer et développer, — au sein et dans l'esprit des masses, — les enseignements du passé au point de vue philosophique et religieux,— continuer et développer, en les expliquant, les révélations hébraïque et messianique ; — ce qui était acquis pour moi, c'était que la doctrine et la science spirites avaient leur base, leurs fondements, leurs moyens d'action et de développement, dans la révélation messianique, — source, — *par elle et par ses prédictions et ses promesses,*— de tout progrès, de toute lumière et de toute vérité, pour notre planète et son humanité.

Puis il voulut expérimenter afin de voir si la pratique répondait à cette belle théorie :

Conduit ainsi à une opinion raisonnée par l'étude et l'examen, il me restait à recourir à l'expérimentation et à l'observation, qui sont la base de toute science vraie ; car toutes sciences et toutes révélations, *pour se produire,* doivent — s'appuyer — *sur les* LOIS *de la nature, connues* ou *inconnues* ENCORE *des hommes,* ET LEUR FONCTIONNEMENT, — et procéder par déductions ou conséquences — et développement de ce qui est déjà connu ou révélé, — AFIN DE guider les hommes dans leurs recherches et leurs travaux, — et les aider à avancer dans la voie de la lumière et de la vérité, et ainsi du progrès moral, physique et intellectuel.

A cette époque, il existait déjà, dans quelques familles honorables de notre ville, des médiums avec lesquels il me fut donné de me mettre en rapport.

Je me livrai, avec eux, assidûment, chaque jour, aux travaux d'expérimentation et d'observation, — avec cet esprit formé à l'étude des sciences pures et appliquées; j'expérimentai et j'observai beaucoup, — au point de vue de l'enseignement moral — de l'instruction et surtout en pratiquant la charité d'outre-tombe qui me mit, et me met encore en rapport, avec cette catégorie si nombreuse d'Esprits malheureux, — souffrants , — d'Esprits égarés ou pervers, qui ne sont pas encore entrés en expiation, et qu'y conduit la persévérance dans la prière, dans les exhortations et les conseils adressés avec des paroles douces et persuasives, de justice, d'amour et de charité.

Après cette œuvre d'expérimentation et d'observation, dans l'ordre des manifestations intelligentes, et auxquelles vinrent se joindre des manifestations physiques dans l'ordre matériel, — je demeurai convaincu que la communication du monde spirituel avec le monde corporel était une des lois de la nature, et que la barrière, que j'avais cru, — *dans mon ignorance* ET *sous l'influence des préjugés vulgaires,* — infranchissable entre les vivants et les morts — selon la chair, n'existait pas.

Avant d'avoir expérimenté, observé, — ma raison, mon intelligence et mon cœur, — par l'étude et l'examen sérieux et approfondi à tous les points de vue, — me disaient de croire, — au souvenir de ces paroles du Christ à Thomas : « *Heureux ceux qui ont cru sans avoir vu;* » — après avoir vu et entendu, ma foi a été assise d'une manière inébranlable.

Je continuai à travailler, comme je continue encore, assidûment chaque jour. Je ne tardai pas à comprendre que la science magnétique est inséparable de la science spirite qui, *je le sais maintenant,* est appelée à en être et en est le flambeau directeur, scientifiquement, au point de vue expérimental, dans l'ordre somnambulique et psychologique ; car, *je le sais aussi maintenant,* le magnétisme est l'agent universel qui meut toutes choses ; tout est soumis à l'influence magnétique ; tout est — attraction magnétique dans tous les règnes de la nature, — dépendant de cet agent universel ; tout est attraction magnétique dans l'univers ; c'est la grande loi qui régit toutes choses sous l'action spirite universelle.

J'étudiai le magnétisme humain, aux points de vue théorique et expérimental ; l'étude et l'observation, en me préparant à l'intelligence du magnétisme spirituel, me firent pressentir, dans l'avenir, la découverte de vastes horizons dans l'ordre scientifique, humain et extra-humain, pour la marche de l'humanité dans la voie du progrès et de la vérité ; et mes études et mes recherches dans l'histoire des temps anciens, des temps intermédiaires et des temps modernes, me montrèrent le magnétisme humain existant de tous temps depuis l'antiquité jusqu'à nos jours, — marquant ses traces chez tous les peuples, — et comme une des lois de la nature intimement liée à celle de la communication du monde spirituel avec le monde corporel.

Je commençai à entrevoir, — dans la mise en lumière par Dieu, *aux yeux de tous,* ET du magnétisme humain ET de la communication du monde spirituel avec le monde corporel, — dans cette manifestation, générale, presque simultanée, sur tous les points du globe, *de l'esprit, — un signe des temps, — le signe* de l'avènement d'une ère *nouvelle ;* ère nouvelle destinée (comme l'avaient pressenti déjà le comte de Maistre, dans ses *Soirées de Saint-Pétersbourg,* et Lamennais, en 1832, dans sa lettre, rendue publique, à la comtesse de Senfft, femme de l'ambassadeur d'Autriche à Rome), à accomplir la rénovation morale des hommes, la transformation universelle de la société humaine ; c'est ce qui me fut indiqué, au mois de juin 1861, par des communications médianimiques spontanément données par Jean le Précurseur, fils de Zacharie et d'Elisabeth, et par l'apôtre Pierre :

La veille du 24 juin 1861, j'avais demandé — à Dieu, dans le secret d'une fervente prière, de permettre à l'Esprit de Jean-Baptiste qui est le patron qui me fut donné à ma naissance, de se manifester à moi par un médium qui était alors, avec moi, à ma campagne et avec lequel je me livrais, chaque jour à des travaux assidus ; j'avais aussi demandé la grâce de la manifestation de l'Esprit de mon père et de mon guide protecteur.

Ces manifestations eurent lieu spontanément, à la surprise du médium auquel j'avais laissé ignorer ma prière ; — elles furent, pour moi, la source d'une grande joie, en me prouvant que ma prière avait été entendue et que Dieu m'agréait comme son serviteur.

L'Esprit de l'apôtre Pierre se manifesta le 30 juin, spontanément aussi, et d'une manière inattendue pour moi comme pour le médium.

Je ne puis ni ne dois publier, ici, ces communications médianimiques ; je suis médianimiquement averti de l'époque où je pourrai et devrai les publier.

Je me borne à citer quelques fragments détachés de l'une des trois manifestations de Jean, fils de Zacharie et d'Elisabeth :

« Les temps sont venus où les prophéties doivent s'accomplir ; — le règne de la vérité commence. Peuples voués au culte idolâtre de la fortune, détachez vos pensées de cette profane adoration ; tournez vos regards vers les régions célestes ; — écoutez les voix des Esprits du Seigneur qui ne peuvent se lasser de faire entendre cet avertissement salutaire : — les temps sont venus. »

« Les temps sont venus ; Dieu a envoyé ses Esprits aux hommes pour les aider à sortir de la superstition et de l'ignorance ; il veut le progrès intellectuel et moral de tous ; mais il était enrayé par l'orgueil et l'égoïsme — obstacle qu'il ne pouvait franchir que par des luttes sanglantes et meurtrières ; — le spiritisme, levier puissant que votre père vient de mettre entre les mains de quelques fervents apôtres, le fera marcher, d'un pas rapide, au sommet qu'il a à gravir pour arracher l'humanité tout entière au lourd sommeil qui tenait sa pensée et son corps penchés vers la terre... »

« Les temps sont venus où tous, vous devez reconnaître vos erreurs et vos fautes... »

« Que les saints commandements de Dieu donnés à Moïse sur le mont Sinaï soient le code qui règle vos devoirs envers vos consciences ; — que le saint évangile soit la douce philosophie qui vous fasse résignés, — compatissants et doux envers vos frères, car vous êtes tous membres de la même famille ; le spiritisme est venu vous apprendre la vraie fraternité, et les temps sont venus. »

« Les temps sont venus où va germer, de toutes parts, la précieuse semence que Christ, l'Esprit de vérité, a répandue parmi les hommes...»

« Savez-vous quels sont les fruits abondants que les vrais spirites vont recueillir de cette récolte bénie ? — C'est la liberté, — la fraternité, — l'égalité devant Dieu et devant les hommes ; — c'est le spiritisme qui va tous les convier à cette moisson abondante ; car l'orgueil et l'égoïsme, — le fanatisme et l'intolérance, — l'incrédulité et le matérialisme, vont disparaître de la terre pour faire place à l'amour et à

la charité, qui vous sont prêchés par les Esprits du Seigneur ; ils sont toujours avec vous et vous assistent, car les temps sont venus. »

Je fus profondément ému en lisant CES PAROLES QUI *terminaient* une des manifestations de l'Esprit de mon père et par laquelle il me donnait des enseignements au point de vue de l'ère nouvelle qui commence, et des avertissements, des avis :

« Mon Dieu, soyez béni, vous qui avez pris, par la main, mon fils bien-aimé, et l'avez conduit à travers la pauvreté, l'étude, la fatigue et le travail, à avoir, parmi ses frères de la terre, une position libre et indépendante qui lui permet de consacrer le reste de sa vie à vous aimer et à vous servir ; — mon Dieu, soyez à jamais béni d'avoir permis à son intelligence et à son cœur de comprendre et de pratiquer votre loi d'amour ; — et soyez à jamais béni d'avoir permis à son père de la terre, votre humble sujet, de venir lui donner ces salutaires avis. »

En lisant ces paroles, mon âme sentit profondément la joie d'être, pour mon père, le fils en qui il trouvait les semences de la volonté divine ; et alors mon humilité s'est trouvée plus grande tant j'étais en crainte de ne pas être toujours digne des encouragements que je recevais d'un être chéri et respecté.

Je garde, en mon cœur, ces paroles qui y ont été déposées comme un phare qui doit éclairer la voie et sur lequel je porte constamment mes regards pour m'efforcer toujours de la suivre et y avancer.

Je poursuivais mes études, mes recherches et mes travaux, lorsqu'au mois de décembre 1861 il me fut proposé d'aller, — chez Mme Collignon, que je n'avais pas l'avantage de connaître, et à laquelle je devais être présenté, — voir un grand tableau, médianimiquement dessiné et qui figurait un aspect des mondes répandus dans l'espace.

J'y fus ; — huit jours après, je retournai chez Mme Collignon pour la remercier d'avoir bien voulu accueillir la visite que je lui avais faite dans le but de voir cette production médianimique.

Après une conversation courte et sur des généralités, comme toujours entre personnes qui ne se connaissent pas et entre lesquelles n'existent aucunes relations de société, j'allais me retirer ; — au moment où je me préparais à sortir, Mme Collignon sentit dans la main cette impression et cette agitation fluidiques, bien connues de tout médium, qui accusaient la présence d'Esprits qui voulaient spontanément se manifester ; impression et agitation fluidiques que j'avais remarquées ; — s'étant, sur ma prière, prêtée à la manifestation médianimique, — à l'instant même, la main fluidiquement entraînée, écrivit CECI :

« L'époque où vous êtes arrivés est transitoire ; de toutes parts, les ouvriers de destruction s'efforcent d'abattre les anciens monuments ébranlés sur leur base ; d'autres cherchent à construire des monuments nouveaux où les âmes inquiètes puissent s'abriter ; — mais, en général, ceux qui *détruisent*, — instruments inconscients et irréfléchis, — ne se préoccupent pas de ce qui devra *remplacer*; — ceux qui cherchent à construire ne sont pas sûrs des bases sur lesquelles ils doivent fonder le monument de l'avenir ; c'est à vous, spirites, qu'il incombe de réunir les matériaux épars, — de choisir les pierres saines destinées à porter l'édifice de l'avenir, — de retrancher avec soin tout ce que le temps a marqué de vétusté, — et de poser les bases du temple où la vérité aura ses autels, d'où elle répandra la lumière. »

« Mettez-vous donc à l'œuvre ; car les esprits indécis flottent entre le doute que l'on sème dans leur cœur, et la foi dont ils ont besoin ; — leurs yeux ne peuvent plus rien discerner dans les ténèbres dont on les environne, et cherchent à l'horizon une lumière qui les éclaire, et surtout les rassure. »

« Montrez-la leur ; la confiance dans les dogmes de l'église a, pour eux, cessé d'exister ; cet appui leur échappe, tendez-leur l'appui solide de la révélation nouvelle. »

« Qu'ils voient enfin que Christ, cette noble et grande figure qui leur a été montrée, planant sur le monde du haut de la croix ignominieuse, n'est point un mythe, une légende ; — mais montrez-leur aussi que les voiles dont on l'a environné l'ont dérobé à leurs regards, — ne leur en laissant voir qu'une forme indécise, incapable de satisfaire leur raison. »

« Montrez-leur la vérité dans ce que l'on regarde communément comme un mensonge, sur la parole de ceux qui repoussent les évangiles et ce qu'ils renferment. »

« Montrez-leur ces *miracles*, — criés par les uns *machinalement*, et niés par les autres *systématiquement*, — *comme actes naturels* suivant le cours ordinaire des lois de la nature, et dont l'impossibilité n'existe que dans l'ignorance que l'homme a de ces lois. »

« A vous, pionniers de l'œuvre, à préparer les voies, en attendant que celui qui doit venir pour tracer la route, commence son œuvre. »

« Dans ce but, nous venons, nos bien-aimés, vous faire entreprendre l'explication, *en esprit et en vérité*, des évangiles, qui doit préparer l'unité des croyances parmi les hommes, et que vous pouvez appeler : *la révélation de la révélation.* »

« Les temps sont venus où « *l'Esprit qui vivifie* » doit remplacer « *la lettre,* » qui a porté ses fruits selon les phases et dans les conditions du progrès humain, et qui, *maintenant*, « tue. »

« Mettez-vous à la tâche ; travaillez, avec zèle et persévérance, courage et activité ; et, ne l'oubliez jamais, vous n'êtes que des instruments dont Dieu se sert pour montrer aux hommes la vérité ; acceptez, avec simplicité de cœur, et reconnaissance, ce que le Seigneur vous donne ;

— ayez toujours, dans vos pensées et vos actes, l'humilité, la charité, l'abnégation, l'amour et le dévouement pour vos frères ; et vous serez soutenus, éclairés. »

« Lorsque tous les matériaux auront été recueillis et que le moment sera venu de faire connaître et publier cette œuvre qui est destinée à réunir tous les dissidents de bonne foi en les rattachant à une pensée commune, — vous serez avertis. »

(Mathieu, Marc, Luc, Jean, assistés des apôtres.)

Décembre 1861.

En présence de cette manifestation qui m'appelait avec le concours du médium Mme Collignon, à entreprendre ce grand travail de la révélation, — nous fûmes jetés, tous deux, dans une surprise profonde, mêlée à la fois de joie et de crainte ; — de crainte de n'être ni capables, ni dignes de la tâche qui nous était assignée.

Je demandai alors à l'instant même quand les travaux médianimiques devraient commencer ; et l'époque fut indiquée pour la semaine qui devait suivre.

Appelés, ainsi, à entreprendre cette œuvre de la révélation que certes nous n'aurions pas entreprise de nous-mêmes, — incapables, ignorants et aveugles que nous étions, — que nous n'aurions pas entreprise sans l'espoir d'être soutenus, éclairés, — nous nous mîmes à la tâche.

Au fur et à mesure que la révélation avançait, mon âme était, de plus en plus, frappée d'admiration, en découvrant toutes ces vérités — présentées aux hommes environnées de tels mystères que leur raison se refusait à croire tout ce qui leur était enseigné.

Alors, je me suis remis entièrement entre les mains de Dieu, — disant : « Disposez de votre créature, ô mon Dieu ; — je suis à vous, je vous appartiens, — mon cœur, mon temps et ma raison sont désormais consacrés à votre service ; — heureux, ô mon souverain maître, si, malgré ma faiblesse, je peux être pour vous un instrument profitable qui vous attire l'amour, — le respect, — le cœur, de vos créatures. »

Nous étions parvenus à l'explication de la parabole du jeune homme riche et au verset de cette parabole où il est dit : « et aimez votre prochain comme vous-même » (Mathieu, XIX ; v. 19), — lorsque CES PAROLES furent spontanément et médianimiquement ÉCRITES :

« Après que tous les matériaux vous auront été donnés sur les évangiles, — nous vous ferons entreprendre un travail spécial sur les com-

mandements, — Décalogue, *Exode,* ch. 20 ; — amour de Dieu et du prochain (*Deutéronome,* ch. VI, v. 4-5; *Lévitique,* chap. XIX, v. 18; — Mathieu, XXII, v. 34-40; — Marc, XII, v. 28-31 ; — Luc, X, v. 25-28 et 29-37); — travail que vous publierez A LA SUITE de celui *sur les évangiles.*   (Moïse, Mathieu, Marc, Luc, Jean, *assistés des apôtres.*)

Au mois de mai 1865, — alors que les matériaux étaient déjà entièrement recueillis ET *sur les évangiles* ET *sur les commandements,* l'avertissement de faire connaître aux hommes et publier l'œuvre de la révélation, me fut spontanément et médianimiquement donnée EN CES TERMES :

Suit une magnifique communication que sa longue étendue nous empêche de reproduire, mais dans laquelle les Esprits Moïse, Mathieu, Marc, Luc et Jean assignent la date du mois d'août 1866 comme celle à laquelle la publication doit être terminée.

L'auteur ajoute :

Simple instrument, je ne fais qu'accomplir un devoir — en exécutant cet ordre, — en livrant à la publicité cette œuvre qui met en lumière l'essence — de tout ce qu'il y a de sublime dans la bonté et la paternité de Dieu, — et de tout ce qu'il y a de dévouement, d'abnégation et de sentiments fraternels dans Jésus, appelé le Christ, qui a si bien mérité le titre — de sauveur du monde, — de protecteur de la terre.

A mes frères, — quels qu'ils soient, — quelles que soient leurs croyances, — quel que soit le culte extérieur auquel ils appartiennent, — incombe le devoir de ne se prononcer qu'après avoir, EN ENTIER, lu et avoir sérieusement médité ; car cette œuvre explicative *des évangiles* et *des commandements* est indivisible dans son ensemble, — chacune de ses parties, se prêtant un appui mutuel et solidaire.

L'homme, à toutes les époques de notre planète, a, *pour épreuve,* de recevoir ou de repousser la lumière qui lui est apportée ; — il est beaucoup demandé à celui à qui il a été beaucoup donné ; — et la responsabilité de l'esprit est toujours en raison des moyens mis à sa portée pour s'instruire.

La vérité doit, — pour triompher, pour être acceptée, — être D'ABORD *en butte aux contradictions des hommes.*

Mais, si toute erreur est condamnée à périr, — dans la

marche — des temps, — des siècles, du progrès des intelligences, — si tel est le sort des erreurs même utiles relativement aux temps où elles se sont produites, et *alors qu'elles* N'ONT PLUS *de raison d'être,* — si tel est surtout le sort des erreurs — qui se sont produites, pour l'enfance de l'humanité, — *selon la lettre,* sous l'écorce du *mystère,* le prestige du *miracle,* et qui sont *purement transitoires* et *préparatoires* à l'avènement de *l'esprit,* — toute vérité au contraire a, dans les attaques dirigées contre elle, un instrument et un moyen de sa propagation et de son triomphe ; et elle finit par acquérir définitivement droit de cité parmi les hommes, — par l'œuvre de la liberté — de conscience — d'examen, — sous l'action des temps, du progrès des intelligences, et des contradictions humaines appelées, d'une manière inéluctable, à la faire briller dans toute sa pureté et tout son éclat.

C'est aux points de vue de *cette épreuve* pour l'homme et de ces conditions nécessaires pour le triomphe de la vérité, que Siméon, inspiré, prononça ces paroles, *transitoires et préparatoires* à l'avènement de *l'esprit,* en parlant de Jésus qui EST « *la lumière du monde,* » qui EST « *la voie, la vérité, la vie :* »

« Mes yeux ont vu le Sauveur que vous nous avez donné, — et que vous destinez POUR être exposé à la vue de tous les peuples comme *la lumière qui éclairera toutes les nations* **et la gloire d'Israël votre peuple. »**

Et que bénissant Joseph et Marie, il ajouta :

« Cet enfant est poUr *la ruine* **et** *la résurrection* **de plusieurs en Israël et POUR ÊTRE** *en butte aux contradictions des hommes.* **»**

Dieu, qui conduit tout, prépare les cœurs *par des voies secrètes* et prépare l'intelligence à entendre ce qu'elle peut comprendre.

Par cette œuvre qu'ils nous ont fait entreprendre et que nous livrons à la publicité, les ministres du Seigneur ont, — en expliquant *en esprit et en vérité,* les évangiles et les commandements, — pour but d'arriver au bonheur de l'humanité et à sa purification ; — elle est publiée dans l'intention de rapporter — à Dieu gloire et honneur, et aux hommes paix, espoir et bonheur ; — car elle prépare l'avènement — de l'unité des croyances — et de la fraternité humaine,— et ainsi, par l'accomplissement des promesses du maître, l'avènement du règne de Dieu sur la terre, sous l'empire de la loi d'amour et d'unité ; — nous avons la confiance qu'elle atteindra son but.

J.-B. ROUSTAING.

Juin 1865.

* * *

Correspondance

Marseille, le 20 mars 1866.

Monsieur et très cher frère en spiritisme,

Je viens de lire dans votre avant-dernier numéro la communication de notre honorable frère spirite de Smyrne (Turquie d'Asie), sur la vision du frère du jeune André, pendant son sommeil naturel. Comme le dit très bien M. Rossi, je crois qu'*on ne dira jamais, je suppose, pour un enfant qui commence à peine à parler, qu'il peut être sujet à avoir, comme les grandes personnes, l'imagination frappée jusqu'à croire entendre ou voir des choses qui, assurément, ne lui ont jamais été révélées par personne.*

Cette juste appréciation de votre honorable correspondant de Smyrne me donne l'idée de vous faire parvenir le récit d'un fait spirite prouvé véritable par un enfant de 4 ou 5 ans. Si vous trouvez ce fait digne d'être inséré dans votre journal, je vous autorise à le signer de mon nom en toutes lettres, car je ne rougis pas, vous le savez, de m'avouer publiquement spirite.

Il y a quelques années que Mme B... eut la douleur de voir mourir une de ses sœurs qu'elle aimait beaucoup. Voir mourir un être qu'on aime est un coup de poignard que reçoivent dans le cœur toutes les personnes non familiarisées avec le spiritisme. Aussi Mme B... fut pendant plusieurs semaines sujette à des crises nerveuses très douloureuses.

Quelques jours avant sa mort, la sœur de Mme B... lui avait dit d'aller chercher une feuille de papier timbré pour faire son testament en sa faveur ; mais elle ne l'avait pas voulu, et, après le décès de sa sœur, elle ne prit pour elle que quelques bijoux et donna le reste de la succession à une autre sœur qui n'avait pas vécu en bonne intelligence avec la défunte.

Quelques semaines après le décès, une nuit, Mme B..., vit très distinctement sa sœur décédée à côté de son lit. Après avoir regardé un bon moment avec un air sévère Mme B..., l'apparition lui fit des reproches de ce qu'elle n'avait gardé pour elle que quelques bijoux de peu de valeur et de ce que, malgré sa défense, elle avait donné presque tout à l'autre sœur. Après plusieurs observations, l'Esprit se retira vers la porte, en entraînant avec lui la couverture d'un petit lit où était couchée une petite fille, filleule de Mme B.... Arrivé à la porte, l'Esprit disparut.

À ce moment Mme B... jeta un grand cri et se leva pour aller à la poursuite de sa sœur dans les escaliers ; mais la porte était bien fermée en dedans, comme elle l'avait fermée elle-même avant de se coucher. En passant devant le lit de sa filleule Mme B... toucha pour s'assurer si la couverture avait été réellement entraînée, et ne l'y trouva plus ; elle alluma alors la bougie et trouva la couverture moitié dans la chambre et moitié dehors, sous la porte, sans qu'elle eut reçu la moindre déchirure.

Dès le lendemain Mme B..., malgré son état de souffrance, voulut aller prier sur la tombe de sa sœur, et dans ce pieux pèlerinage elle fut accompagnée par quelques membres de sa famille et par sa *petite filleule*. Arrivée dans le champ du repos corporel, la famille en deuil parcourut plusieurs allées en cherchant sans la trouver la croix indicatrice de la dépouille mortelle de la sœur de Mme B.... Celle-ci crut que sa famille voulait lui cacher le lieu de sépulture de sa sœur et, dans cette croyance, elle se proposait d'aller demander des indications au concierge du cimetière, lorsque, tout à coup, elle sentit tirer son vêtement par derrière ; elle crut que c'était sa filleule et se retourna pour lui en demander la raison ; mais la petite fille répondit qu'elle ne l'avait pas touchée. Mme B... alors fit un mouvement en avant pour aller chez le concierge, mais de nouveau elle sentit tirer fortement son paletot et, se retournant pour voir enfin qui l'avait tiré ainsi, elle vit que son vêtement était adhérent à une croix. Au même instant, la petite fille s'écria : « Marraine ! marraine est là (1) ! Je la vois sous cette croix ! Tiens, regarde. » La famille se pencha vers la croix funèbre et reconnut à l'inscription que c'était celle qu'elle venait chercher.

À partir de ce moment, Mme B... allait presque tous les

______

(1) La filleule de Mme B... donnait aussi le nom de marraine à la sœur décédée.

jours prier sur la tombe de sa sœur ; mais, sa santé revenue.
elle se livra de nouveau à ses occupations habituelles et à
l'exercice de sa profession. Elle ne faisait plus ce pieux pèlerinage que tous les huit jours d'abord, puis tous les quinze
jours, puis tous les mois.

Le 7 février de l'année suivante, vers les sept heures du
matin, Mme B.... étant couchée dans son lit, et sa filleule
dans un petit cabinet près de son alcôve, elle aperçut dans
une glace placée sur la cheminée l'image d'une dame au milieu de la chambre. Aussitôt elle regarda dans l'appartement
et vit bien distinctement sa sœur vêtue de blanc, avec un
voile sur le visage. L'apparition releva le voile, sourit à sa
sœur et lui dit : « Ma bonne sœur, il y a sept mois aujour-
d'hui que je suis morte, et depuis longtemps tu ne viens pas
me voir, cela n'est pas bien. Ainsi, viens me voir et tu me
feras plaisir. » Mme B...., très émue, pria sa sœur de venir
l'embrasser, mais celle-ci lui répondit qu'elle ne le pouvait
pas, et lui recommanda de nouveau d'aller la voir, puis elle
disparut. Au même moment, sept heures sonnèrent à la pendule. Il y avait juste sept mois, heure par heure, que
Mme B.... avait vu mourir sa sœur.

En même temps, la petite filleule se mit à crier : « Marraine ! je viens de voir marraine ! » — « Et où l'as-tu vue ? »
demanda Mme B.... — « Là, au milieu de la chambre, » répondit l'enfant. — « Pourquoi ne lui as-tu pas parlé ? » —
« J'attendais que vous eussiez fini de parler ensemble ; tu
l'as bien vue, toi aussi, puisque tu lui as parlé. »

Mme B... était bien convaincue d'avoir vu sa sœur, mais
le témoignage de sa filleule fut pour elle une preuve bien
évidente que ses sens n'avaient pas été abusés et que l'apparition était bien réelle.

Veuillez agréer, monsieur et cher frère, les salutations
affectueuses de votre tout dévoué,

CHAVAUX, D. M. P.

Bordeaux. — Imprimerie CHAYNES et MALICHECQ, c. d'Aquit., 57.

L'UNION SPIRITE BORDELAISE

REVUE DE L'ENSEIGNEMENT DES ESPRITS

PREMIÈRE ANNÉE   N° 43.   15 AVRIL 1866.

LA LIBERTÉ DIVINE

Tours, le 25 mars 1866.

Monsieur le Directeur,

Après avoir lu la lettre dans laquelle M. Guérin cherche à prouver que Dieu est *forcé* d'obéir à la loi d'amour, je m'aperçois qu'une telle croyance n'infirme en rien l'opinion que j'ai émise dans le n° 32 de l'*Union spirite*.

Je dois, avant tout, m'accuser d'avoir induit, bien malgré moi, votre honorable correspondant en erreur. En effet, au lieu de dire : Dieu l'être suprème, etc., peut-il être obéissant à une loi *quelconque ?* J'aurais dû remplacer ces derniers mots par : *une telle loi* (je parlais de la création continuelle). De cette manière il n'y aurait pas eu d'équivoque entre M. Guérin et moi ; aussi, jusqu'à nouvel ordre, je me vois forcé de conserver ma croyance et de dire de nouveau que Dieu, comme je le comprends, ne peut être *forcé* de créer sans cesse pour exister.

Je vais encore plus loin et j'ose essayer, malgré mon peu d'érudition, de discuter l'opinion émise par mon honorable contradicteur et de prouver, je l'espère du moins, que Dieu non-seulement n'est pas *forcé* de créer sans cesse comme je l'ai dit plus haut, mais qu'il ne peut pas davantage être *contraint* d'obéir à une loi quelconque, fût-ce même à la loi d'amour. Je comprends toute la difficulté de la tâche que je m'impose, peut-être me fais-je illusion sur mes propres forces, mais ce qui m'encourage, c'est de penser qu'une défaite même ne sera pas sans gloire pour moi, lorsqu'il s'agit de combattre un adversaire aussi courtois et aussi logique que M. Guérin. — « Dieu, dit ce dernier, est infiniment libre. »

Il est évident qu'un tel être ne peut se voir contraint d'obéir à une force quelconque, car il perdrait alors les deux attributs que M. Guérin lui reconnaît, la liberté et la puissance.

Plus loin, je vois encore : « Si Dieu voulait et faisait quel- » que chose qui ne fût pas en harmonie avec ses lois, il ne » serait pas Dieu. »

Parfaitement, mais s'il ne le fait pas, c'est qu'il ne le veut pas. Dieu ne doit pas ne pas pouvoir, mais il peut ne pas vouloir; n'étant que bonté et amour suprême, pourquoi s'écarterait-il de ces deux principes? L'idée même ne lui en vient pas, mais ceci n'altère en rien sa puissance et son libre arbitre.

« Les lois et les vérités absolues sont Dieu. »

Je ne comprends pas que des lois puissent constituer un être intelligent, je suis plutôt tenté de croire que ce dernier peut créer ou établir des lois. Dieu existe surtout par son intelligence, de laquelle sortent toutes les forces qui régissent l'univers. Il n'obéit pas à ces lois, mais ce sont elles qui obéissent à l'impulsion que l'intelligence divine leur donne.

« Dieu a donc créé en vertu de la loi d'amour, à laquelle » il a été *forcé* d'obéir, » dit M. Guérin en terminant.

Je ne dois alors aucune reconnaissance à Dieu pour tous les bienfaits dont il nous a comblés, j'anéantis ainsi deux de ses principaux attributs, sa bonté et sa puissance.

Non! Dieu étant infiniment puissant et libre ne doit pas

être *forcé d'obéir,* car ces mots ne peuvent s'appliquer qu'à un être subalterne, — et non à l'Être suprême.

Quant à moi, je crois que Dieu a créé dans un temps quelconque, et qu'il peut très bien ne plus créer. M'accuserait-on d'en faire ainsi un être capricieux et changeant? Pourquoi? Je comprends son immutabilité dans son intelligence et ses autres attributs et nullement dans ses actes. Dans ce dernier cas il n'aurait dû produire qu'un seul genre de création et toujours le même, tandis que nous en voyons une variété infinie.

Pour Dieu, le temps où il n'a pas créé, celui où il a créé, celui où il ne crée plus, ne font qu'un seul et même temps, qui est l'éternité. Le temps, cette idée limitée, n'existe que pour nous, parce que nous sommes finis, comme l'a dit l'honorable M. Pezzani. Mais Dieu étant infini, éternel, embrasse l'éternité entière; il voit, d'un seul regard, ses actions et leur motif d'être, ce qui lui a permis de ne créer qu'un certain temps sans pour cela être capricieux puisqu'il le savait avant de commencer.

Jamais je ne pourrais comprendre ni aimer un Dieu qui ne serait en définitive qu'un assemblage de lois et de forces, n'ayant aucune intelligence par elles-mêmes, fonctionnant sans cesse sans s'occuper en aucune façon des créations qu'elles ont accomplies, marchant dans l'éternité aussi aveuglément que marche une de nos machines, tant que la force motrice ne lui fait pas défaut. Franchement, quoique la terre soit un bien triste séjour, je préférerais mille fois mieux être homme que Dieu dans de telles conditions.

Dieu, d'après moi, est un être individuel, unique et éternel, infiniment puissant, possédant toutes les qualités à l'infini, ayant sur un des points de l'univers, si je puis m'exprimer ainsi, un siége, un foyer, duquel il répand ses rayons d'intelligence dans l'infinité de l'espace, voilà son universalité. C'est vers ce point que le progrès incessant entraîne constamment l'espèce humaine.

Je m'aperçois que ma lettre est déjà bien longue; je m'arrête pour ne pas devenir importun, plus tard j'essaierai d'expliquer plus en détail comment je comprends Dieu.

Agréez l'expression des sentiments confraternels de votre dévoué,

RÉGIMONT.

POLÉMIQUE SPIRITE

Nous lisons dans le *Journal de Chartres,* du 11 mars 1866 :

« Pour clore la séance, deux élèves de philosophie, MM. Ernest Clément et Gustave Jumentié, ont mis sur le tapis, dans un dialogue vif et animé, une question qui a le privilége de passionner aujourd'hui bien des têtes : nous voulons dire le spiritisme. »

(Suit le dialogue rapporté dans le n° 34, page 237, de l'*Union.*)

Le compte-rendu ajoute :

« Quelques personnes s'étonneront, se scandaliseront peut-être de voir les élèves du collége de Chartres aborder sans autres armes que la plaisanterie une question qui s'intitule la plus sérieuse des temps modernes. Franchement, après l'aventure toute récente des frères Davenport, peut-on reprocher à des jeunes gens de s'être égayés de cette mystification. Cet âge est sans pitié.

» Sans doute on pourrait, en retournant une de leurs phrases d'emprunt, apprendre à ces malins enfants que les grandes découvertes passent souvent par la roche Tarpéïenne avant d'arriver au Capitole, et que pour le spiritisme le jour de la réhabilitation n'est peut-être pas éloigné. Déjà les journaux nous annoncent qu'un musicien de Bruxelles, qui est en même temps spirite, prétend être en rapport avec les Esprits de tous les compositeurs morts, qu'il va nous transmettre leurs inspirations et que sous peu nous aurons des œuvres vraiment posthumes des Beethoven, des Mozart, des Weber, des Mendelssohn... Eh bien ! soit ; les écoliers sont de bonne composition : ils ont voulu rire, ils ont ri ; quand il sera temps de faire des excuses, ils en feront. »

Dans ces quelques paroles, du reste si convenables, si mesurées et si bienveillantes, se reflète toute une situation qui nous semble trop grave pour ne pas permettre une remarque.

Non-seulement le judicieux auteur de cet article, mais une foule de personnes sincères, loyales et éclairées, se font du spiritisme l'idée la plus fausse, quelquefois la plus étrange et la plus ridicule qu'il soit possible de concevoir. A leurs yeux, les Davenport, tel ou tel médium, tel ou tel prestidigitateur, telle ou telle excentricité, telle ou telle contrefaçon, le fantastique, le surnaturel, le diabolique, l'absurde, le grotesque, l'impossible, la rêverie ou les promesses d'un spirite inintelligent, voire même la calomnie et les injures d'un ennemi déloyal, tout en un mot est le spiritisme, excepté le spiritisme lui-même, et en conséquence comme s'il s'agissait uniquement d'applaudir l'habileté plus ou moins grande d'un artiste à faire un tour difficile, chacun met à son approbation, à ses éloges, à sa foi une condition spéciale et singulière. Pour croire, un paysan veut qu'on lui donne une recette peu coûteuse pour se débarrasser d'une maladie ou pour obtenir dans l'œuvre mystérieuse de la reproduction tel sexe préférablement à tel autre moins productif ; l'écolier paresseux, au jour terrible de l'examen, voudrait fournir des preuves patentes de médiumnité à ses juges sévères et incrédules ; un physicien exige que les Esprits démontrent clairement, comme lui-même l'enseigne, que la lumière n'est que l'éther en mouvement ; un botaniste qu'on lui fasse connaître une plante nouvelle ; un linguiste qu'à Paris on s'exprime en bon chinois ; un amant demande la clef des cœurs, un marchand la mercuriale de la semaine prochaine, un mathématicien la solution longtemps poursuivie d'un problème transcendental, un astronome une nouvelle planète au bout de sa lunette. Tous confondent le spiritisme avec leurs besoins, leurs désirs, leurs erreurs, leurs superstitions, leurs préjugés ou leurs passions. Le moindre mal qui en résulte ce sont, dans la discussion, les plus ébouriffants quiproquos : farfadets rieurs, incommodes, turbulents qui, à mesure que le discours grandit et que la question se développe, s'agglomèrent de plus en plus nombreux, tourbillonnent, se démènent dans un chassé-croisé satanique autour de l'imprudent orateur et réussissent souvent à désarçonner le jouteur le plus adroit. Dans l'intérêt donc plus encore des personnes peut-être que des choses, nous dirons à tous ceux qui veulent parler pour ou contre le spiritisme : « Avant d'en parler, de le plaisanter ou de l'exalter, de le repousser ou de l'admettre, apprenez à le connaitre, examinez-en soigneusement et impartialement les faits, les tendances, la doctrine, la morale, le but surtout. Vous ne tarderez pas à vous apercevoir que vous êtes tombé dans la plus grossière des méprises et que ce qui vous paraissait bel et bien être ce maudit spiritisme n'en était pas même la caricature mal faite. Les coups vigoureux que vous avez assénés avec une bonne foi vraiment naïve ont porté à faux et si, réflexion faite, vous en voulez réellement au spiritisme, toute la campagne est à recommencer. »

Qu'est-ce donc que le spiritisme?

Nous-mêmes spirites nous pouvons être séparés sur des points extrêmes et ne pas toujours très bien nous entendre dans les opérations lointaines, difficiles et nombreuses que nous poursuivons individuellement, mais il est des questions fondamentales qui nous rallient tous et particulièrement quand il s'agit de définir le spiritisme nous n'avons tous qu'une seule et même réponse. Notre spiritisme, le spiritisme des spirites, consiste essentiellement à respecter religieusement le caractère providentiel des rapports médianimiques constatés de nos jours et à pratiquer sans distinction d'opinion, de race ou de conviction, la loi de la charité, la fraternité universelle. Quiconque accepte sans restriction cette large base de notre symbole est des nôtres, et sans porter une cocarde spéciale ou un acte notarié quelconque, il est toujours sûr de rencontrer dans nos réunions, de la part de tous ceux qui les fréquentent, visibles et immortels, l'accueil le plus sympathique, les encouragements les plus sincères et les plus flatteurs.

Quòmes d'Arras.

LA SOCIÉTÉ SPIRITE DE SCORDIA

et

L'ÉVÊQUE DE CALTAGIRONE

Une société s'était organisée à Scordia, près de Catane. Dès l'origine, le guide spirituel de la société avait désigné, pour président, un des membres du groupe, le nommé Gesualdo de Mauro. C'était un prêtre; il accepta la charge et put remplir ses fonctions quelque temps sans subir aucune réprimande de l'autorité ecclésiastique. Mais le jour où Rome jeta à la face de la civilisation et du progrès ce défi impuissant qu'on appelle l'*Encyclique* et le *Syllabus,* ce jour-là, l'évêque de Caltagirone, Mgr Natoli, fit publier dans son diocèse une circulaire par laquelle il menaçait de la suspension *a divinis ipso facto incurrenda* tous les prêtres qui s'étaient adonnés ou s'adonneraient à l'étude de la nouvelle science. Sur ce, le curé de Scordia, don Mario de Cris-

tophare, invita à une conférence don Gesualdo de Mauro.
Ce dernier, d'après le conseil de son guide et des Esprits
protecteurs de la société, se rendit à l'appel qui lui était fait;
mais, fort de sa conviction, il refusa de se rétracter et de
renoncer à une doctrine qui seule est capable d'opérer la
régénération morale de l'humanité. La conséquence de cette
fermeté se devine : don Gesualdo fut suspendu *a divinis*.

Voici la lettre de l'évêque de Caltagirone adressée à cette
occasion au curé de Scordia :

J. M. J.

Caltagirone, le 8 novembre 1865.

« Révérendissime Excellence,

» J'aime à croire que nos paroles affectueuses auront fait
rentrer en lui-même le prêtre Gesualdo de Mauro.

» S'il persiste encore dans son aberration, la suspension
déjà infligée sera définitive, et il ne pourra plus célébrer.
Avis en sera donné aux supérieurs ecclésiastiques, qui devront lui interdire l'accès de leurs églises. Pareille sévérité
sera appliquée à tous les prêtres qui ont pris ou prendraient
part aux impiétés de ces *assemblées exécrables*. Que notre
Mère Immaculée daigne éclairer ceux qui sont dans l'erreur.

» † Louis NATOLI. »

Nous extrayons d'un petit opuscule, publié à ce sujet par
la société spirite de Scordia, les communications suivantes
que nous livrons sans commentaires à nos lecteurs. Les
théologiens disent qu'ils sont inspirés par Dieu et nous par
le Démon; leur Dieu souffle la vengeance, la haine et la per-
sécution; nos démons, au contraire, prêchent l'amour et la
charité pour tous, la fraternité universelle, le pardon sans
limites. L'avenir jugera :

« D. Don Gesualdo demande un conseil sur la voie qu'il

doit suivre après la suspension qui vient de lui être infligée.

» R. Qu'il scrute bien sa conscience avant tout, et qu'il se demande si le spiritisme qu'il a embrassé renferme tous les devoirs, toutes les obligations que le ministre des autels regarde comme sacrés. Cet examen fait, qu'il interroge son cœur, et qu'il se demande s'il aura la force nécessaire pour résister à la guerre préparée contre les adeptes du spiritisme par des adversaires puissants. Si cette étude de lui-même lui révèle tranquillité de conscience et force de croyance, qu'il accepte le défi sans trembler. Ferme dans ses principes, qu'il bannisse la crainte, qu'il ne s'arrête pas dans le voyage entrepris; la voie lui a été tracée par le Dieu des autels. Il doit étudier et connaître la vraie religion, devenir un des soutiens de cette doctrine appelée à sauver et à racheter l'humanité entière. Le Christ, en versant son sang pour ses frères, vous a promis une nouvelle ère de rédemption. L'époque solennelle est arrivée, saluons l'ère qui vient démasquer les faux prophètes, déchirer le voile des mystères religieux, édifier une religion vraie et simple. Les Esprits du Seigneur appellent tous les hommes à croire, à suivre un culte pur de toute pratique superstitieuse. Je l'ai dit. Que la conviction de Gesualdo soit posée sur des fondements inébranlables. Qu'il se rappelle qu'il devra souffrir, supporter avec mansuétude et dignité, avec l'abnégation qui a posé la couronne immortelle sur le front des disciples du Christ, toutes les vexations, toutes les insultes dont il sera abreuvé par des hommes que, malgré leur conduite, il doit toujours regarder comme des frères. La grandeur de la foi, le sublime des convictions ont pour mesure la manière dont l'homme sait répondre à ses adversaires. L'homme blessé dans son amour-propre, persécuté par des attaques injustes, montre de la grandeur d'âme s'il répond noblement et avec calme à ceux-là même qui voudraient empoisonner les sources si

pures de nos idées et de nos sentiments. Que votre ami grave mes paroles dans sa mémoire : « Tu auras de nombreux ad-
» versaires, lui ai-je dit ; il y a des loups qui veulent s'intro-
» duire dans la bergerie pour anéantir le troupeau; des loups
» sous l'apparence de la vertu et de la justice; des loups qui,
» sous le manteau d'une vive piété, de la commisération pour
» vous tous, cherchent à vous disperser. »

» Le temps est venu, l'heure s'approche de vous dévoiler un peu de l'avenir qui vous attend.

» Un voile couvre l'occident, et ce voile va être déchiré, emporté par les quatre vents du ciel. Alors la vérité, long-temps falsifiée par les artifices des prêtres tout-puissants, brillera dans tout son éclat. Mais auparavant, il y aura une lutte terrible, acharnée, prédite il y a dix-huit siècles. Les fourbes seront frappés de terreur, les bons réjouis, et enfin, la Religion ceindra un diadème d'espérance immortelle, de fleurs odoriférantes, de joies pures et sacrées.

» Permets-moi, Gesualdo, de te parler de cette religion universelle, de la croyance dans le Père suprême, de la con-fiance en l'auteur de toutes choses. Cette religion, mal inter-prétée par tous, mal suivie par les hommes, est celle que j'ai mission de te faire connaître et aimer. La nouvelle doctrine contient tous les devoirs de l'homme. Or, sais-tu quel est le plus grand, le plus saint? C'est la conciliation parfaite qui comprend en elle toutes les vertus chrétiennes et leur donne une couronne de gloire. La foi, la charité, la bonté, la dou-ceur, la mansuétude sont toutes renfermées dans cette vertu suprême, l'humilité.

» Rappelle-toi le Verbe naissant pauvre et humilié dans une étable de la Judée! Quel exemple plus frappant de su-blime humilité? L'autorité ecclésiastique te dépouille de tes habits sacerdotaux! Le Christ n'a-t-il pas vu ses habits tirés au sort par les soldats romains? Revêts-toi comme lui de la

charité, de la mortification, de la patience, de l'abnégation
et de l'humilité. Ils veulent t'avilir et te rendre infâme, tu
seras grand aux yeux de Dieu. Cède à la volonté de tes supérieurs, baise la main qui te frappe. Tu trouveras toujours
un temple où tu pourras prier. Le cœur de l'homme est l'autel d'où s'exhalent des vœux toujours agréables à l'Éternel.
C'est là que tu peux semer la parole du Christ. Une place,
une chambre, une cabane, voilà ton église. Rome est ta
mère, et ses prêtres te repoussent de son sein ; ils te refusent
même un asile dans la maison de Dieu.

« Ah ! non... ce n'est pas la maison de Dieu, celle dont ils
sont les gardiens. Dieu n'entend pas les anathèmes ; il plaint
ceux qui oppriment leurs frères. Nul parmi nous ne peut
forcer un être libre à vendre cette liberté qu'il tient de lui.
Prie donc pour ceux qui te persécutent, sache que ta bouche
ne doit s'ouvrir que pour prononcer des paroles de piété et
de pardon. Sois juste, vis sans crainte, annonce à tes frères
la parole divine, accomplis ta mission, et que ta seule vengeance soit l'humilité telle que la pratiquait le Sauveur.

« D. Gesualdo doit donc se désister de tous les droits qui
lui ont été conférés pour célébrer la messe ?

« R. Il doit seulement servir Dieu de tout son cœur, aimer son prochain, pardonner à ses ennemis, prier Dieu pour
eux, les aider s'ils sont dans le besoin, les secourir quand il
le pourra et accepter avec reconnaissance cette épreuve que
Dieu lui envoie. »

Le résultat de cette lutte a été la création d'un journal
intitulé *la Voix de Dieu (la Voce di Dio)* et publié par la
société spirite de Scordia (1).

(Extrait de la *Salute* et des *Annali*.)　　C. GUÉRIN.

---

(1) Ce journal paraît, une fois par mois, par cahiers de 32 pages
in-8° (format de la *Revue*). — Prix pour l'Italie, 6 fr. par an. — S'adresser à M. Joseph Modica, à Scordia, près Catane, Italie.

Correspondance

Nous extrayons les passages suivants d'une lettre que nous a écrite, le 3 mars, M. Salgues, d'Angers, l'auteur du *Désarroi de l'empire de Satan* (voir à la 4me page de la couverture) :

.   .   .   .

« Je ne veux pas finir sans vous dire ce qui est arrivé chez moi dans le mois dernier (février).

» En attendant qu'ils s'amusent à sonner la messe pour le compte des sacristains, les Esprits ont commencé à sonner les heures du jour sur ma cheminée. La première fois, je fus éveillé à quatre heures du matin, par un bruit pareil à celui qu'aurait produit un *violent* coup donné sur la *grosse caisse* d'un régiment. Ce bruit paraissait venir de la pendule de ma chambre à coucher. L'heure a sonné aussitôt après et depuis, à toutes les heures, jour et nuit, 24 fois par *dictéméron,* comme disaient les Grecs, et pendant une dizaine de jours il s'est régulièrement continué. Mais toujours la force du son diminuait graduellement. Je dis un jour : « Mais ce bruit se fait toujours entendre quand l'heure va sonner, et jamais aux demi-heures ! » La première demi-heure qui suivit cette réflexion, le même tapage se fit entendre et il se renouvela depuis chaque fois que la pendule allait marquer les demi-heures.

» Enfin, pour me faire ses adieux sans doute, à la dernière heure et à la dernière demi-heure qu'il a ainsi marquées (quatre heures et quatre heures et demie), l'Esprit a produit chaque fois un bruit si effrayant que la maison et mon lit tremblaient.

» Je mets ce fait à votre disposition, comme une nouvelle

preuve des visites que nous font les célicoles. Il ne sera peut-être pas sans quelque utilité pour vos lecteurs.

» Veuillez agréer, cher frère, l'assurance de ma profonde sympathie.

» Salgues. »

LE SPIRITISME EN ALLEMAGNE

Licht des Jenseits (1) *(Lumière d'Outre-Tombe)*. Sous ce titre vient de se fonder à Vienne, en Autriche, une revue mensuelle consacrée à la propagation et à la défense des idées spirites, telles qu'elles sont comprises par Allan Kardec et l'école spirite de France. Le directeur de ce nouvel auxiliaire des Esprits, c'est M. C. Delhez, savant de grand mérite, et maniant avec une égale facilité la langue française et la langue allemande. Certes, cette publication n'est pas destinée à avoir un bien grand retentissement en France attendu notre déplorable ignorance de l'idiôme dans lequel elle paraît; mais à part la joie bien naturelle que tous nos amis éprouveront d'apprendre que nos idées, non-seulement se propagent sans cesse davantage, mais acquièrent chaque jour de nouveaux défenseurs, zélés, habiles et influents, nous pensons qu'il y a profit réel à suivre le spiritisme partout où il apparaît, à le voir dans son efflorescence première, à noter les impressions produites, les tendances natives, la direction imprimée, les résultats poursuivis et le but proposé. Or, sous ce rapport, le spiritisme en Autriche nous offre un spectacle beau, grandiose et admirable. Nous n'en

---

(1) Paraît tous les mois, depuis le 1er janvier, sous la direction de M. C. Delhez, à Vienne (Autriche), 7, Singerstrasse; étranger, 14 francs par an.

voulons aujourd'hui pour preuve que l'extrait suivant, pris dans le premier numéro de la *Lumière d'Outre-Tombe :*

Au mois de mai 1860, deux de mes amis, jeunes gens, de retour de Paris, vinrent me rendre visite. Je fis tomber la conversation sur le spiritisme. Une fois seulement, dans un journal de Paris où l'on tournait le spiritisme en ridicule, ils en avaient entendu parler et n'en savaient pas davantage. Leur en ayant exprimé le désir, ils se mirent avec empressement à ma disposition. Le plus âgé des deux, modèle de bonté et d'honnêteté, posa le doigt sur la planchette qui, quelques moments après, se mit en mouvement, mais ne traça que des lignes illisibles. Nous présentâmes une seconde feuille, les mêmes signes où l'on pouvait reconnaitre quelques lettres se produisirent, mais sans encore être lisibles. A la troisième feuille seulement nous pûmes distinguer nettement cette phrase :

« Oppose-toi de tout ton cœur au vrai mal et crois qu'il y a dans la nature des forces ignorées. »

Nos deux amis n'en pouvaient croire leurs yeux et ne savaient que penser. Quant à moi, je recevais enfin la récompense de mes longs travaux.

Nous admirâmes le sens profond et la haute portée de cette proposition dans laquelle se résume tout le spiritisme. Fais le bien, recherche la vérité, telle est en effet toute la partie morale et scientifique du programme spirite, qui, appelant à lui tout ce que l'homme possède d'activité, absorbe le cœur par la morale et fait vivre l'esprit par la science.

Mes deux amis demandant ensuite à l'Esprit qui se communiquait des enseignements ou des conseils, le plus jeune reçut la réponse suivante :

« Aux qualités qui distinguent le véritable ami de la nature, joins aussi celles d'un excellent homme d'état.

» Fuis les hypocrites, lors même que tu ne le ferais pas ouvertement. »

Au plus âgé il fut répondu :

« Aime les sciences naturelles qui ennoblissent le cœur.

» Recherche la paix. »

Tout en faisant la part de ce que ces sentences ont de purement personnel, on ne saurait leur refuser un cachet de haute sagesse. Nous n'en fûmes que plus ardents à continuer nos questions; mais ce qui nous surprit, c'est que les questions étant toutes posées en français, la réponse se faisait invariablement en allemand, quoique cette dernière langue fût moins familière au médium que la langue française. En ayant demandé la raison, il nous fut répondu : « Parce que c'est plus logique.

» — Quoi ! la langue allemande est plus logique que la langue française?

» — La langue française est plus logique, mais en Allemagne, rien n'est plus logique que l'usage de la langue allemande. »

Avant de terminer cette première séance, nous désirâmes vivement connaître l'Esprit qui nous avait adressé des paroles si profondes. Je le priai donc de vouloir bien nous dire sous quel nom je devais à l'avenir l'évoquer. La réponse fut : « Esprit divin. »

C. Delhez.

La position sociale des jeunes gens dont il est question ici, à en juger par certaine réponse de l'Esprit, est des plus élevées. Or, quand nous voyons le spiritisme s'infiltrer et se propager dans la société, par la pente naturelle descendre des sommités aux couches inférieures, du savant à l'ignorant, du riche au pauvre, du grand au petit, et produire partout les résultats les plus salutaires, agir puissamment et à des latitudes diverses sur des hommes de tout âge, de toute profession, de toute condition, de tout tempérament, de toute nationalité, n'y a-t-il pas lieu de se rappeler avec satisfaction la parole de notre divin prédécesseur : « Au fruit vous reconnaîtrez l'arbre : un mauvais arbre ne saurait porter de bons fruits. »

Le spiritisme, selon certains hommes, est l'œuvre de Satan ; selon d'autres, c'est la plus déplorable aberration de l'esprit humain ; selon tous nos adversaires, c'est le plus grand malheur qui puisse arriver au monde, et contre lequel il faut réunir toutes les forces. Certes il ne serait pas bien difficile d'établir la fausseté de ces assertions et de combattre par les armes de la logique les conclusions qu'on en tire; mais dans l'état d'infériorité où nous sommes encore sur cette terre, la force du raisonnement n'agit pas également sur tous les esprits. Un autre terrain s'offre où la vérité ne se discute plus, ne se prouve plus, mais s'affirme par les faits, se réalise et se personnifie. « Voyez, nous semble-t-elle dire, je ne suis pas un fantôme, touchez mes mains, mes pieds, toute ma personne, et ne soyez pas incrédules. »

C'est sur cet excellent terrain que se placent nos frères de Vienne. On peut entasser contre une doctrine les subtilités théologiques, recourir à la dialectique d'une science vaste et profonde; mais jamais ni la scholastique, ni la science ne prouveront qu'une doctrine, quelle qu'elle puisse être, qui s'empare fortement de l'esprit, l'élève et l'arme contre ses vices, soit mauvaise, diabolique, insensée. Notre siècle, dit-on, est léger, incrédule, hostile à toute idée spirituelle ; plusieurs même le calomnient et disent qu'il est corrompu et sans valeur. Le fait est que beaucoup, contrairement à leur apostolat, suivent aveuglément leurs passions, de quelque nom honnête qu'ils les appellent, sous quelque voile qu'ils les cachent. Or, partout où le spiritisme pénètre, même dans ces régions particulièrement arides et ingrates, le premier et le plus saisissant effet qu'il produit, c'est d'imprimer à l'homme une pensée grave, élevée; c'est de l'engager presque immédiatement à soutenir une lutte énergique contre les passions qui l'avaient asservi.

Nous avons vu dans nos rangs l'avare se soucier sincèrement de devenir généreux, des débauchés se révolter contre leurs habitudes, des orgueilleux se dévouer à rendre service, des ambitieux soutenir l'autorité contre laquelle ils avaient conspiré, des ennemis se réconcilier et des criminels réparer d'horribles injustices. S'il y a du mal dans des faits si sublimes, si Satan agit de la sorte, s'inspire de semblables prin-

cipes et que la folie porte des fruits si divins, nous le déclarons hautement, nous sommes pour Satan contre Dieu, pour
le vice contre la vertu, pour la folie contre la sagesse. Personne, à moins qu'il ne le veuille avec désespoir, ne s'y
méprendra ; le sage, le moraliste, l'homme d'État moins que
qui que ce soit. Tous comprendront qu'une doctrine dont la
vitalité moralisatrice ne se dément sur aucun point, qui
apaise les passions, éteint les haines et les discordes, adoucit
le choc des intérêts contraires, rapproche les hommes et les
unit étroitement par la pratique de la justice, par le respect
de l'autorité, par la douceur de la charité, ne peut être
qu'une doctrine sainte, morale, divine, et constitue la plus
solide garantie de l'ordre social, de la stabilité gouverne-
mentale, de l'honnêteté privée, de la morale publique. Le
cas échéant on saura faire connaître par des actes, par des
institutions, le jugement qu'on en porte et la haute estime
en laquelle on la tient.

Nous félicitons vivement nos frères de Vienne de comprendre si bien les choses. Nos adversaires nient le mouvement, eux marchent. Après les spirites d'Autriche d'autres
viendront et successivement la démonstration expérimen-
tale de la synthèse spirite, de son excellence, de sa force, de
sa divinité, inaugurée à Paris en 1858, continuée depuis
avec grandeur et religion, se développera sur tous les points
du globe et sera pour l'institution nouvelle par l'élévation
universelle du niveau moral dans l'humanité, une gloire,
une garantie de durée qui font défaut à toute autre institution analogue du passé.

Quomes d'Arras.

Faits spirites

—

MOLESTATIONS

Voici un fait étrange et vraiment curieux, accompli pendant plusieurs mois consécutifs, dans le Piémont, sur la personne d'un jeune enfant âgé de douze ans, nommé François-André Mucesi, né à Cune, demeurant alors à Lanzo, chez un de ses oncles, François-Antoine Olivaris. Toutes les personnes dont il est question dans ce récit sont connues de l'auteur, et si le fait n'avait pas été fidèlement rapporté, il n'est pas à douter qu'une plainte n'eût été portée par eux à l'autorité. Le commencement du phénomène eut lieu le 10 décembre 1762.

Le jeune homme dont nous venons de parler sentit, pendant la nuit, quelque chose tirer ses couvertures; il entendit les siéges et les autres meubles s'agiter, un vacarme effrayant dont le résultat fut d'amener dans sa chambre les habitants de la maison; mais on ne découvrit nulle part l'auteur du tapage. Les livres et les cahiers étaient déchirés, les vêtements vieux ou neufs coupés en morceaux ; impossible de conserver un habit intact. La première pensée de l'oncle fut le diable; il résolut d'envoyer son neveu, pour quelques jours, dans un couvent de capucins, et, dans cette intention, écrivit le soir au provincial, scella sa lettre pour la faire parvenir le matin, et se coucha. Le vacarme redoubla. A peine était-il jour, que le neveu vient le trouver et lui dit : « Mon oncle, l'Esprit m'a dit que vous aviez écrit hier au provincial du couvent des capucins pour me soumettre quelque temps à leurs exercices ; ce sera peine perdue, car il ne veut pas me laisser, quand bien même je chercherais un refuge dans les bras du Pape. » L'oncle, qui n'avait communiqué son dessein à personne, en fut tout ébahi. Il résolut alors d'envoyer son neveu à l'évêque de Turin, afin qu'il voulût bien le bénir. Tout était prêt pour le départ, quand subitement, devant tous les habitants de la maison, les cheveux de l'enfant tombèrent, comme s'ils eussent été coupés par un perruquier.

Malgré cela, l'enfant partit pour Turin ; on lui acheta une perruque, mais hélas ! à peine sur sa tête les cheveux disparurent. Moi-même, dit Cavalli, je l'ai vu et examiné ce jour-là dans ma chambre. Le malheureux revint tout affligé à Lanzo. Une demi-heure avant son arrivée, l'oncle se tenait près du feu, entouré de sa famille (on était au mois de décembre) ; il était à peu près huit heures du soir. Malgré les fenêtres fermées, il tombe dans la chambre de gros morceaux de safran de Mars (oxyde de fer). « Nul n'en souffrait, ce qui, dit l'auteur, est difficile à concevoir quand on examine la hauteur de la croisée et sa situation (elle donne sur une galerie et reçoit la lumière d'une autre croisée), la structure de la chambre qui sert de cuisine et qui a la figure d'un parallélogramme fort étroit. » *André va nous arriver,* dit instinctivement le brave homme, et en effet, une demi-heure après, entre le neveu, tout transi par le froid.

Un jour, la servante avait mis sur l'évier les plats d'étain qui venaient de servir au repas de la famille ; elle s'éloigne de deux pas pour prendre un vase plein d'eau chaude, retourne à l'évier, les plats ont disparu ; personne n'avait quitté sa place ; toute la famille, composée de huit personnes, se tenait auprès du foyer. On cherche partout, c'est en vain, quand un enfant aperçoit un plat à moitié caché par les cendres ; on remue, et on trouve le tout. Qui donc avait pu passer au milieu de ce cercle de huit personnes, sinon un Esprit ? Ce n'est pas d'un ou de deux plats dont il s'agit, mais de plusieurs. Continuons. Les fêtes de Noël arrivent ; l'oncle fait cadeau à son neveu d'un beau chapeau neuf. Celui-ci, tout fier, part souhaiter la bonne fête aux capucins (les capucins étaient alors une puissance), qui se tenaient tous réunis avec le prieur-avocat Chionio à leur tête. L'enfant, par politesse, ôte son chapeau qu'il trouve tout déchiqueté. Les bons Pères vérifièrent le fait sur-le-champ. Ses camàrades d'école s'amusaient parfois à lui mettre leurs chapeaux sur la tête, qu'ils retiraient aussitôt complètement découpés. Se mettait-il à écrire, avec les autres, sous la dictée du maître, la plume lui était arrachée des mains en présence de toute l'école. Comme le maître, D. Pierre Reviglio n'avait pu observer ce phénomène, mais qu'il avait seulement entendu l'enfant pleurer, sans lui voir la plume avec laquelle il écrivait; il lui en remit une autre et lui commanda d'écrire. Le maître et tous les écoliers avaient les yeux sur André, quand il s'écria : « Maître, on me fait violence pour m'arracher la plume. » — « Tiens-la ferme, » dit le maître. — Malgré tous les efforts de l'enfant, qui la saisit à poignée, la plume disparut en présence de tous les élèves, et on put voir sur la paume de la main une blessure causée par le tranchant de la plume.

Malgré tous les témoignages des habitants de Lanzo, il se trouva un prêtre, don Magnetto, qui, par méfiance des témoignages ou par trop de confiance dans ses exorcismes, demanda à l'oncle de lui envoyer le jeune enfant, afin de voir s'il serait ainsi persécuté jusque chez lui. André se rendit chez don Magnetto à la nuit, mais à peine l'obscurité fut-elle venue que des coups, des bruits, des mouvements de chaises, de tables, du lit, se firent entendre et voir. On aurait dit la maison prête à s'écrouler. Le prêtre avait préparé rochet, surplis, étole, eau bénite; il se mit à dire les exorcismes, à lire les prières, à conjurer l'Esprit, à arroser d'eau bénite la chambre, le lit, l'enfant et tout ce qui lui tombait sous la main. Il en fut pour ses frais; les molestations continuèrent malgré la longueur de la cérémonie, qui dura toute la nuit.

Quelque temps après, toutes les choses rentrèrent dans leur état normal, et le jeune André vit la fin de ses tourments.

(Annalli dello spiritismo.)

(Extrait des *Apparitions,* du P. Cavalli.)

(Traduction de C. GUÉRIN.)

Communications médianimiques

UNE MÈRE A SON FILS

I

Après que j'ai été dégagée des liens qui me retenaient à la terre, l'état où je me suis trouvée était indéfinissable; les ténèbres obscurcirent mon esprit pendant un temps que je ne puis préciser. L'espèce d'assoupissement qui m'avait un instant engourdie se dissipa peu à peu; j'eus conscience de mon individualité; le brouillard qui m'enveloppait tout d'abord se dissipa aussi; une lueur incertaine frappa ma vue, je distinguai cependant les Esprits qui m'entouraient, mais bientôt la lumière éclatante du firmament m'inonda entièrement; les Esprits bienheureux qui m'avaient reçue parurent alors dans toute leur céleste beauté; leur sourire était si doux que je fus bientôt rassurée; la grandeur de leur maintien me remplissait aussi du plus profond respect; je fus entourée par une foule de ces créatures célestes, et nous nous élevâmes dans l'espace; la route que nous suivîmes était également merveilleuse; à chaque instant de nouveaux horizons venaient se dérouler à ma vue et nous montions, montions toujours!.... Tout à coup une lueur plus vive nous inonda de ses torrents lumineux, et l'Esprit qui paraissait diriger ma course aérienne murmura quelques mots d'une harmonie délicieuse : « *J'ai été ton guide sur la terre, me dit-il, c'est à moi qu'il appartient de te conduire dans ton nouveau séjour,* » et me montrant un monde inconnu, mais d'une admirable beauté, il me dirigea vers ce lieu magnifique, qui est encore ma demeure. Je n'y suis cependant pas confinée, et du rayonnement propre aux Esprits, je puis, avec une promptitude que peut seule égaler la pensée, reporter ma vue sur tous les points qu'il m'est permis d'embrasser.

Il existe d'autres lieux d'une beauté plus merveilleuse encore ; nous pouvons les entrevoir, comprendre l'infinie perfection des Esprits qui les habitent ; mais notre temps d'épreuves n'est point achevé, notre épuration n'est pas assez complète pour jouir, comme ces bienheureux élus, de la vue du Dieu de bonté et de miséricorde. Nous comprenons sa toute-puissance, nous admirons les beautés sublimes qu'il a créées, mais la perfection est encore si loin de nous que nous n'oserons de bien longtemps encore prétendre à cette douce et enivrante jouissance.

J'ai ici encore une faculté bien précieuse et bien douce aux bons Esprits, c'est de pouvoir, par le seul effort de ma volonté, me transporter avec la rapidité de la pensée vers ceux qui me sont chers. Combien de fois me suis-je trouvée près de toi ! Ta pensée s'est aussi bien souvent élancée vers moi ! Souvent je t'ai entendu dire : ma mère ! et si moi-même je n'ai pu te répondre : mon fils ! j'ai du moins, par ma volonté et par l'intermédiaire de ton ange gardien, jeté dans ton cœur de bonnes pensées et de douces consolations.

La faculté que Dieu t'a accordée est si précieuse que tu dois employer tout ton courage à la conserver. Demeure donc vertueux, aimant, humble, charitable, et souvent, bien souvent Dieu nous permettra de renouveler cet entretien. J'ai tant à te dire ! Que de pages nous aurons à remplir ! Mais tu le sais, il faut une sage limite aux meilleures choses, c'est pourquoi je viens te dire, quoiqu'à regret, ô mon cher fils, adieu, ou plutôt, à bientôt.

Ta mère : A. V.

II

Mon cher fils, fais une invocation à l'Être suprême, j'ai besoin de toute sa bonté pour ne pas me laisser emporter, par mon enthousiasme, au-delà des bornes de ton intelligence humaine, et trouver des mots assez compréhensibles pour te faire comprendre sans t'éblouir.

La planète que Dieu m'a donnée pour séjour est visible de la terre, je ne puis te dire quel est son nom ; Dieu ne nous permet pas une connaissance aussi précieuse du domaine céleste ; ne la cherche ni au nord, ni à l'orient, elle se trouve au zénith par rapport au coin de terre que tu habites ; c'est un lieu de repos, une étape sur la route des mondes éminemment supérieurs.

Ma vue embrasse l'immensité, le mécanisme de la création m'apparaît ; ce que vos savants ont découvert après des siècles d'études se déroule devant moi, comme le mouvement et les rouages d'une horloge vous apparaîtraient dans une enveloppe de cristal (comparaison inexacte mais fidèle pour ton intelligence). Ce tableau merveilleux se complète par la vue des créatures à qui Dieu a donné mission de conduire à son but chaque objet de la création. Ce travail incessant est cependant plein de charmes pour ces mystérieux artisans de l'organisation universelle. Chacun des millions de mondes a pour nous un attrait irrésistible, et chaque jour notre intelligence découvre et comprend de nouvelles merveilles. C'est ici que nous trouvons la solution des *pourquoi* et des *comment* que votre humanité se pose en problèmes insolubles. Ce travail continuel de notre pensée est une source de jouissances toujours nouvelles. Ne crois point que cette jouissance soit seulement contemplative ; nous avons tous une mission à remplir, mais nos facultés sont si multiples qu'il nous est permis, tout à la fois, de nous livrer à une activité incessante et à l'admiration des merveilles que notre vue embrasse à l'infini.

Mais toutes ces beautés, si admirables qu'elles soient, ont encore quelque chose de matériel. Le bel idéal, la merveille des merveilles, celle où se montre dans toute son étendue l'infinie bonté de notre Dieu tout-puissant, c'est l'éclosion des sentiments des créatures animées ; c'est la marche progressive qui s'accomplit chaque jour et à chaque heure dans l'âme des enfants de Dieu. Nous voyons les vertus éclore dans un cœur où l'ignorance et les mauvais instincts avaient établi leur demeure ; la transformation s'établit peu à peu ; le germe, fécondé par l'amour des bons Esprits se développe, grandit et arrive enfin à la maturité. Ce travail s'accomplit lentement pour beaucoup, plusieurs exis-

logie, le créateur du fameux opuscule : *Le spiritisme est-il conciliable avec le catholicisme ?*

L'auteur de cette brochure, très érudit, il faut en convenir, n'a qu'un tort, celui de ne pas se faire connaître, même sous un pseudonyme. Il se croit donc : ou d'une supériorité tellement grande sur le commun des mortels, qu'il craint de les éblouir par l'éclat de son nom ; ou il doute tellement de l'efficacité de ses déclarations et affirmations, qu'il n'a su faire mieux que de ne pas donner *un nom* à son œuvre, malheureusement pour lui, peu rationnelle au point de vue de la logique, au point de vue chrétien, au point de vue surtout de la charité évangélique.

Il est facile d'affirmer ; mais...... prouver ?

Pour convaincre, la citation seule de la lettre ou du numéro d'un chapitre quelconque, sans le texte original, ne suffit pas et ne saurait éclairer. C'est pourtant ce qui se trouve d'un bout à l'autre dans la brochure anonyme.

Ce que tout le monde sait être nécessaire pour être cru, ou, du moins, pour paraître de bonne foi, c'est d'être conséquent avec soi-même, dans ce que l'on écrit surtout. Nous allons essayer de prouver que l'auteur inconnu qui nous occupe actuellement, a manqué complètement à ce principe si élémentaire.

Nous allons donc, tout comme mon honorable adversaire, dire :

« Les lignes qui vont suivre ne sont que le résultat des réflexions que nous a inspirées l'étude particulière que nous avons faite de la doctrine spirite ; quelques pensées sorties d'un cœur chrétien-spirite et livrées aux méditations de nos frères. Le lecteur voudra bien, pour nous aussi, en parcourant ce petit travail, lui accorder toute l'indulgence que nous en attendons : notre seul but, notre seule aspiration étant de raviver, chez des chrétiens, une foi éteinte ou obscurcie. »

Nous dirons encore avec lui :

« Puisse celui qui éclaire tout homme venant en ce monde (Jean, I, 9) bénir nos efforts, et, illuminant les intelligences obscurcies, les délivrer de l'esprit d'aveuglement, de malice et d'opposition quand même ! »

Et nous ajouterons :

Puissions-nous bientôt, par une mise en pratique complète de la charité ; par la logique du raisonnement, des choses et des faits, ramener au Souverain Pasteur des âmes toutes les brebis errantes ! N'en ramènerions-nous qu'une, nos efforts seraient plus que royalement payés !

Ce que nous cherchons, ce que nous voulons, c'est ramener la foi en Dieu ; faire comprendre son immense puissance, son inaltérable bonté, le tout couronné de sa justice divine ; et non un Dieu impitoyable et cruel, un Dieu ayant des préférences, un Dieu *raillant* et *insultant* l'Esprit rebelle ou fautif qu'il est obligé de punir.

Étant donné comme la plus incommensurable bonté, la clémence sans limites, la plus miséricordieuse paternité, nous ne pouvons prôner vos affirmations d'un Dieu « vengeur, vindicatif, haineux, colère, cruel, » car ce serait le *nec plus ultra* de la démence, ce serait le plus horrible des blasphèmes.

Que demandons-nous donc, nous, spirites ? La croyance répandue et généralisée du Dieu vrai et unique ; la pratique de ses commandements qui doivent se résumer en ces trois points capitaux : *Amour et soumission sans limite pour lui ; humilité constante ; charité et amour pour tous nos frères.* Ces trois commandements principaux exécutés autant que notre faible humanité peut le permettre, ne sommes-nous pas, même relativement et au point de vue de la plus rigoureuse exigence religieuse, de véritables enfants de Dieu ?

Il ne faut point prendre ces mots : « *véritables* enfants de Dieu, » comme signifiant pour nous que de *faux* enfants de Dieu pourraient exister. Arrière et bien loin de nous une pareille pensée, car elle serait l'équivalent de cette proposition : Peut-il y avoir des enfants sans père? ou bien de celle-ci : Peut-il (blasphème encore) y avoir plusieurs Dieux et surtout des Dieux rivaux?

Partisans de toutes les doctrines, et vous surtout qui vous dites chrétiens, chrétiens non-spirites, approfondissez par l'étude et le raisonnement tout ce qui a été écrit pour et contre le spiritisme; mais sans parti pris, mais sans vous laisser influencer par les phrases sonores ou chatoyantes de certains professeurs, car, ce qu'il faut à l'homme qui touche au XXe siècle, ce ne sont plus des mots ronflants, mais des idées parlant au cœur et y laissant des traces inaltérables, un germe fécond.

Si, par le doute — car l'esprit veut comprendre aujourd'hui, — nous sommes encore, et même plus que par le passé, dans les ténèbres de l'erreur, nous prions, comme notre contradicteur, tous nos lecteurs de n'importe quelle secte ou religion, d'adresser à leur manière, au Souverain Arbitre de tout ce qui est et sera, des prières demandant pour nous, pour tous, la vérité et la lumière. Nous l'avons dit et fait comprendre plus haut : ce que nous désirons et cherchons, c'est la lumière et la vérité; pour l'obtention d'un si grand résultat nous ne craignons pas de mettre côté à côté la critique et la riposte, la prétendue infaillibilité et la prétendue certitude avec la prétendue erreur, le catholicisme avec le spiritisme.

Hommes! mes frères! souvenons-nous tous de notre origine;

Hommes! songeons toujours à l'auteur de cette origine;

Hommes! réfléchissons à la miséricorde de cet auteur et demandons-nous si elle peut être limitée.

Hommes! ô mes frères! songeons surtout à ce qu'il y a de doux et de chaleureux, de simple et de grandiose, de réunion de qualités précieuses dans ce seul mot : *Charité!*

Que ce mot ne soit donc plus prononcé en vain; qu'il soit le plus noble drapeau de l'humanité, et il réunira sous ses plis tous les enfants du Père.

Frères! prions ce père si bon de nous envoyer le plus petit des rayons de sa lumière, afin que nous puissions distinguer l'erreur involontaire de l'erreur volontaire.

Mon Dieu! bénissez ma tentative et faites que les aveugles ou les négateurs de bonne foi soient éblouis par la vérité et reviennent à vous, que ce soient nos détracteurs ou nous, que ce soient ceux enfin qui font fausse route! Faites surtout, ô Père très miséricordieux! que vous ne soyez plus. obligé de dire : « *J'ai encore d'autres brebis.... il faut que je les amène.* » (Jean, X, 16.) Faites qu'elles soient toutes rentrées au bercail!

———

Dans son préambule, l'auteur combattu dit : « Ces lignes ne sont que le résultat des réflexions qui nous ont été inspirées par l'*étude particulière* que nous avons faite de la doctrine spirite.

Comment! l'homme assez supérieur pour dire :

« Adorez les vérités que vous ne sauriez comprendre. Lucifer n'est tombé que parce qu'il avait voulu placer son trône à la hauteur de celui de l'Éternel, et Adam n'a été soumis à la mort, que pour avoir voulu toucher à l'arbre de la science. — Brûlez, brûlez le *Livre des Esprits,* cette terre inféconde, *cette œuvre impie, infernale;* ou, si vous ne le brûlez pas, il faut, du moins, le serrer soigneusement et en préserver les ignorants comme d'une *contagion funeste.* — Qu'ils n'aillent point s'abreuver à cette *officine* où le *noir poison* se dérobe à leurs connaissances, puisqu'ils ne sont ni médecins, ni chimistes, et, touristes imprudents, qu'ils ne s'aventurent pas dans le désert aride, terre désolée où ils trouveraient la mort. » (Pages 37-38.)

Comment cet homme peut-il avoir le courage, ayant de telles pensées sur le spiritisme, de faire, lui aussi, des évocations? de demander, lui aussi, des enseignements aux Esprits? de faire une *étude particulière* de la doctrine spirite? de ne pas craindre enfin que, comme les spirites, il pouvait être induit en erreur pour le moins, si non, emporté en Enfer?

Ah! je l'ai déjà dit : Vous n'êtes pas conséquent avec vous-même; vous voulez pour vous seul cette étude si douce à l'âme et qui fait naître chez chacun de nous tant de courage, de résignation et d'abnégation; pour vous, elle est la lumière étincelante vous découvrant la vérité; pour nous, elle est le noir et sombre abîme vers lequel nous marchons en aveugles, reniant notre Dieu, reniant les missions divines exécutées sur notre globe, reniant les liens de famille, chassant la chasteté et n'adorant que l'impureté. Cette étude amène, à vous et pour vous, la douceur, le pardon, la charité la plus grande, l'indulgence la plus plénière; mais, pour le spirite, il n'y a plus que honte, haine, adultère, divorce et enseignements diaboliques.

Vous voulez pour vous seul cette étude, mais à votre point de vue, mais suivant vos idées arrêtées, et vous vous écriez (pages 5-6) :

« Où trouver alors le commentateur infaillible? — Où?... Encore dans la parole du Seigneur, car il y a celle *qui est écrite* et celle *qui n'est pas écrite* (2e Thess., 11, 14); et cette dernière est le *sacré dépôt transmis par les hommes apostoliques* de générations en générations, dans cette vénérable œcuménicité où réside l'Esprit saint qui la rend indéfectible! »

Voyons, cher frère, êtes-vous laïque, ou bien portez-vous la longue robe de l'ecclésiastique?

Si vous êtes laïque comme nous, vous êtes aussi criminel que nous, puisque vous vous êtes occupé et vous occupez encore de manifestations spirites ; puisque vous faites des évocations et que, l'Esprit de vérité ne pouvant descendre sur un laïque, il est évident que vous ne pouvez alors appeler à vous que le terrible Esprit des ténèbres, ce noir et brûlant souverain des abîmes infernaux, *Satan*. Pourquoi donc alors faites-vous ce commerce si illicite et si redoutable? Oui, vous avez raison : c'est pour vous sortir du doute, pour vous éclairer. Mais nous, alors?!

Allons, soyez franc ☞ pétri d'une autre pâte que celle qui a servi à confectionner notre enveloppe terrestre, vous êtes *invulnérable,* car vous ne faites du spiritisme que pour la *bonne cause,* tandis que nous, nous n'en faisons que par « orgueil, cupidité et malice (page 44) ; » et vous croyez avoir raison, et vous croyez faire acte de charité lorsque vous dites, même page : « Ne vous infectez pas, mes bons amis, par vos rapports contagieux avec ces *êtres malheureux* (les spirites) ! »

Ah! détrompez-vous, mon frère! et croyez, au contraire, que le spiritisme, au lieu d'infecter, purifie. Vous n'auriez certes pas écrit des mots aussi anti-chrétiens si vous aviez réellement et effectivement fait une étude *toute particulière* de notre doctrine.

Nous venons de parler au laïque; maintenant, êtes-vous au contraire un ecclésiastique? Alors nous vous dirons : Vous êtes dans votre rôle, vous devez tout faire pour conserver votre omnipotence, défendre votre prétendue infaillibilité, malgré les faits nombreux qui viennent lui donner un démenti formel. A vous donc, mais d'après vous seulement, appartiennent les manifestations des Esprits et leurs enseignements.

Il faut convenir que nous sommes de bien malheureux mortels, car, chose incroyable, nous voulons et demandons, comme l'aveugle, une part à la lumière qui brûle vos paupières rebelles; nous demandons seulement la liberté de faire ce que vous vous permettez (puisque vous *évoquez* et avez fait une étude toute particulière de notre doctrine). Pour vous, tout est bien, car tout ne peut provenir, pour vous toujours et certainement, que des anges et des archanges; mais pour nous??...... Ah! pour nous, c'est autre chose, car vous dites, page 6 :

« Chrétiens, nos frères, dites-nous d'où peuvent sortir de tels Esprits? dans quelle officine ont-ils élaboré de telles œuvres (le *Livre des Esprits*)?..... Et, chose singulière! ne cherchent-ils pas à vous insinuer que vous ne cessez point d'être catholiques en restant spirites!..... quelle fourberie! »

Dans quelle officine allez-vous donc chercher les Esprits qui se communiquent à vous? mon cher frère! Et savez-vous où est la singularité que vous signalez? La voici :

Les communications que vous demandez et recevez sont les *seules vraies,* parce qu'elles sont toutes dictées selon vos désirs, vos idées arrêtées et préconçues; pour les spirites, ils avouent ingénument pouvoir être trompés par des dehors menteurs, aussi n'acceptent-ils pas tout sans un contrôle sérieux, le cachet de la plus grande fraternité ou celui de la plus tendre charité; ils savent bien que des Esprits de tous degrés peuvent se communiquer à eux, et ils sont loin de prétendre ne recevoir que du bon, du beau, du vrai.

A quoi serviraient donc l'intelligence et la raison, si la fourberie ne pouvait être démasquée? A quoi serviraient donc ces précieuses qualités si l'on ne recevait infailliblement que la *vérité?*

Léon de Fénétrange.

(La suite au prochain numéro.)

* * *

Correspondance

Marseille, le 12 avril 1866.

Monsieur et cher frère spirite,

Puisque vous avez trouvé ma communication du 20 mars dernier digne d'être insérée dans votre intéressant journal, l'*Union spirite bordelaise,* que tout adepte du spiritisme devrait avoir dans sa bibliothèque, je viens aujourd'hui vous communiquer un fait personnel qui prouvera une fois de plus de quelle utilité est la prière, et aussi l'efficacité du concours des bons Esprits qui ne manquent jamais de se rendre auprès de nous lorsqu'on les invoque du fond du cœur.

Il y a environ un mois me trouvant chez Mme L..., j'eus l'occasion de mettre en sommeil magnétique Mlle H..., somnambule lucide de premier ordre, surtout pour les recherches. Cette demoiselle est aussi médium voyant et écrivain à l'état de veille. Après avoir terminé la séance, du reste très satisfaisante, Mme L... me pria de demander à la somnambule si une troisième personne, Mlle C..., serait un jour somnambule lucide, ainsi qu'elle le désirait ardemment.

Mlle C... est âgée de dix-sept ans, elle est déjà très puissant médium à effets physiques et aussi écrivain; malheureusement elle est obsédée par de mauvais Esprits qui la poursuivent partout. Cette jeune personne était présente et assise à ma gauche.

Après ma demande, Mlle H... voulut toucher la tête de

Mlle C... qui s'approcha, afin d'être à portée de la somnambule. Mais à peine cette dernière eut-elle touché la partie frontale, que les doigts de sa main droite se raidirent, puis la main, puis le bras tout entier. L'homme le plus fort n'aurait pu le faire fléchir ; il l'aurait plutôt brisé. Une minute après, l'autre bras fut mis dans le même état ; quelques mouvements convulsifs se manifestèrent à la bouche et dans les membres inférieurs, et cela à tel point que Mme L... en fut effrayée et me dit d'un ton impératif d'éveiller immédiatement la somnambule. Mais malgré ma bonne volonté et les passes que je lui fis, il me fut impossible, non-seulement d'éveiller Mlle H..., mais aussi d'arrêter les mouvements convulsifs qui redoublaient de vitesse et la raideur des bras qui augmentait toujours. Mon entourage était dans la plus grande agitation... moi, j'étais très calme ; je savais que les bons Esprits viendraient à mon secours, et que s'ils laissaient ma somnambule dans cet état, c'était pour me donner une preuve palpable de l'efficacité de la prière et de l'appel aux bons Esprits.

Fort de cette certitude, je me mis à dire *mentalement :* « Mon Dieu ! permettez à de bons Esprits, et en particulier à celui du docteur *Demeure* (1), de venir éloigner les mauvais Esprits qui torturent en ce moment ma somnambule ; et vous, bons Esprits, veuillez vous rendre à mon appel, afin d'éveiller H... et de la débarrasser de tout mauvais fluide. »

A peine cette simple prière, partie du fond de mon cœur, fut-elle achevée, que je vis cesser les mouvements convul-

---

(1) Le docteur Demeure, spirite sincère et éclairé, mort à Albi (Tarn) le 26 janvier 1865, a déjà opéré, à l'état d'Esprit, des cures fluidiques très importantes, notamment la guérison d'un bras fracturé dont nous avons rapporté les circonstances extraordinaires, t. II, p. 73 et suiv.

A. B.

sifs, la raideur des membres de la somnambule, et celle-ci, spontanément éveillée, sans manifester aucune fatigue ni aucun trouble dans son esprit. Elle ne se souvenait de rien.

Remarque. — Cette relation serait incomplète et même insignifiante, si je ne l'accompagnais du récit des faits suivants, qui donneront la clef de la situation anormale dans laquelle s'était trouvée Mlle H... pendant son sommeil magnétique.

Mlle C... désirait beaucoup devenir somnambule ; pour y parvenir, elle allait tous les jours chez Mme L... se faire magnétiser par cette dame qui possède une grande force magnétique. Mais Mme L... ne put jamais arriver à l'endormir. Par communications spirites, elle apprit que de mauvais Esprits s'y opposaient. Mlle H..., elle aussi, voulut un jour magnétiser Mlle C... Mais à peine leurs mains se furent-elles touchées, que Mlle H.... sentit tirer violemment sa chaise et tomba à la renverse. Cette chute occasionna une forte douleur ; cependant les deux demoiselles ne firent que rire de cette mystification et n'en furent nullement troublées : *elles en avaient vu bien d'autres.*

Mlle H... reprit sa première position et les mains de Mlle C..., en jetant un défi à l'Esprit obsesseur de venir faire de nouveau tomber sa chaise. Au même moment, le coussin du canapé où était assise Mlle C... lui fut lancé avec force sur la figure. Cette fois la peur les gagna, et Mlle C... courut se cacher dans la cuisine, tandis que Mlle H... se blotissait dans un coin du salon en appelant Mme L... à son secours.

Quelques jours après, Mme L... et ces deux demoiselles étant à table pour dîner, un fort coup se fit entendre dans l'épaisseur du bois de cette table. Mme L... se mit à dire : « Voilà un Esprit qui veut dîner avec nous! » Un coup violent lui répondit, comme pour lui dire : « Oui. » — « Voulez-vous, cher Esprit, qu'on vous mette un couvert? » —Un autre coup répondit : « Oui. » Une chaise fut placée à la gauche de Mlle C... et un couvert avec la serviette furent placés sur la table par la bonne. La conversation recommença : « Cher Esprit, aimez-vous les pommes de terre? » Trois coups vivement frappés, toujours dans l'épaisseur du bois, répondirent négativement. L'Esprit ayant répondu affirmativement pour un autre mets qu'on lui avait désigné, ce mets lui fut servi dans son assiette. Quelques minutes après, Mlle H..., qui était placée à la droite de Mlle C..., se mit à dire : « Mais, cher Esprit, vous ne mangez pas; il paraît que le ragoût ne vous convient pas ! je vais le manger à votre place. » En même temps, elle porta la main à l'assiette pour la prendre; mais au même instant, la table fut tirée avec une grande vitesse, du côté opposé à Mlle H... Ce déplacement fut si brusque qu'il aurait renversé carafe et bouteille, si Mme L... ne les eût retenues.

Le lendemain ou le surlendemain de cette manifestation, je mis Mlle H... en sommeil magnétique, puis en communication directe avec l'Esprit obsesseur de Mlle C... Cet Esprit défendit à la somnambule de toucher cette dernière, lui disant qu'elle n'était pas digne de la toucher. A ce mot, la somnambule se mit en colère et traita l'Esprit de *grand flandrin,* ajoutant qu'elle était plus digne que lui de toucher Mlle C...

Ce fut quelques jours après cette séance, que Mlle H... eut la crise que j'ai rapportée comme preuve irrécusable de l'utilité de la prière et de l'évocation des bons Esprits. Il est évident pour moi que l'obsesseur voulait du mal à la somnambule, et la torturait pour se venger de ce qu'elle cherchait à endormir Mlle C..., malgré sa défense.

Toutes ces obsessions et manifestations n'avaient lieu que lorsque Mlle C... était dans l'appartement; quand elle n'y était pas, il ne se produisait rien.

Un jour, un de mes amis, connu de Mme L..., était allé lui rendre visite ; comme il causait avec elle, en compagnie des demoiselles C... et H..., il vit une orange lancée dans le salon et qui vint le frapper en plein dos. Cependant la fenêtre était bien fermée, et tout le monde était groupé près de la cheminée.

Un autre jour, Mme L... était dans le salon avec sa bonne et ces deux demoiselles ; elle sortit sa bourse, contenant 9 francs, afin de donner de l'argent à la bonne pour aller au marché. Au moment de prendre l'argent, elle fut appelée dans une chambre voisine et s'y rendit, laissant la bourse sur la table. A peine fut-elle dans cette chambre, qu'elle entendit une voix lui crier à l'oreille : « On te vole l'argent. » Quand elle revint dans le salon, elle ouvrit sa bourse, il lui manquait 3 francs. Elle accusa alors la bonne et les deux demoiselles de lui avoir joué un tour par espièglerie. Mais celles-ci protestèrent énergiquement contre cette accusation. L'heure du dîner étant venue, Mme L... et les demoiselles se mirent à table. La bonne était dans la cuisine et toutes les portes et les fenêtres parfaitement fermées. Tout à coup une pièce de monnaie tombe à terre avec bruit ; Mme L... la prend et reconnaît une des pièces de 2 francs qu'elle avait eues dans sa bourse le matin. Il ne lui manquait plus qu'un franc pour faire son compte. Elle enferme cette pièce dans son porte-monnaie et le met dans sa poche, en disant, après avoir encore compté son argent : « Je défie les Esprits de venir me le prendre là-dedans. » Au même moment, une voix lui crie encore à l'oreille : « Il ne te manque plus rien, on vient de te rendre la pièce de vingt sous. » Mme L... sort le porte-monnaie, compte de nouveau l'argent et trouve la pièce de 1 fr. qui lui manquait.

En dehors des lois que nous a révélées le spiritisme, explique qui pourra ces phénomènes dont je vous garantis la plus rigoureuse authenticité.

Veuillez agréer, etc.

CHAVAUX,

D. M. P.

* * *

UNE MAISON HANTÉE A PHILADELPHIE

Les lecteurs de journaux ont rarement occasion de lire des récits détaillés de faits surnaturels. Nous voulons aujourd'hui les mettre au courant de phénomènes qui semblent tels; nous disons *qui semblent,* car nous croyons qu'il y a quelque farce sous jeu, bien qu'il ait été impossible de rien découvrir jusqu'à ce jour.

On voit dans South-Fifth street une maison à tro's étages construite en briques. Le rez-de-chaussée est un magasin; le reste de la façade est occupé par le propriétaire de la maison et sa famille. Depuis dix ans, M. Mulford fait là son commerce, et jusqu'à jeudi dernier, rien d'extraordinaire ne s'était manifesté chez lui.

Les trois jeunes filles du commerçant venaient de se retirer dans leur chambre située au troisième étage de la façade. Elles dormaient depuis quelque temps déjà, quand elles furent réveillées par un bruit de plusieurs corps tombant sur le plancher. Elles se levèrent aussitôt pour en rechercher la cause et s'aperçurent que leurs peignes, brosses, vêtements, etc... étaient éparpillés dans la chambre. Ces différents effets étaient à peine replacés sur le bureau, qu'ils étaient de nouveau lancés sur le plancher. Elles se levèrent une seconde fois, quelque peu effrayées. Leur terreur fut à son comble quand elles virent une glace s'élancer du mur où elle était fixée et aller se briser dans un des coins de la chambre. Le père, réveillé, ne fut pas peu surpris de voir tous les objets de parade placés sur la cheminée quitter leur position pour valser autour de la chambre. En même temps, des coups frappés se faisaient entendre dans les murs et le plafond. A partir de ce moment, il n'y eut plus de sommeil pour les habitants de la maison.

Le calme se rétablit avec le jour ; mais pendant que la maîtresse du logis préparait le déjeûner, une soucoupe s'élança de dessus la table, alla frapper contre le mur où elle se brisa en une douzaine de morceaux. Dans la nuit de vendredi, mêmes molestations. Les portes s'ouvrent avec violence, un morceau d'ivoire travaillé s'élance de dessus une table, brise un carreau de la croisée, et va tomber sur le pavé de la rue. Les parures de la cheminée reprennent leur course erratique et se promènent sur le plancher. Les tableaux sont détachés et volent autour de la chambre avec une vitesse remarquable, brisant parfois les glaces, endommageant les cadres et parfois aussi ne causant aucun dommage, bien qu'à une course vagabonde succède un arrêt instantané.

Pour éviter toute nouvelle détérioration, on enlève les miroirs et les tableaux et on les dépose sur le plancher. Cela ne saurait les priver de leur pouvoir d'auto-locomotion. Une glace de grande dimension prend une course en zig-zag au travers la chambre, frappe contre un mur opposé et se brise en mille morceaux. Le lendemain matin, les phénomènes redoublent. Les plats se réduisent d'eux-mêmes en atômes et quittent la table pour aller se briser contre les murs et le plafond. La famille est obligée de disputer son déjeûner aux follets qui hantent le logis. La journée de vendredi fut occupée à transporter dans une maison voisine toutes les glaces et les ornements de quelque valeur.

La famille, qui appartient à l'Église Baptiste, informa leur ministre qui vint samedi soir passer la nuit dans la maison, en compagnie d'un autre ecclésiastique. Nous avons eu une longue entrevue avec l'un de ces messieurs. C'est un savant à l'esprit clair, d'une brillante éducation, et qui a toujours étudié sérieusement les phénomènes de la nature. Il nous assura qu'il était entré dans la maison persuadé que le fond de l'affaire était une mystification, et qu'il en était sorti profondément troublé.

Un moment après son arrivée, un livre de prières placé sur une table fut lancé avec violence contre la porte. Il alla lui-même ramasser le livre et le replaça sur la table. Nouvelle répétition du phénomène; une bible prend le même chemin que le livre de prières. Trois fois de suite, le même phénomène s'accomplit. Pendant quelques heures, on put constater que bibles, testaments, livres de prières étaient doués d'un pouvoir étrange et intelligent.

Les deux ecclésiastiques firent tout ce qui est humainement possible pour découvrir par quel moyen ces objets, d'ordinaire inanimés, accomplissaient leur mystérieux voyage autour de la chambre; leurs recherches furent vaines.

D'autres manifestations eurent encore lieu dans la nuit de samedi. Une ardoise à écrire fut lancée contre le plafond et brisée en morceaux; un modèle de bateau accomplit dans la chambre une navigation aérienne qui se termina par un violent choc contre le mur. Le tableau représentant notre dernier président Lincoln et son fils fut détaché du clou qui le retenait au mur, lancé en diagonale contre le mur opposé avec tant de force qu'un miroir fut brisé, et le tableau réduit en petits morceaux. Le plus étonnant, c'est qu'un sac vert, tel que ceux à l'usage des hommes de loi, était suspendu sur le tableau et resta sans mouvement, bien que le tableau qu'il recouvrait fût arraché, comme nous l'avons dit, du clou auquel il tenait attaché. Un jeune homme présent, et qui se vantait de son incrédulité dans les phénomènes surnaturels, fut sévèrement malmené par des mains invisibles. Ces puissantes manifestations durèrent environ trois heures.

Elles recommencèrent encore hier matin. Une servante était occupée à laver la vaisselle. Un verre s'élança du vase où il était, la frappa au front, lui laissant une marque assez profonde. En même temps, les clefs quittaient les serrures et les plats sautaient des étagères sur le plancher. On essaya encore de mettre la table pour le déjeûner du dimanche, ce fut en vain.

Une des filles de la maison revenait hier de l'église; en entrant chez elle, sa bible lui fut arrachée des mains avec tant de violence, que la reliure fut enlevée complètement.

Le pain lui-même semblait doué de vie, si l'on en juge par les évolutions bizarres qu'il faisait autour de la table. L'après-midi fut comparativement tranquille. On entendit bien quelques coups frappés, mais on n'aperçut aucun mouvement d'objets.

Les faits que nous venons de rapporter sont vrais. Un des employés de notre journal a passé la nuit dernière dans la maison, en compagnie du ministre auquel la famille ainsi molestée avait demandé le secours de son expérience. Les propriétaires de cette maison sont tous de l'Église Baptiste et complètement opposés à la doctrine spirite. Ce sont des chrétiens d'un caractère élevé et d'une intégrité à toute épreuve.

(*Philadelphia Inquirer,* du 5 février 1866.)

Le même journal publie dans son numéro du 7 :

La maison hantée dans South-Fifth street continue à former le sujet de toutes les conversations. Hier la rue a été encombrée du matin au soir par des centaines de personnes venues de tous les quartiers de la ville et aux aguets des moindres rumeurs qui pouvaient se produire.

Un poste de police a dû stationner devant l'établissement pour empêcher les curieux de pénétrer dans l'intérieur. Nul ne peut entrer sinon les membres de la famille, quelques amis intimes et des membres du clergé. On a dû emmener dans d'autres quartiers trois femmes de la maison dont le système nerveux avait été tellement excité par ces manifestations surprenantes, qu'on craignait pour leur santé.

Ces événements ont été une bonne fortune pour les spirites de la ville. Quelques mécréants affirment sans hésiter que les spirites sont au fond de toute cette affaire et qu'ils ne produisent ces manifestations que dans le but de recruter des adhérents. Disons toutefois que les habitants de la maison ont déclaré solennellement qu'ils ne sont pas partisans du spiritisme, et qu'ils ne croient nullement à semblable niaiserie.

Un autre journal, le *Eric Dispatch,* raconte les mêmes faits que ceux qu'on vient de lire. Il ajoute qu'un des rédacteurs du journal en a été témoin oculaire, ayant obtenu la permission de passer la nuit dans la maison ensorcelée.

Les journaux auxquels nous empruntons ces récits ne sauraient être taxés d'un fol amour pour le spiritisme. Nous acceptons donc les faits tels qu'ils nous les ont rapportés, et leur demandons très humblement une petite explication. qu'ils ne sauraient nous refuser, s'ils tiennent à faire disparaître la *niaiserie spirite.*

C. Guérin.

Variétés

—

Une assez plaisante querelle vient d'éclater à Pesth, au sein de la communauté israélite. L'empereur François-Joseph, dans son récent voyage en Hongrie, a invité à sa table impériale les deux rabbins de Pesth et de Bude, ce qui a causé une grande joie parmi les Juifs de Vienne, comme on pense, car jusqu'à ce jour, la majesté apostolique des empereurs d'Autriche n'avait guère frayé avec les enfants d'Israël. Mais les Israëlites de Vienne sont, paraît-il, des manières de libres-penseurs, et leur joie est pour les vrais croyants une véritable pierre de scandale.

Bien loin d'être fiers d'une distinction sans précédents, les orthodoxes purs n'ont pu voir sans une indignation profonde leurs chefs spirituels participer à un dîner chrétien. Un chantre de la synagogue, nommé Schor, a ouvertement accusé le grand-rabbin Meisel d'impiété, pour avoir mangé des mets qui n'avaient pas été soumis aux purifications et aux préparations prescrites par la loi de Moïse. L'émotion publique provoquée par cette redoutable accusation est bientôt devenue telle, que le grand-rabbin a jugé nécessaire de se justifier sans retard, et a provoqué lui-même une enquête sur sa conduite. La communauté s'est réunie à cet effet en séance extraordinaire, et, grâce à de nombreux témoignages, l'innocence complète des deux rabbins a été irrécusablement établie. Des personnes qui ont servi à la table impériale et royale sont venues déclarer que le docteur Meisel, par pure politesse, avait accepté des mets sur son assiette, mais qu'il n'avait fait que semblant d'en manger. Il s'était, il est vrai, servi du couteau et de la fourchette, mais il n'avait pas avalé une seule bouchée, et s'était contenté d'un verre de vin et de quelques fruits. Ces déclarations ont calmé les esprits, et le chantre accusateur a été immédiatement destitué par l'assemblée et expulsé de la salle.

J'aime à croire que François-Joseph, sachant désormais à quoi ses invitations impériales exposent les rabbins de l'empire, sera assez galant à la prochaine rencontre pour les faire servir à part, et d'une cuisine orthodoxe. Le chantre Schor pourra très à propos passer, à cette occasion, du lutrin à l'office, et surveiller lui-même la confection des sauces selon les rites. Je trouve dur pour un rabbin de s'asseoir une fois par hasard à une table royale, et de n'y manger qu'un quartier de poire.

(Extrait de la *Famille de Jacob*.)

———

Dans ce fait, qu'on ne saurait trop livrer à la publicité, nous constatons une fois de plus la lutte acharnée que les partisans de la lettre, ceux qui, dans toutes les sectes, s'appellent *les orthodoxes,* livrent sans cesse aux tendances de fraternité et de tolérance universelles qui, malgré eux, se font jour de tous côtés. Nous constatons aussi avec une indicible joie que, là comme ailleurs, le parti de la *forme* et des *pratiques matérielles* a subi un échec dont profitera certainement le parti libéral. Sans doute, nous sommes loin, bien loin encore du temps où, selon les promesses du Christ, il n'y aura plus sur la terre qu'un seul troupeau et un seul berger, mais nous devons nous réjouir de chaque pas en avant fait vers cette époque tant désirée par tous les hommes de progrès.

AUG. BEZ.

Communication médianimique

—

DEUX EXISTENCES

NOUVELLE

Bordeaux. — *Médium : Mme Collignon.*

I

A cette époque où la noblesse écrasait sans pitié tout ce qui l'entourait, comme le chêne étouffe sous son ombre les faibles plantes qui poussent trop près de son tronc vigoureux, vivait, dans un opulent manoir, une jeune et charmante enfant de seize ans à peine. Les longs vêtements de deuil dont elle était couverte faisaient ressortir le ton éclatant de sa carnation d'un blanc rosé si transparent que les filets bleus qui portaient la vie dans ce corps délicat pouvaient se suivre à l'œil. Les cheveux, d'un blond pâle légèrement teinté de gris, faisaient briller encore plus deux grands yeux noirs dont la douceur semblait le disputer à la malice. Petite bouche rieuse, pied d'enfant, taille de nymphe, souplesse de chatte, telle était la jeune et belle Margareth de Rothenfeld, au moment où commence notre histoire.

Un tuteur est toujours nécessaire, lorsqu'il s'agit d'une jeune héritière orpheline et, surtout, dans une histoire qui peut ressembler à un roman mais qui doit cependant porter le cachet de la vérité. Le tuteur de Margareth était un vieux baron, hautain, fier de ses aïeux, fier de sa fortune, fier de....... de quoi n'étaient-ils pas tous fiers, à cette époque !

Le baron avait un fils ; — ceci est encore d'une absolue nécessité dans tous les récits de cette nature — mais le noble rejeton, tout aussi fier que son père, était beaucoup moins beau, beaucoup moins vaillant que ceux dont il traînait le nom, car il ne le portait pas. Pourtant, malgré ses vices, il était amoureux, amoureux à en perdre la tête ou, plutôt, à la faire perdre aux autres ; amoureux de qui ? Vous le devinez.

Margareth, bien que jeune, était aussi développée comme esprit que ses charmes l'étaient comme femme. Ambitieuse, vaine de sa beauté, la perspective de vivre étiolée entre les vieux murs du manoir n'avait rien qui tentât sa vive imagination qui ne rêvait rien moins qu'un trône pour siége et, pour hochets, les parures d'une reine. Pourtant, malgré ses protestations, malgré ses larmes même, elle fut contrainte de subir l'époux que son tuteur lui destinait. Le sacrifice fut consommé. Mais, comme dans tous les sacrifices il faut une victime et que la belle Margareth n'etait pas le moins du monde disposée à l'être, ce fut son époux qui en tint lieu et, la nuit même de l'hymen, alors que rentrée dans ses appartements elle eut congédié ses femmes, un breuvage préparé par le digne aumônier du château, son directeur de conscience, fut offert par ses blanches et douces mains à celui qui comptait avec impatience les secondes dont la marche trop lente le séparait encore du but de ses désirs. Ce breuvage rendit veuve la vierge nouvellement mariée, et la couronne nuptiale fut ainsi changée en nouveaux crêpes de deuil.

Mais ce ne fut pas tout : Il fallait fuir la vengeance du père qui, quoique n'aimant pas ce fils dont il rougissait, ne comptait pas moins sur ce mariage pour augmenter l'éclat de sa fortune et relever sa race.

Aidée de l'aumônier discret et complaisant, Margareth partit la nuit même et se rendit dans une ville voisine où, changeant de vêtements et prenant l'allure et le ton d'un jeune page allant rejoindre son seigneur à la cour, elle fit avec sangfroid tous ses préparatifs de départ.

Je ne vous parlerai pas de la colère du baron, des démarches qu'il fit pour ressaisir sa pupille et venger la mort de son fils et aussi, celle plus cruelle encore de ses espérances : vous vous en faites une idée, et comme ce n'est pas utile pour la marche de notre récit, nous suivrons notre belle voyageuse en France où son désir de plaire l'appelait. J'avais oublié de vous dire que Margareth avait vu le jour en Autriche.

A la cour, sa beauté, sa fortune ne tardèrent pas à lui attirer les hommages de toute la fleur de la chevalerie ; mais, absorbée par une idée unique, celle de monter sur un trône, soit par les marches qui y conduisent à la vue de tous, soit en se glissant par derrière, elle repoussait tous les aspirants à sa main. Pourtant, ardente comme une Italienne (ses grands yeux noirs rappelaient ceux du page florentin de sa mère), langoureuse comme une Allemande, l'amour devait tôt ou tard triompher de ses refus ; mais l'amour prudent, l'amour clandestin qui rassasie sans compromettre.

Malgré ses précautions, plusieurs fois sa taille prit des proportions inusitées ; elle fut obligée d'appeler à son aide la science de son âme damnée, son chapelain, qui ne l'avait pas quittée. Mais quelle que fût sa bonne volonté pour rendre à cette taille de guêpe la souplesse qu'elle perdait, il ne put empêcher que trois fois des preuves vivantes ne vinssent attester les faiblesses de Margareth.

Disons à sa louange qu'une fois mère, elle n'eut pas le courage de détruire les fruits de ses criminelles amours ; mais elle eut celui, plus coupable encore peut-être, de les abandonner !

Nous ne suivrons pas notre héroïne dans les belles années de sa vie : toujours les mêmes ambitions, toujours les mêmes fautes !

Nous la retrouverons à vingt ans de distance, alors que les roses de son teint commençaient à se faner, que ses yeux brillaient plus souvent de l'éclat de la colère ou de la haine que des feux de l'amour. Son empire baissait, mais non son ambition.

Elle trouva alors sur sa route un beau jeune homme, page chez le duc de ***, pour lequel elle avait eu de grandes bontés. Ce duc, *bonne mère* sans doute, avait suivi l'enfant né de ses relations avec Margareth, l'avait fait élever et, comme il ne pouvait le présenter pour son fils, il l'avait fait entrer dans sa maison à titre de page et lui promettait pour plus tard sa protection à l'armée. Margareth, frappée de la beauté du jeune Jehan, ne put se défendre d'un attachement profond qu'elle ressentit pour lui. De son côté, attiré par je ne sais quel courant fluidique, Jehan ne pouvait vivre qu'aux pieds de Margareth ; de telle sorte que, pour éviter un crime qui épouvantait sa conscience, le duc de *** fut obligé d'apprendre à la mère et au fils le lien intime qui les unissaient.

N'allez pas croire que cette révélation inattendue les frappa de stupeur, jeta le désespoir dans leur âme en leur ravissant pour toujours des illusions trop adorées. Non, loin de là. L'amour qui les unissait, ou plutôt le sentiment attractif qui les avait attirés l'un vers l'autre, n'avait rien de ces passions désordonnées qui ne peuvent s'éteindre que dans la satiété. Ils s'aimaient sans le savoir, comme ils se seraient aimés s'ils avaient su. Voilà tout.

Mais en cultivant cette affection, la nature n'avait pas fait preuve d'une grande sagacité. Elle avait voulu faire mûrir un bon fruit sur de mauvais arbres. Du fruit, rien que l'écorce et l'apparence ; et que la saveur fut amère !

Ne pouvant plus briller par ses propres charmes, perdant son empire de jour en jour, Margareth s'efforça de le reconquérir au moyen de son fils.

Jehan, d'un caractère faible quoique emporté, se laissa facilement influencer et devint, guidé par cette main habile, le plus horrible instrument, soit de vengeance, soit de captation, que pût rêver la nature la plus perverse. Et le pacte dura ainsi jusqu'à la mort du jeune homme qui, fort heureusement pour la société, mourut avant l'âge mûr, usé par les débauches de toute nature, emportant avec lui l'égoïsme, la haine et l'orgueil pour compagnons de route, dans ce voyage d'où il était dit que l'on ne revient pas.

Quant à la mère, elle continua de vivre comme elle avait vécu. Le luxe et l'apparat remplirent son existence (les autres passions avaient bien dû s'éteindre sous les glaces de l'âge) et, arrivée à une vieillesse assez avancée, elle mourut *saintement*, laissant tous ses biens à deux abbayes dans lesquelles on disait des messes à perpétuité pour le repos de son âme.

Ainsi soit-il !

UN ROMANCIER INCONNU, *vrai*.

(La suite au prochain numéro.)

Bordeaux. — Imprimerie CHAYNES et MALICHECQ, c. d'Aquit., 57.

L'UNION SPIRITE BORDELAISE

REVUE DE L'ENSEIGNEMENT DES ESPRITS

PREMIÈRE ANNÉE   N° 45.   1er MAI 1866.

LE BIEN ET LA VOLONTÉ DE DIEU

Pour compléter l'enseignement de mon dernier article, je me propose d'entretenir aujourd'hui les lecteurs de l'*Union* du bien et de la volonté de Dieu. Ces explications nouvelles sont indispensables pour bien faire saisir la théorie que je crois devoir proposer sur la question de la liberté divine.

On dit que le bien, c'est la volonté de Dieu. Nous nous bornerions sur ce point à de très courtes observations, si de nos jours cette théorie, qui avait été si bien combattue par Leibnitz, n'avait été ressuscitée par un écrivain estimable sans doute et animé des meilleures intentions, mais qui n'en a pas moins composé tout un ouvrage pour défendre une opinion dangereuse et insoutenable (1). Après avoir attaqué, par une critique injuste et peu approfondie, la doctrine de la raison impersonnelle, il arrive à justifier la définition de Puffendorf; mais d'abord il fait un aveu précieux, qui ruine de fond en comble l'opinion dont il se constitue l'apôtre, à savoir que la volonté de Dieu n'est pas arbitraire, et qu'elle suit les lois immuables de sa sagesse. Mais pourquoi les suit-il? Évidemment parce que le bien est son essence même, et qu'il est absurde de supposer qu'il entreprenne quelque chose contre sa propre nature; mais si telle a été la

---

(1) *Fondements de l'obligation morale*, par Émile Beaussire.

véritable pensée de **Puffendorf**, à quoi bon sa controverse si vive avec Leibnitz? C'est que Puffendorf a enseigné précisément tout le contraire; n'est-ce pas lui qui a écrit ces lignes significatives (2) : « L'honnêteté et la déshonnêteté morales étant de certaines propriétés des actions humaines qui résultent de la convenance ou de la disconvenance de ces actions avec une certaine règle ou avec la loi, et la loi étant une ordonnance d'un supérieur par laquelle il défend ou il prescrit quelque chose, je ne vois pas comment on pourrait concevoir l'honnête ou le déshonnête, avant la loi ou l'institution du supérieur. Il me semble aussi que ceux qui admettent, pour fondement de la moralité des actions humaines, je ne sais quelle règle éternelle, indépendante de l'institution divine, associent à Dieu manifestement un principe extérieur coéternel, qu'il a dû suivre nécessairement dans la détermination des qualités essentielles et distinctives de chaque chose. D'ailleurs, on convient généralement que Dieu a créé l'homme, comme tout le reste du monde, avec une volonté souverainement libre : d'où il suit qu'il dépendait absolument de son bon plaisir de donner à l'homme, en le créant, telle nature qu'il jugerait à propos. Comment donc les actions humaines pourraient-elles avoir quelque propriété qui résultât d'une nécessité interne et absolue, indépendamment de l'institution divine et du bon plaisir de cet Être souverain. » Ce passage est-il assez clair? Puffendorf, d'ailleurs, y revient souvent. Il blâme notamment Cicéron d'avoir soutenu que la loi ne constitue pas la justice des actions, mais suppose déjà existante et supérieure à elle cette justice même (2), et c'est une pareille théorie qu'un auteur moderne entreprend de relever du juste discrédit dans le-

---

(1) Lib. I, cap. II, n° 6.
(2) Lib. I, cap. 6.

quel elle était tombée. Opposons-lui d'abord l'imposante autorité de Leibnitz, qui a eu la gloire de la combattre et de la ruiner. Ce profond philosophe déclare que c'est se tromper étrangement que de voir l'idée du bien dans la volonté arbitraire, dans le bon plaisir de Dieu. La justice remonte plus haut ; elle a sa source dans la nature nécessaire et l'essence de Dieu ; elle ne dépend pas de son libre arbitre, s'il est permis de parler ainsi, mais des éternelles vérités qui sont contenues dans son intellect. La justice ne serait plus un attribut essentiel de Dieu si elle dépendait de sa volonté arbitraire, et elle est aussi nécessaire et immuable que les principes des mathématiques et de la géométrie. « Neque » ipsa norma actionum aut natura justi à libero ejus dureto, » sed ab æternis veritatibus divino intellectui objectis pen- » det ; quæ ipsâ, ut sic dicam, divinâ essentiâ constituuntur, » meritòque à theologis auctor reprehensus est, quandò con- » trarium defendit ; credo, quòd pravas consequentias non » perspexisset. Neque enim justitia arbitrio suo condidit. Et » vero justitia servat quasdam æqualitatis proportionalita- » tisque leges, non minùs in rerum immutabili divinisque » fundatas ideis, quàm sunt principia arithmeticæ et geome- » triæ (1). » Quelle est, aux yeux de Leibnitz, la véritable source du bien ? c'est Dieu : « Deum esse omnis naturalis » juris auctorem verissimum est, ut non voluntate, sed ipsâ » essentiâ suâ quâ ratione etiam auctor est veritatis (2). » Et ailleurs : « Notio certa justi, non minùs quàm veri ac » boni, ad Deum pertinet, imò ad Deum magis tanquàm » mensuram ceterorum. » Ainsi la justice veut être ramenée à Dieu, le juste au divin. Puis, nous avons vu Leibnitz dé-

---

(1) *OEuvres de Leibnitz*, edit. Dut., t. 4.

(2) Voy. *Observationes de principio juris*, p. 273, t. IV, édit. Dut., 3ᵉ partie.

clarer que Dieu est juste par essence, qu'il y a pour lui nécessité d'être juste. Ainsi nécessité de la justice, qui n'est que la conséquence du divin, voilà son ontologie.

Leibnitz est dans le vrai ; il suit en cela les traces de Platon, et il a complètement raison contre son faible adversaire.

Grotius avait déjà dit : « Comme il est impossible à Dieu même de faire que deux fois deux ne soient pas quatre, il ne lui est pas non plus possible de faire que ce qui est mauvais en soi et de sa nature ne soit pas tel (1). »

Nous renverrons M. Émile Beaussire au jugement plein d'à-propos que Victor Cousin a porté de cette théorie du bien considéré comme la volonté divine, et si « on dit que » la volonté divine nous oblige parce que, suivant que nous » lui obéirons ou que nous ne lui obéirons pas, nous serons » récompensés ou punis dans une autre vie, on rentre dans » le système de l'intérêt ; quelles que soient les récompenses » et les punitions, qu'elles soient terrestres ou célestes, peu » importe ; tout système qui nous commande d'agir unique» ment en vue d'obtenir des récompenses et d'éviter des » châtiments, est un système intéressé, ou si on dit que la » volonté divine nous oblige, non pas comme volonté toute» puissante, mais comme volonté juste, on fait un cercle » vicieux ; ce n'est plus alors la volonté divine qui oblige, » c'est la justice inséparable de cette volonté. Ainsi, quand » on veut défendre le système de la volonté divine, on re» tombe dans le système de l'intérêt, on se fait un cercle » vicieux. »

Nous plaçons bien le fondement de l'obligation morale en Dieu, mais nous disons que le bien règle lui-même la volonté divine parce qu'il constitue la substance même de Dieu. Si,

____

(1) Liv. I, chap. 1, *Ce que c'est que la guerre et le droit.*

après s'être bien entendu sur ce point, on veut dire que c'est par sa volonté toute juste et toute sainte que la loi morale est promulguée à l'homme, nous ne nous y opposerons pas ; mais cela ne change rien à la nature du bien qui est immuable, parce qu'il est une des manifestations essentielles de l'être absolu et éternel. Voir le bien, le vouloir et le faire c'est tout un pour Dieu. Ici, dans *Abred* nous délibérons, nous choisissons entre le bien et le mal ; plus haut, en nous élevant dans *Gwynfid*, nous ne délibérerons plus, nous voudrons le bien ; seulement, comme nous sommes d'autant plus parfaits que nous gravissons toujours vers la perfection divine sans l'atteindre, nous pourrons encore nous tromper quelquefois sur les moyens les plus sûrs et les plus courts de l'accomplir, et tandis que Dieu veut le bien et le fait le plus sûrement, nous, arrivés aux mondes heureux, nous le voudrons sans doute, mais nous prendrons peut-être des voies plus longues pour le réaliser. Notre but doit être d'imiter autant que possible le divin modèle et d'aspirer à sa ressemblance.

A. PEZZANI.

⸺⸺◦◦◦⸺⸺

POLÉMIQUE SPIRITE

LE SPIRITISME EST-IL CONCILIABLE AVEC LE CATHOLICISME ?

Suite (1)

Comme preuves irréfragables condamnant le spiritisme et les spirites, l'auteur de la brochure que nous combattons, donne, après avoir employé à l'adresse des spirites les plus magnifiques épithètes, dix *communications* différentes,

---

(1) Voir numéro 44, pages 169 et suiv.

plus édifiantes, pour les heureux mortels qui n'ont pas encore reçu le jet empoisonné des Esprits infernaux, que les centaines de volumes écrits pour leur défense ; nous allons en faire une analyse succincte afin d'en faire ressortir les inconséquences énormes.

Nous connaissons la manière dont vous interprétez les mots *spiritisme* et *spirite,* mais vous paraissez ignorer ce qu'ils signifient pour nous.

Pour nous, *spiritisme* c'est : demander le concours de tous les bons Esprits pour arriver à nous réformer ; leur demander et recevoir d'eux d'utiles et salutaires enseignements, mais toujours après une fervente prière adressée à Dieu, non des lèvres et suivant une *formule indispensable,* mais du fond du cœur ; nous avons surtout la précaution de ne rien faire par curiosité ; nous n'entreprenons jamais ces études pour la satisfaction d'un intérêt matériel, d'un désir égoïste, mais pour notre avancement spirituel seulement ou avec le désir d'être utiles à un frère. Est *spirite,* tout être intelligent qui cherche à exécuter strictement les commandements de Dieu, les bons enseignements qu'il reçoit des Esprits et qui surtout en fait jouir ses frères, qui les met à profit en toute occasion, qui est plein d'humilité et repousse l'orgueil, père de l'aveuglement, qui ne fait point un trafic des facultés médianimiques qu'il peut posséder, qui reçoit avec calme et même avec plaisir les conseils qui peuvent lui être donnés, qui ne se croit pas infaillible, et qui, enfin, a toujours sur les lèvres et dans le cœur les mots : *Indulgence, pardon, amour et charité.*

Eh bien ! monsieur, après avoir employé tout votre talent à lancer à la face de ceux qui ne font que ce que vous déclarez faire : du *spiritisme* (ne faites-vous pas des évocations?), les épithètes les moins douces, il ne vous reste plus qu'à donner à vos lecteurs l'explication rationnelle, claire et simple des contradictions flagrantes qui se trouvent dans la *communication* ci-jointe, la première de celles présentées par vous au public comme le modèle du langage des Esprits très chrétiens. Je copie textuellement :

« D. Nous exprimons le désir d'une instruction sur la doctrine révélée par M. Allan Kardec.

» R. Vous n'avez pas besoin de vous arrêter à consulter cette doctrine qui, outre qu'elle n'est pas orthodoxe, *démolit* entièrement la base de celle de Jésus-Christ ; non, ne cherchez pas des instructions dans le *Livre des Esprits*, car ce n'est pas là que vous pourrez trouver la vérité. Ce livre, je vous l'ai déjà dit, n'est pas l'ouvrage des bons Esprits auxquels on veut bien l'attribuer, mais bien celui des *Esprits infernaux* qui désirent mettre le trouble et la discorde entre les hommes de bonne foi, et de ceux qui cherchent à détruire la religion adoptée et sanctionnée par ceux qui, de la part de Dieu, la répandirent dans l'univers entier, dans toutes ses parties et dans toutes les classes de la société, où elle a été acceptée. Non, jamais personne n'a réussi ni ne réussira à détruire ce qui est l'ouvrage non pas des hommes, mais de Dieu lui-même.

» Cette doctrine de Jésus-Christ est la seule qui doit prévaloir, sans que personne ose en vain chercher à la détruire ; et le *malheureux Kardec* qui, sous les apparences de la charité et de l'amour de Dieu (chers lecteurs, lisez et dites où se trouvent les apparences de la charité), se manifeste ou se produit aux hommes, non comme les apôtres, avec humilité et mansuétude, mais comme un *faux prophète*, cherchant, sous l'apparence de la moralité, à se *moquer* de la doctrine de son Dieu et des ministres de l'épouse de Jésus-Christ, sera certainement châtié, *non* pour avoir été trompé lui-même, mais pour *son audace* et *sa présomption*, donnant comme véritables et de bonne provenance les enseignements obtenus et acceptés par lui. Non, n'allez pas croire qu'il soit lui-même persuadé que ces enseignements soient certains ; s'il les accepte, c'est qu'il les trouve conformes aux désirs et aux présomptions de sa nature *perverse* (c'est absolument ce que nous disons de nos adversaires, mais en supprimant le dernier mot). Et ne pensez pas que si je manque en apparence de charité relativement à *cet être malheureux*, que je ne le plaigne pas de tout mon cœur ; mais il est de mon devoir de venir vous éclairer sur cet homme *misérable*, que *l'appât d'un gain mal acquis* porte, en voulant se poser comme un nouvel apôtre, à détruire non-seulement la religion de Jésus-Christ, mais encore, et peut-être avec une *intention perverse,* la moralité qu'elle renferme.

» Je me suis peut-être étendu dans cette manifestation plus que je *n'aurais dû le faire* (voilà un Esprit clairvoyant), surtout si je regarde la base de cette religion dont je viens de parler et qui est *la charité* (mais que l'Esprit ne met pas en pratique); mais je ne dois plus aujourd'hui me borner à des avertissements qui ne détruiraient peut-être pas en vous (l'aveu promet pour l'avenir spirite) l'impression que le *magicien spirite* pourrait avoir produite dans votre esprit, contre les enseignements de notre véritable et insigne religion. C'est assez de vous avoir prévenus de ne pas vous laisser aller aux apparences de moralité, de calme et de sang-froid qui pourraient vous séduire, comme elles en ont séduit une infinité d'autres qui croient déjà voir en lui un second Messie; non, ne l'écoutez pas, fuyez sa présence, et ne cherchez pas à vous trouver en relation avec lui; *son souffle est dangereux,* et, pour éviter de *tomber dans l'infection* de sa doctrine, il faut *fuir son contact.*

« Saint Clément. »

Je comprends que, puisque vous n'avez que de bons et purs Esprits à vos ordres, vous acceptiez avec autant de facilité et donniez avec tant d'empressement en lecture à vos féaux des enseignements aussi élevés en moralité, et qui se distinguent surtout par une charité et une fraternité réellement chrétiennes et d'une élévation d'humilité et d'indulgence qu'il serait difficile d'atteindre. Dire que des communications de cette nature sont le reflet de vos idées et de vos impressions serait suivre la route que vous avez tracée; je m'abstiens donc. Mais, et malheureusement pour vous, comment ferez-vous pour concilier votre opinion avec celle de l'un des plus érudits théologiens, l'abbé Lecanu, qui dit : « *Celui qui exécuterait à la lettre tout ce qui est prescrit par le Livre des Esprits,* serait un saint sur la terre; » et vous, vous dites avec l'Esprit qui signe saint Clément : « *Ne cherchez pas des instructions dans le Livre des Esprits, car ce livre n'est pas l'ouvrage des bons Esprits auxquels on veut bien l'attribuer, mais bien celui des Esprits infernaux. »*

Comment! le profond penseur, l'illustre théologien, trouve cet ouvrage tellement sublime qu'il affirme qu'en le suivant à la lettre, qu'en l'exécutant complètement on peut devenir saint, et vous qui vous posez derrière la couverture d'une simple brochure en défenseur officieux d'une cause qui n'a jamais été discutée, c'est-à-dire la foi en Dieu, l'amour pour Dieu, la charité pour ses frères, l'exécution, en un mot, des sublimes enseignements laissés par Christ mais depuis longtemps tronqués par les hommes prétendus infaillibles et qui pourtant se sont contredits à toutes les époques, vous venez donner un démenti à l'abbé Lecanu, l'un de vos premiers professeurs, à l'un des plus savants ministres de l'Église, en affirmant que ce sont des *Esprits infernaux* qui ont dicté ce livre *maudit* qui peut faire « *devenir saint sur cette terre;* » et pourtant, pour acquérir la sainteté, ne faut-il pas, avant toutes choses, suivre et pratiquer les enseignements les plus purs et les plus moraux ? Et puisque le *Livre des Esprits* peut la donner, comment serait-il donc « *un amas de mensonges, de rapsodies et, ce qui est plus déplorable encore, un recueil de blasphèmes et d'immoralités !* » (Page 48, 6ᵐᵉ communication.)

Que conclure d'une contradiction aussi incompréhensible entre les idées émises par deux savants personnages, deux représentants d'une même cause ? — L'un dit : *Démon;* l'autre dit : *Saint !*

Daignez donc, nous vous en supplions, vous entendre une bonne fois, et surtout, ne plus publier d'aussi étranges, d'aussi bizarres contradictions; sans cela les lecteurs pourraient bien vous faire un jour défaut.

N'attaquez donc plus le spiritisme et les hommes qui le propagent et le défendent, avec de pareilles armes.

Cette première communication est loin d'être épuisée en utiles enseignements pour les uns et les autres ; méditons les lignes suivantes :

« Et le *malheureux Kardec* qui, sous les apparences de la charité et de l'amour de Dieu, se manifeste ou se produit aux hommes, non comme les apôtres, avec humilité et mansuétude, mais comme un faux prophète cherchant, sous l'apparence (toujours) de la moralité, à se moquer de la doctrine de Dieu et des ministres de l'épouse de Jésus–Christ, *sera certainement* châtié, etc., etc. »

Remarquez, chers lecteurs, que nous ne faisons pas le plus petit commentaire sur tout ce qui a été aussi chrétiennement écrit et communiqué aussi tendrement et avec tant d'amour au sujet et à l'adresse directe du plus grand propagateur et vulgarisateur du spiritisme ; il nous semblerait l'offenser aussi, si nous prenions davantage sa défense personnelle. Mais il nous est impossible de laisser passer sans les stigmatiser les expressions suivantes :

« Mais il est de mon devoir de vous éclairer sur *cet homme misérable,* que *l'appât d'un gain mal acquis* porte, en voulant se poser comme un nouvel apôtre, à détruire, etc., etc. — Ne l'écoutez pas, fuyez sa présence et ne cherchez pas à vous trouver en relation avec lui ; *son souffle est dangereux,* et pour éviter de tomber dans l'*infection de sa doctrine,* il faut fuir son contact. »

Avoir signalé ces mots diaboliques, ces injures infernales, cette indulgence et cette mansuétude si peu en rapport avec ce qui a été enseigné par Christ, suffit pour que nos lecteurs jugent (car l'on raisonne et l'on commente aujourd'hui) quel peut être le rang sur l'échelle de la sainteté, de l'Esprit accepté comme l'expression de la vérité par l'auteur com-

battu, et qui, tout en étant très peu clément, a osé signer :
« *Saint Clément !* »

LÉON DE FÉNÉTRANGE.

(La suite au prochain numéro.)

⁂

Nécrologie

Un de nos bien-aimés correspondants, un de nos frères en croyance, M. Cailleux, docteur-médecin, président de la société spirite de Montreuil-sur-Mer (Pas-de-Calais), vient de mourir victime de son dévouement pendant l'épidémie cholérique dont les derniers effets se font encore ressentir dans nos départements du Nord. Après une longue carrière, tout entière consacrée au soulagement de l'humanité et à la mise en pratique de toutes les vertus, notre frère s'est endormi entre les bras de la mort, pour se réveiller radieux dans la patrie céleste où il a déjà reçu le fruit de ses travaux, et d'où il continuera certainement comme Esprit l'œuvre sainte d'abnégation et de charité à laquelle il s'était consacré comme homme, et pour l'accomplissement de laquelle il est mort en martyr.

Nous empruntons au *Journal de Montreuil* du 5 avril l'article nécrologique suivant, qui ne peut manquer d'intéresser au plus haut point tout cœur sincèrement spirite :

« Un homme de bien vient de s'éteindre au milieu de la douleur générale. M. Cailleux, docteur en médecine, depuis près de trente ans membre du Conseil municipal, membre du Bureau de Bienfaisance, médecin des pauvres, médecin des épidémies, est mort vendredi dernier, à sept heures du soir.

» Lundi, une foule immense composée de toutes les classes de la société le conduisait à sa dernière demeure. Le silence religieux qui régna dans tout le parcours du convoi donnait à cette triste et imposante cérémonie le caractère d'une manifestation publique. Ce simple cercueil suivi de près de trois mille personnes en pleurs et plongées dans une douleur muette, eut touché les cœurs les plus durs. C'était toute une ville qui était accourue rendre les derniers devoirs à l'un de ses plus chers habitants ; c'était toute une population qui voulait conduire jusqu'au cimetière celui qui s'était tant de fois sacrifié pour elle. Les pauvres que M. Cailleux avait si souvent comblés de ses bienfaits, ont montré qu'ils avaient un cœur reconnaissant ; un grand nombre d'ouvriers ont enlevé des mains des porteurs le cercueil de leur bienfaiteur et se sont fait une gloire de porter jusqu'au cimetière ce précieux fardeau !...

» Les coins du drap étaient tenus par M. Lecomte, premier adjoint, M. Cosyn, premier conseiller municipal, M. Hacot, membre du Bureau de bienfaisance, et M. Delplanque, médecin et conseiller municipal. — En avant du cortége marchait le Conseil municipal, précédé de M. Émile Delhomel, maire. Dans l'assemblée on remarquait M. Charbonnier, sous-préfet, M. Martinet, procureur impérial, M. le Commandant de Place, toutes les notabilités de la ville et les médecins des localités voisines.

» Un grand nombre de soldats de la garnison, que M. Cailleux avait soignés à l'Hôtel-Dieu, avaient obtenu la faveur d'assister à l'enterrement et s'étaient empressés de venir se mêler à la foule.

» Lorsqu'on fut arrivé au cimetière, un ouvrier fendit la foule, et s'arrêtant devant la tombe, prononça d'une voix émue, au milieu du silence général, ces quelques paroles : « *Homme de bien, qui avez été le bienfaiteur des pauvres et qui êtes mort victime de votre sublime dévouement, recevez nos derniers adieux, votre souvenir demeurera éternellement dans nos cœurs.* » Après ces paroles dictées par un sentiment de reconnaissance, la foule s'est retirée dans un recueillement religieux. La tristesse qui régnait sur tous les fronts montrait assez quelle immense perte la ville de Montreuil venait de faire.

» M. Cailleux en effet avait su par ses nombreuses qualités se conquérir l'estime universelle. Toute sa vie n'a été qu'une longue suite d'actes de dévouement ; il a travaillé jusqu'au dernier jour sans vouloir jamais prendre de repos, et, mardi dernier il alla encore visiter plusieurs malades à la campagne. Quand on lui parlait de son âge avancé et qu'on l'engageait à se reposer de ses nombreuses fatigues, il eut volontiers répondu comme Arnauld : « J'ai l'éternité toute entière pour me reposer. » Chaque heure de sa vie fut consacrée à soigner les malades, à consoler les affligés ; il ne vivait pas pour lui, mais pour ses semblables, et toute son existence peut se résumer en ces trois mots : Charité, Dévouement, Abnégation.

» Dans ces derniers temps, lorsque l'épidémie sévit à Étaples et dans les villages des alentours, le docteur Cailleux se mit tout entier au service des malades ; il parcourut les villages infestés, visitant les pauvres, soignant les uns, secourant les autres, et ayant des consolations pour tous. Il visita ainsi plus de huit cents malades, entrant dans les habitations les plus malsaines, s'asseyant au chevet des moribonds et leur administrant lui-même les remèdes, sans jamais se plaindre, demeurant au contraire d'une humeur toujours égale et d'une gaieté proverbiale. Le malade qui le voyait était déjà à moitié guéri par cette humeur joviale, toujours, accompagnée du mot pour rire.

» Huit jours avant sa mort, M. Cailleux est allé visiter ses malades de Berck, Lefaux, Camiers et Étaples, puis sa soirée fut consacrée aux malades de la ville : voilà quelle était pour lui l'œuvre d'une seule journée !

» Tant d'abnégation allait lui être funeste, et il devait être la dernière victime du fléau. Le 29 mars, il commença à ressentir une forte diarrhée... Il allait se reposer quand on le demande pour un malade de la campagne. Malgré des conseils amis, il part en disant : « Je ne veux pas exposer » un malade par ma faute ; s'il en mourait, j'en serais cause. » Je ne fais qu'accomplir mon devoir. » Quand il revint le soir, par un mauvais temps, de nouveaux symptômes de maladie apparaissaient. Il se mit au lit ; le mal augmenta, le lendemain la maladie était déclarée, et vendredi il expirait.....

» On est effrayé quand on songe aux douleurs terribles que doit ressentir un homme qui connaît sa position, qui se voit mourir. M. Cailleux indiquait lui-même le traitement à suivre à deux de ses confrères accourus auprès de lui pour l'assister. Il savait bien qu'il n'en guérirait pas. « Si le » mieux ne se fait pas bientôt sentir, disait-il, dans douze » heures je n'existerai plus. » Il se voyait mourir, il sentait la force vitale diminuer et s'éteindre peu à peu, sans pouvoir arrêter cette marche vers la tombe. Ses derniers moments furent calmes et sereins, et je ne saurais mieux appeler cette mort que le repos dans le Seigneur. *Beati qui moriuntur in Domino.*

» Quelques heures avant sa mort on lui demandait quel remède il fallait employer. « La science humaine, dit-il, a » employé tous les remèdes qui sont en son pouvoir, Dieu » seul peut maintenant arrêter le mal, il faut se confier en » sa divine providence. » — Il se pencha alors sur son lit, et les yeux fixés vers le ciel, comme s'il eut éprouvé un avant-goût de la béatitude céleste, il expira sans douleur, sans aucun cri, de la mort la plus douce et la plus calme.

» Homme de bien, dont toute la vie ne fut qu'un long dévouement, vous avez travaillé sur cette terre, maintenant vous jouissez de la récompense que Dieu réserve à ceux qui ont toujours observé sa loi. Alors que l'égoïsme coulait à plein bord sur la terre, vous, vous débordiez d'abnégation et de charité. Visiter les pauvres, secourir les malades, consoler les affligés, voilà quelle fut votre œuvre. Oh ! que de familles vous ont béni ! que de pères à qui vous avez sauvé leurs enfants pendant la dernière épidémie, que d'enfants qui allaient être orphelins et que vous avez ravis au fléau destructeur, que de familles sauvées par votre dévouement sont venues, lundi, de plusieurs lieues pour vous accompagner à votre dernière demeure et pleurer sur votre tombeau.

» Votre vie fut toujours pure et sans tache ; votre mort héroïque ; soldat de la charité, vous avez succombé en sauvant vos frères de la mort, vous avez péri frappé par le fléau que vous combattiez. Ce glorieux dévouement allait recevoir sa récompense, et bientôt la croix d'honneur, que vous aviez si noblement gagnée, allait briller sur votre poitrine... Mais Dieu avait sur vous d'autres desseins, il vous préparait une récompense plus belle que les récompenses des hommes, il vous préparait le bonheur qu'il réserve à ses fidèles serviteurs. Votre âme s'est envolée dans ces mondes supérieurs où, débarrassée de cette lourde enveloppe matérielle, délivrée de tous les liens qui sur cette terre pèsent sur nous, elle jouit maintenant de la perfection et du bonheur qui l'attendaient.

» En ce séjour de félicité, ne nous oubliez pas, pensez aux nombreux amis que vous laissez sur cette terre et que votre séparation plonge dans une profonde douleur. Fasse le ciel qu'un jour nous vous retrouvions là-haut pour y jouir d'un bonheur éternel... C'est cette espérance qui nous console et qui nous donnera la force de supporter avec patience votre absence... Adieu !... adieu.

« A. J. »

De même qu'il a oublié de dire que M. Cailleux était spirite, de même aussi le *Journal de Montreuil* semble ignorer que « cet homme de bien » a attiré sur sa tête les foudres de l'Église, qui a cru devoir lui refuser la sépulture ecclésiastique. » La famille, dit un des correspondants de la *Vérité,* de Lyon, a fait des démarches à l'évêché pour qu'un service fût chanté à l'église pour le repos de l'âme de M. Cailleux, quoiqu'il n'y ait eu qu'un enterrement *civil.* On l'a obtenu, et ce service a été chanté *trois jours* après l'enterrement. »

On connait notre opinion au sujet de ces cérémonies matérielles payées à prix d'argent et règlementées par des tarifs où sont pesés et vendus à leur juste valeur les paroles et les génuflexions, les cierges, les chants des prêtres et les coups d'aspersoir. Nous n'y reviendrons pas, si ce n'est pour répéter ce que nous avons eu l'occasion déjà de dire maintes fois : « Le jour où les spirites se sentiront assez de force pour se passer de ces cérémonies, ce jour-là, le triomphe de leur cause sera proche. »

Un fait pourtant nous frappe dans ce qui a été fait au sujet de notre frère : ou la famille de M. Cailleux est spirite, ou elle est catholique. Dans le premier cas, nous avouons ne pas comprendre ces démarches faites pour obtenir, en quelque sorte par force, un service que chacun de nous peut et doit faire en particulier; dans le second, cette cérémonie faite trois jours après l'enterrement n'est-elle pas inutile, dérisoire même! Si M. Cailleux n'a pu être enterré religieusement parce qu'il était spirite, c'est que, de par l'Église, il est damné irrévocablement. A quoi peut servir alors ce service fait pour le repos de son âme?

C'est là une question que nous serions bien heureux de voir résoudre par MM. du clergé catholique.

AUG. BEZ.

CHRONIQUE RELIGIEUSE

Sous le titre de *Manifestation catholique,* nous lisons ce qui suit, dans le *Courrier de la Rochelle :*

« On nous écrit de Bâle :

» Une importante manifestation vient d'avoir lieu en Suisse, en faveur de la liberté religieuse. Catholiques et protestants vivaient en paix dans le canton de Bâle, lorsque l'évêque enjoignit aux curés de se tenir strictement aux prescriptions suivantes dans les cas d'inhumation de protestants domiciliés sur les territoires des cantons :

» 1° Défense de faire sonner les cloches ;

» 2° Défense aux enfants catholiques de la paroisse de prendre part au cortége funèbre ;

» 3° Défense d'inhumer le corps ailleurs que dans la *terra non benedicta;*

» 4° Défense à l'ecclésiastique, comme curé de sa paroisse, de paraître à l'enterrement autrement que comme témoin, personne civile et privée, sans les insignes du rite catholique ;

» 5° Défense de laisser aborder l'église et encore moins la chaire par le pasteur protestant. »

» Cette ordonnance a excité un vif mécontentement parmi les hommes sensés de toutes les croyances. Une imposante manifestation a eu lieu à Soleure, à l'occasion de l'anniversaire de la naissance de l'*avoyer* Wengi qui, dans les dissensions intestines de cette cité, entre protestants et catholiques, avait couvert de son corps la bouche d'un canon auquel la passion religieuse allait mettre le feu.

» Samedi dernier, plus de trois mille citoyens ont formé un grandiose cortége aux flambeaux qui, musique en tête, a traversé la ville pour défiler successivement devant la maison du chapitre, où loge M. le vicaire-général Girardin, puis devant le palais de l'évêque. La musique a cessé de jouer pendant que le cortége passait devant la maison du chapitre. Devant l'évêché la foule a chanté les deux chœurs : *Wir glauben all'an einen Gott* (nous croyons tous à un seul Dieu). Ensuite M. Blœsi, président du tribunal de Soleure, a pris la parole pour se faire l'organe du sentiment populaire :

» Nous témoignons ici notre profond regret de ce que de
» notre ville, patrie de Wengi, et au dix-neuvième siècle,
» sont partis des principes qui blessent, de la manière la
» plus vive, le sens de la charité et du support chrétiens.
» Nous protestons solennellement contre toute tentative d'ap-
» pliquer chez nous, pour l'inhumation des protestants, les
» dispositions du vicaire-général Girardin.

» Nous déclarons par là que la religion d'intolérance qui
» y est renfermée, quel que soit le nom dont elle se réclame,
» est en désaccord avec nos principes religieux.

» Nous déclarons avec une égale fermeté qu'une ordon-
» nance semblable ne sera jamais suivie dans notre cité.
» Nos concitoyens protestants continueront d'être ensevelis
» à côté de nous, en terre sainte; nos catholiques les con-
» duiront à leur dernière demeure avec toute la solennité
» d'usage et la même cloche qui nous appelle à la messe
» devra aussi accompagner leur convoi funèbre de ses plain-
» tives volées.

» Notre religion est celle de l'amour que le Christ a prê-
» ché, tandis que l'ordonnance prêche la religion de la haine
» jusque dans le sein de la tombe. Nous ne reconnaissons
» pas cette religion pour la nôtre, et aucun mandement ec-
» clésiastique ne nous obligera à l'accepter. »

» L'orateur a terminé par un vivat à l'Evangile d'amour et de tolérance; la foule a chanté de nouveau l'hymne qui commence par ces mots : *Brüder reicht die Hand zum bund* (Freres, donnez-vous la main en signe d'alliance), puis elle s'est dispersée dans le plus grand ordre. »

Nous faisons suivre avec beaucoup de plaisir le récit de la manifestation religieuse à laquelle a donné lieu l'ordonnance intolérante du vicaire-général Girardin, de la reproduction du fait suivant que nous empruntons à la *Famille de Jacob*.

et qui prouve que tous les évêques ne se laissent pas entraîner par le fanatisme à des actes regrettables dont les conséquences retombent toujours sur ceux qui les commettent :

« On ne saurait trop se réjouir des sentiments de fraternité que manifestent les princes de l'Église vis-à-vis des israélites. Ce retour à des sentiments meilleurs honore à la fois ceux qui les professent et la nation, si méconnue jadis, qui en est l'objet ; il est en même temps une espérance pour la fusion des cœurs et la concorde universelle annoncées par nos prophètes et rêvées par tous les nobles esprits, quel que soit leur culte.

» Ces lignes nous sont suggérées par les paroles pleines d'élévation que nous avons reçues naguère de la part de l'archevêque d'Avignon.

» Nous étions allé faire appel à la bienveillance de Monseigneur au sujet d'une fille israélite majeure de Constantine qui, depuis plus de six mois, avait quitté la maison paternelle et dont la retraite dans le couvent du Bon-Pasteur, d'Avignon, avait été découverte par les autorités de Constantine.

» Après avoir invoqué les droits éternels de la famille et le respect des consciences, nous fîmes lecture à Monseigneur d'une lettre émouvante que la mère de la fugitive écrivait à sa fille et que M. le grand-rabbin de Constantine nous avait fait parvenir.

» A cette lecture, Monseigneur fut ému jusqu'aux larmes : « Loin de moi, dit-il, la pensée de porter atteinte aux liens » de la nature ; si la fille en question était mineure, immé- » diatement je vous la ferais rendre, mais elle est majeure, » elle est donc libre ; néanmoins, je vous promets de m'infor- » mer du caractère de sa conversion, et pour peu qu'elle ne » soit pas sincère, je lui faciliterai son retour auprès de sa » mère. »

» Ces paroles furent accompagnées des protestations les plus respectueuses et les plus sympathiques pour la foi d'Israël et pour les enfants de ce grand peuple, si calomnié, si méconnu.

» Quelques jours après, nous apprenions que la fille en question était en pleine liberté, hors du couvent et placée dans une maison particulière où elle avait une complète indépendance. »

Nous ne pouvons nous empêcher de faire ressortir l'immense différence qui existe entre le langage et les actes de Monseigneur d'Avignon, d'un côté, et le langage et les actes mis en œuvre par la cour de Rome et tant prônés par les journaux ultramontains au sujet des affaires Mortara et Cohen. Aussi nous empressons-nous de féliciter Monseigneur d'Avignon de son esprit de tolérance et de charité et du touchant exemple qu'il vient de donner et que devraient bien s'efforcer de suivre ceux dont le fanatisme aveugle sème partout la discorde et la haine au nom d'un Dieu de paix et d'amour, et fait naître ces événements à jamais regrettables dont l'histoire a conservé le souvenir comme un stigmate de honte et d'infamie et que nous avons vu se renoûveler encore, il y a un mois à peine, lors de la sanglante et ignoble boucherie de Barletta.

Espérons que cet exemple ne sera pas perdu et que les dignitaires de l'Église catholique prendront à cœur d'imiter à l'avenir leur Maître, qui ne prêchait pour tous qu'amour et que pardon.

AUG. BEZ.

Correspondance

—

Bordeaux, le 29 avril 1866.

Monsieur le directeur de la *Revue spiritualiste,*

Je reçois ce matin la quatrième livraison de votre revue et, en l'ouvrant j'y lis, sous le titre de : *Les tartuffes spirites ; continuation du grand et nécessaire débat que leur attitude commande,* la lettre que vous m'avez fait l'honneur de m'adresser, le 24 mars dernier. Vous faites suivre la publication de cette lettre des réflexions suivantes :

« Nous constatons que l'*Union spirite* ayant déjà paru plusieurs fois depuis la réception de cette lettre, elle ne s'est pas empressée de la reproduire. Nous attendrons avant de porter un jugement définitif sur l'esprit de franchise et d'impartialité qui anime ce journal. »

Ceci est par trop fort ! Aussi j'aime à croire que, par un concours bizarre de circonstances que je ne puis comprendre, seul parmi tous les autres, le numéro 41 de l'*Union spirite* (1er avril courant) ne vous est pas parvenu. Différemment, c'est-à-dire, si vous l'aviez reçu et que vos réflexions ne seraient qu'un moyen détourné par lequel vous auriez voulu éviter la reproduction de ma réponse à votre lettre, réponse publiée dans le même numéro, le mot : *tartuffe* serait bien faible pour donner une idée de la déloyauté d'une tactique que flétriraient avec dégoût tous les hommes de cœur.

J'ose espérer, Monsieur, que vous publierez cette lettre dans le plus prochain numéro de la *Revue spiritualiste* et que vous la ferez suivre de la réponse que j'ai faite, le 1er avril, à la vôtre du 24 mars, n° 41, pages 116 et suivantes de l'*Union spirite bordelaise*, 1re année, tome IV. Dans le cas contraire, comme la non-insertion serait pour moi une preuve bien évidente de mauvaise foi, je me verrais forcé de vous y contraindre par tous les moyens que m'accorde la loi.

Veuillez agréer, Monsieur, l'expression de toute ma considération,

AUG. BEZ.

P. S. Je vous adresse en même temps que la présente un deuxième exemplaire du n° 41 de l'*Union spirite*. A. B.

Communications médianimiques

DEUX EXISTENCES

NOUVELLE

BORDEAUX. — *Médium : Mme Collignon.*

Suite (1)

II

Si j'étais un vrai romancier plutôt qu'un romancier *vrai*, j'aurais pu tirer un tout autre parti de la *nouvelle* que je vous ai racontée.

Au lieu de vous dire en quelques mots la vie de mon héroïne, j'aurais pris sa mère au berceau, je vous aurais tracé le plan du château féodal dans lequel sa jeunesse heureuse s'était écoulée; je vous aurais fait la description exacte des sites, des coteaux, des plaines; vous auriez avec moi glissé sur le cours d'eau qui serpentait dans la prairie et emplissait au besoin les fossés. Vous auriez écouté les doux serments d'amour échangés entre la poétique et rêveuse Marie et son jeune et ardent cousin, dernier-né d'une illustre mais fort pauvre maison d'Autriche. Puis, passant brusquement du doux au terrible, je vous aurais fait assister à l'assaut du château par un orgueilleux voisin, bien aise de profiter d'un prétexte de braconnage pour s'approprier les terres qui l'environnaient; après avoir compté les coups d'arquebuse, les secousses données aux portes par les béliers, les fagots amoncelés devant elles pour les faire céder par le feu, je vous aurais fait voir la pâle Marie apportant les clefs du manoir au farouche envahisseur et demandant la vie pour les vassaux fidèles qui s'étaient groupés autour d'elle pour la protéger de leurs corps. Ils l'aimaient tant! Elle était si douce, si belle, si adorable!....

Elle implorait, la pauvre enfant! la pauvre orpheline dont le père venait d'être mortellement atteint! Elle implorait, car le jeune et bien-aimé Arthur, lui aussi, était là, gisant dans la salle d'armes, la tête ouverte et baigné dans son sang... mais l'habile *rebouteur* avait dit :

____

(1) Voir n° 44, pages 189 et suivantes.

« Tout espoir n'est pas perdu, » et Marie, pour le sauver, avait résolu de sacrifier son domaine. Et puis, que pouvait-elle faire ? Son père mort, son fiancé blessé !

Le cruel ennemi, ému à l'aspect de cette innocente enfant, prit les clefs en disant ; « Noble damoiselle, loin de moi d'exiger qu'une aussi belle personne aille mourir dans un cloître ! Les chances de la guerre m'ont fait maître de votre castel, mais la loi de beauté me fait votre esclave. J'accorde la vie sauve à tous ceux qui sont renfermés en ce lieu, à la condition qu'avant le coucher du soleil la belle Marie aura accepté le titre de comtesse de Rothenfeld. » Marie voulut refuser, mais le comte s'entêta. Il fallait opter entre la mort de ses fidèles défenseurs, la mort de son bien-aimé, ou le sacrifice de sa vie !... Le soir, la jeune épouse du comte avait juré fidélité à son fougueux époux.

Toujours si j'étais un vrai romancier, je vous aurais fait assister à la vie intime de Marie, à ses souffrances, à ses douleurs en apprenant qu'Arthur avait arraché l'appareil appliqué sur sa plaie béante et avait préféré mourir que vivre sans sa bien-aimée. Et penser que sa vie lui avait coûté un si grand, un si long sacrifice !...

Je vous aurais décrit encore l'aspect du château fort de Rothenfeld. Je vous aurais fait courre le cerf, forcer le sanglier avec le comte ; je vous aurais compté le nombre des plats de venaison distribués symétriquement sur la longue table coupée au centre par la salière d'argent aux armes de la maison. Nous aurions dégusté ensemble les vins d'Italie et de Grèce qui coulaient à flots, et nous aurions relevé les combattants coulés sous la table après boire ou tombés percés d'un coup de dague, à la suite d'une querelle de préséance, d'une question de plus ou moins d'adresse à la chasse ou de l'antiquité plus ou moins contestable de la maison. Puis, enfin, après vous avoir fait assister à la naissance de Margareth, je vous aurais montré le jeune Jean, page ramassé enfant à la porte du manoir, éduqué par la dame du lieu, vrai chérubin, mais qui n'avait au cœur d'amour que pour sa dame ; je vous l'aurais montré avec sa brune et belle figure florentine, ses vingt-deux ans, debout derrière le siége à haut dossier sculpté dans le chêne noir, où le puissant comte prenait place pour ses orgies ; vous auriez entendu le baron de Vongerth, son voisin, amoureux éconduit de Marie, complimenter son hôte sur les beaux yeux de sa fille âgée alors de deux ans, beaux yeux si semblables à ceux du page que, vraiment, on pourrait croire que le même ouvrier les avait fabriqués. C'est alors que vous auriez vu le comte se lever, terrible de fureur dans son ivresse et, d'une main devenue sûre à force de colère, plonger sa large dague en pleine poitrine du jeune Jean qui n'eut pas même le temps de penser à sa dame adorée. Puis vous auriez suivi le convoi de haute et puissante dame Marie, comtesse de Rothenfeld, morte vingt-quatre heures après, à la suite d'horribles convulsions, n'ayant pu proférer un seul mot, mais ayant, par un suprême effort, jeté son orpheline dans les bras de son époux.

Quelques années plus tard, je vous aurais montré le comte, bourrelé de remords, voyant sans cesse se dresser devant lui le spectre de Jean, sa blessure béante, sentant le sang encore tiède ruisseler sur ses mains, éclabousser son visage et, ne pouvant calmer ses terreurs qu'à la vue de la petite Margareth, véritable portrait de sa mère, moins les yeux qui, nous l'avons dit, par leur fatale ressemblance avec ceux du pauvre page, avaient causé tous ces malheurs.

Je vous aurais expliqué comme quoi l'enveloppe semblable ne constitue pas toujours le fond semblable, et vous auriez vu Margareth grandissant sous les yeux du comte, gâtée par lui qui ne voulait lui souffrir aucune contrariété, se développant en mauvais sentiments tout autant qu'en beauté.

Je vous aurais conduit ensuite auprès du lit mortuaire du comte. Nous aurions trouvé le baron son compagnon d'armes auprès de lui, recevant en dépôt sa fille Margareth et jurant de l'élever et de l'aimer comme sa propre enfant, le ciel lui ayant refusé la faveur de posséder une fille, ce qu'il avait toujours désiré, et lui ayant accordé un fils dont il se serait bien passé.

J'aurais dit tout cela et bien d'autres choses encore, si j'avais été un vrai romancier; mais c'eût été trop long pour un romancier vrai, et mon éditeur en eut peut-être été effrayé. Mieux valait pour tous deux ne vous offrir qu'une petite *nouvelle*, en forme de feuilleton si vous voulez (c'est la mode pour le moment), et finir en vous montrant les conséquences de cette première partie. A bientôt donc la suite, s'il plaît à Dieu et à nos guides.

UN ROMANCIER INCONNU.

(La fin au prochain numéro.)

DÉJA MINUIT!

A ma Pendule

Pendule qui me frappes l'heure
Ajoutant un jour à mes jours,
Tu marches vite en ma demeure :
Déjà minuit! Marche toujours!

Naguère, dans mon ignorance,
En tremblant je pensais à toi.
Du bonheur ayant l'espérance
Aujourd'hui, j'attends plein de foi!

Et trouvant tes heures rapides,
A regret je leur dis : adieu!
Allez mes sonores sylphides,
Portez ma prière à mon Dieu!

Prenez mon espoir sur vos ailes;
Implorez pour moi sa bonté.
Mais revenez, ô sœurs jumelles,
Me parler de sa majesté.

Demandez pour moi quelque grâce,
Esprit fort qui méconnaissais
Qu'à chacun Dieu garde une place
Meilleure, suivant ses bienfaits.

Que les bons Esprits, mon bon ange,
Me protégent dans mon sommeil,
Et puissé-je de leur phalange
Faire partie au grand réveil!

Allez, retentissez encore,
Que le sommeil prenne mon corps;
J'espère en celui que j'adore,
Heureux je prie et je m'endors.

J. R..., de Toulouse.

Bordeaux. — Imprimerie CHAYNES et MALICHECQ, c. d'Aquit., 57.

L'UNION SPIRITE BORDELAISE

REVUE DE L'ENSEIGNEMENT DES ESPRITS

PREMIÈRE ANNÉE — N° 46. — 8 MAI 1866.

POLÉMIQUE SPIRITE

LE SPIRITISME EST-IL CONCILIABLE AVEC LE CATHOLICISME?

Suite (1)

La deuxième des communications données par l'auteur anonyme serait insignifiante pour nous, si elle ne disait pour la première fois une vérité *vraie*, c'est que des flots de livres, dépositaires des vérités nouvelles, disparaissent chaque jour. Puisque ces ouvrages sont l'œuvre des Esprits infernaux, comment se fait-il qu'ils recrutent assez de partisans parmi les plus zélés et fervents catholiques, pour que des *flots* de volumes disparaissent chaque jour? Ce qui serait difficile, par exemple, d'être justifié par l'auteur, c'est les déclarations de l'Esprit *Etienne,* parlant des *monceaux d'or* accumulés par Allan Kardec.

Le *Livre des Esprits* qui peut faire devenir saint ; toutes les instructions reçues sur tous les points du globe ; toutes les publications spirites ; tout dans le spiritisme, enfin, enseigne comme LOI PREMIÈRE : *Un amour sans bornes pour Dieu et pour notre prochain, comme pour nous-mêmes,* et sa devise unique autant qu'universelle est : *Amour et Charité.*

(1) Voir numéro 45, pages 193 et suiv.

Eh ! bien, voyons ce que dit la première phrase de la troisième communication :

« Les enseignements de notre Eglise se trouvent tous renfermés dans ces mots : Aimons Dieu par dessus toutes choses et notre prochain comme nous-mêmes. »

N'y a-t-il pas identité complète ? Non, puisque la suite de cette communication donne M. Kardec comme un *fourbe*, un *imposteur*, un *misérable* qui *trompe* son prochain et n'aime pas son Dieu.

Est-ce bien l'âme de M. Kardec que vous déclarez malheureuse et que vous recommandez aux prières de vos lecteurs, Esprit que vous cachez derrière le nom vénéré de SAINT PAUL ? Nous pensons, nous, spirites, que votre intermédiaire, le médium auquel vous vous êtes communiqué, a été un mauvais instrument pour vous et qu'il a mal rendu vos inspirations.

Deux autres contradictions sont à relever :

1° « Sous peine de damnation, évitez tout ce qui touche au spiritisme ; gardez-vous surtout de tout contact infect avec ses partisans. »

La condamnation pour qui touchera au spiritisme ne sera-t-elle donc que pour ceux qui ne craignent pas de prendre la qualification de spirites ? Il faut le croire avec vous, puisque vous qui vous en occupez aussi, en ayant fait une étude toute particulière, ne craignez pas cette « damnation. »

2° « Les Esprits infernaux sont *les seuls* qui se communiquent aux hommes n'appartenant pas au clergé. » (4ᵐᵉ communication.)

Alors pourquoi (page 45, 4ᵐᵉ communication) est-il dit que l'on peut « s'attirer les *bons Esprits* par une conduite régulière et exempte de tous reproches, et qu'ils viennent, Dieu le permettant, etc., etc ? »

Ne serait-il pas plus juste et rationnel de dire comme nous que tous les Esprits, indistinctement, ne peuvent venir vers les hommes qu'avec la permission de Dieu? Ne serait-il pas aussi plus sage et surtout plus chrétien de croire « qu'une *conduite régulière et exempte de tous reproches* » peut aussi bien se trouver en dehors de vous, qu'en dedans?

Et ailleurs (page 46, 5me communication :)

« Gardez-vous bien de vous laisser tromper, unissez-vous à l'Eglise, soutenez-la, défendez-la, et vous serez *sûrs d'obtenir de bonnes communications* (1), qui ne proviendront pas de Satan, mais bien des bons Esprits. »

Confrontez donc ces lignes avec celles signalées à l'article 2°, ci-dessus.

Et ailleurs encore (page 51, 7me communication) :

« On peut communiquer avec les bons Esprits, mais cette faveur est réservée aux *âmes pures,* en récompense de leurs vertus. »

Puisque les communications que vous recevez sont les seules bonnes, les seules vraies, il en résulte qu'elles ont été données par de bons Esprits, et que, les bons Esprits ne se communiquant qu'aux *âmes pures* et en récompense de leurs vertus, vous êtes un être à part, un être privilégié, à moins que vous ne contredisiez vos propres citations (page 29) :

« 1° Pas un seul n'est juste...... il n'en est pas même un seul;

« 2° Où est l'homme, en effet, qui peut se rendre à lui-même le témoignage de n'avoir jamais été injuste ni dans ses actions, ni dans ses discours? »

Voyez ce qui se trouve dans la 8me communication (page 52) :

« Nous ne communiquons pas avec les parents et amis que

---

(1) **Comme celles que nous avons déjà citées!!**

nous avons laissés sur la terre, non ; cela serait pourtant un soulagement à nos souffrances et cette privation est une grande peine. En revanche, nous les voyons, mais cette grâce qui nous est accordée n'est pas sans amertume, car nous voyons ceux à qui nous étions attachés et qui nous aimaient eux-mêmes, rire, s'amuser et nous oublier, tandis que nous, nous les aimons toujours, et, pendant qu'ils s'amusent, nous souffrons sans pouvoir leur faire connaître notre position.

« Signé : VICTOR (en Purgatoire). »

Cet Esprit ne serait-il pas le même qui a signé : URIEL, la 7ᵐᵉ communication?

Quoiqu'il en soit, l'article relaté ci-dessus, renferme à lui seul, dans son sein, un volume en faveur de notre doctrine et contre l'auteur combattu. Comment! les Démons ou Esprits infernaux peuvent parcourir et parcourent toujours les mondes habités, pour leur seul plaisir et pour le bonheur de tromper les hommes! Comment! les malheureuses créatures qui se seront laissés entraîner à suivre les pernicieux exemples, à exécuter les mauvais enseignements des Esprits diaboliques, resteront éternellement et sans pouvoir en sortir, au milieu des flammes dévorantes de l'empire infernal! Comment! celles un peu moins malheureuses et qui ne se trouvent que dans le purgatoire, ne peuvent pas même se communiquer à leurs parents et amis, pour leur faire connaître leur position, et voilà que URIEL, l'Esprit menteur et fourbe, l'Esprit caméléon vient vous dire (7ᵐᵉ communication) :

« Je suis un *réprouvé,* un *maudit condamné aux peines éternelles,* qui vous donne le conseil de vous tenir sur vos gardes, *les spirites étant trompés par les Esprits!* »

Comment! il vient vous faire les plus belles recommandations, en vous disant :

« Nous sommes *incorrigibles*, notre *nature mauvaise* nous porte toujours *au mensonge, à la tromperie,* et qui plus est, *au désir de faire du mal* à ceux-là même qui mettent en nous leur confiance (page 51), » et (page 50) : « Je ne suis qu'un Esprit *léger*, me *repentant* du mal que j'ai fait aux hommes, etc., etc. »

Et c'est cet Esprit que l'on consulte! et c'est à lui que l'on demande une réponse devant faire foi, à cette question faite si singulièrement : « Puisque vous êtes *dans un bon moment*, veuillez nous expliquer, etc., etc. »

Non, mes frères, la simplicité la plus grande ne peut rivaliser avec celle de l'auteur combattu, si le tout n'a pas été fait intentionnellement, et avec parti pris, après mûre réflexion.

Et vous, amis lecteurs, que dites-vous de toutes ces contradictions? que dites-vous surtout de ce bienheureux et miraculeux *bon moment d'un damné* que notre adversaire met à profit avec tant d'amour et de joie?

Enfin qu'avez-vous compris dans tout cela?

1° Le Diable est seul à se communiquer;

2° Les Esprits damnés ne peuvent plus sortir de leurs flammes et se manifester; leurs souffrances sont éternelles;

3° Les Esprits demi-diablotins et ceux en purgatoire ne peuvent pas non plus se communiquer, même pour faire part de leurs souffrances, etc.

Et voilà que *Démons, Esprits totalement condamnés* et *simples Esprits en punition passagère,* se manifestent, se contredisent, s'attaquent et viennent vous aveugler au point de capter toute votre confiance.

Allons, Messieurs, encore une campagne pareille et vous comprendrez qu'il est temps de mettre vos armes fourbues en faisceaux, et d'examiner, et d'étudier de sang-froid, non pas la *nouvelle religion,* comme vous l'appelez, mais la vôtre, la nôtre, toujours, celle du Christ que nous nous disons fiers de suivre, mais revenue à son point de départ, alors que les hommes et surtout ceux qui se prétendent infaillibles n'avaient encore pu tronquer le sens des enseignements, interpréter à leur manière et à leur point de vue intéressé le langage parabolique de son auteur.

La violence et la grossièreté de langage de vos prétendus Esprits nous obligent à plus de réserve encore. Nous allons essayer d'achever notre tâche en spirite, avec la dignité et l'indulgence que nous prêchons.

L'auteur de la brochure contredite dit personnellement (page 7) :

« Et, nous le répétons, peut-il y avoir alliance entre *la religion unique* et *les religions multiples*, entre *la lumière* et *les ténèbres*, entre *Dieu* et *les Dieux ?* »

Et (page 18) :

« Une troisième preuve enfin, est *l'accord* de toutes les Eglises orientales avec l'Eglise latine, sur le point de la présence réelle et de la transubstantiation. — Voici donc des témoignages authentiques et bien écrasants, etc., etc. »

En toute sincérité, cher frère anonyme, comment pouvez-vous appeler « témoignages authentiques et écrasants, » les déclarations de ceux avec lesquels vous dites ne pouvoir avoir ou faire alliance ? Comment pouvez-vous faire cette déclaration lorsque vous vous donnez comme « la lumière » et que vous désignez les autres sous le nom de « ténèbres ? » Ah ! vous repoussez et repousserez toujours ceux qui ne sont pas de votre avis d'une manière absolue ! Vous traitez et traiterez, au contraire, en amis, ne serait-ce que pour une heure, ceux qui peuvent être utiles à vos désirs, à votre omnipotence ! Ce n'est pas d'un véritable disciple de Jésus.

D'un bout à l'autre, votre brochure n'est que contradictions sur contradictions, et vous vous donnez comme seul éclairé par la lumière que vous donnent vos si purs et avancés

Esprits. A quoi vous ont donc servi leurs déclarations que je vous répète :

« Je suis un réprouvé, condamné aux flammes éternelles ;
« Je suis dans le Purgatoire et *nous ne pouvons* nous communiquer. »

Mais, pour vous et parce que vous le désirez, sans doute, ces mêmes Esprits privilégiés pour *vous seul,* doivent dire : « Nous nous communiquons, magré la défense du Dieu tout-puissant, afin de parler le langage de votre cœur, et de combattre, au contraire, celui de ces *spirites,* qui préten-dent communiquer avec nous. »

Ah ! comme vous, cher frère (page 6), je dirai six fois et sur six tons différents : « *Quels Esprits grand Dieu et d'où peuvent-ils sortir !!* »

Quels Esprits surtout que ceux qui ont le privilége de vous guider et de vous instruire avec autant d'abnégation, de charité et de vérité ! Il y a bien sur leur compte un petit, très-petit, un imperceptible point noir, mais qu'est-ce? Rien ou presque rien. — Ils ne sont que *réprouvés;* eux-mêmes le déclarent.

Continuons : Page 11, vous dites :

« Et si l'on consulte la *saine raison,* quelle *absurdité* que ce système qui vous contraint d'admettre qu'un ou plu-sieurs de vos pères, ou qu'une ou plusieurs de vos mères peuvent, dans d'autres existences, devenir vos fils ou vos filles, et *vice-versâ;* vous répandez le chaos dans les indi-vidualités, vous dispersez aux vents de la confusion les anneaux de la chaîne généalogique ! »

Ici encore, il faut nous entendre.

Après le *Livre des Esprits* que vous repoussez et après les articles irréfutables si largement développés et si claire-ment exprimés dans le journal *la Vérité,* de Lyon, il est inutile de vous faire une nouvelle théorie explicative sur la réincarnation ; nous sommes, du reste, encore trop séparés par la divergence de nos croyances et de nos convictions, et vos idées préconçues sont trop enracinées chez vous pour que nous désirions les combattre aujourd'hui. Actuellement nous n'avons qu'un devoir à remplir : prouver à tous que nous sommes fondés à chercher la lumière, et que nos études spirites ne peuvent pas plus nous conduire que vous au feu éternel ; et que si vous avez le droit de communiquer avec les âmes des morts et si vous le pouvez, le même droit et le même pouvoir ne sauraient nous être contestés.

Vous parlez de chaos, parce que vous prenez les choses au point de vue humain ; mais, prenez-les au point de vue spirituel, et ce chaos disparaîtra.

LÉON DE FÉNÉTRANGE.

(La fin au prochain numéro.)

UN SONGE PROVIDENTIEL

L'histoire que nous allons raconter à nos lecteurs a été publiée à Turin en 1758 par Ignace Somis, professeur de médecine à l'Université Royale et à l'hôpital de Saint-Jean, qui la tenait de la bouche même des témoins de ce drame palpitant d'intérêt.

« Bergemoleto est un village de 150 habitants environ situé dans la montagne entre Demonte et Vinaldio, non loin de Cunéo. Dans les premiers jours du mois de mars 1758 il tomba de la neige en assez grande quantité ; de nouvelles chutes plus abondantes, qui eurent lieu les 16, 17, 18, 19, firent craindre aux habitants pour leurs maisons trop surchargées par la neige amoncelée sur les toits. Plusieurs se mirent donc à l'œuvre pour en opérer le déblai. Non loin de l'église était la maison de Joseph Roccia, homme de cinquante ans à peu près, qui était monté, avec son fils Jacques, sur le toit de sa maison afin de balayer la neige tombée depuis quelques jours. C'était le 19 au matin, Anne-Marie, femme de Roccia était en ce moment, avec sa belle-sœur Anna, sa fille Marguerite, son fils Antoine âgé de 5 ans, sur la porte de l'écurie, regardant le travail de Joseph et de Jacques. Le curé de Bergemoleto, voisin de la famille, venait de sortir et se dirigeait vers l'église pour appeler les fidèles à la messe. A ce même instant un grand bruit se fit entendre vers le haut de la montagne, et ayant levé les yeux, le prêtre vit descendre deux avalanches énormes. Avertir par un cri Joseph Roccia, rentrer dans sa maison, fut pour le prêtre l'affaire d'une seconde. »

Après avoir décrit la chute des deux avalanches qui détruisirent une partie du village, laissant un amas de neige haut de 42 pieds (21^m 58), large de 30 mètres et long de 113, l'auteur continue :

» Aux cris du curé, Joseph Roccia et son fils étaient descendus de dessus la maison et s'enfuyaient vers l'église sans savoir de quel côté ils dirigeaient leur course. Au bout d'une quarantaine de pas Jacques qui suivait son père vint à tomber ; celui-ci se retourne pour le relever, jette les yeux du côté où étaient sa chaumière, son écurie, la maison de ses voisins et n'aperçoit qu'une masse énorme de neige, sans aucune trace ni d'habitation, ni de toits, ni de cheminées.

» . . . . . . Le bruit des désastres survenus dans le village de Bergemoleto se répandit bientôt dans les campagnes environnantes ; de nombreux travailleurs envoyés par l'autorité arrivèrent sur les lieux du sinistre afin de venir en aide aux victimes du fléau, de délivrer, s'il était possible, les infortunés encore vivants peut-être ensevelis sous la neige. Trois cents hommes se mirent au travail, mais tous leurs efforts

furent vains. La neige était gelée, l'espace à déblayer large
et profond ; pour comble d'infortune il neigeait toujours.
Après quelques jours d'un travail opiniâtre et infructueux
chacun regagna sa maison, convaincu de la mort des malheureux ensevelis sous ce linceul de neige glacée.

» Le mari de la pauvre Anne-Marie, aidé de son fils et de
ses beaux-frères Antoine et Joseph Bruno venus de Démonte
où ils demeuraient, avait également travaillé nuit et jour
dans l'espoir de retrouver la maison où gisait sa famille.
Attaquant la neige tantôt sur un point, tantôt sur un autre,
ils ne ménagèrent ni leurs sueurs ni leurs peines ; mais
toutes leurs tentatives échouèrent. Privés de toute espérance
ils regagnèrent la maison de Spirito Roccia pour attendre
une saison plus propice.

» Laissons donc Roccia et les Bruno se lamenter et voyons
ce qu'était devenue la pauvre Anne-Marie.

» Dans ce travail je m'attacherai à répéter fidèlement ce
qui m'a été affirmé par ces malheureuses victimes de l'avalanche. Mon récit ne différera pas de celui fait le 10 mai au
comte Nicolis de Brandizzo, intendant de la ville et de la
province de Cunéo, quand il vint, par ordre du roi, à Bergemoleto, apporter quelques secours aux malheureux habitants
de ce village.

» L'écurie de Roccia était bâtie avec les rochers de la
montagne, le toit était formé de pierres larges et légères
semblables à l'ardoise soutenues par une poutre de dix
pouces d'équarissage ; sur le tout il y avait une couche de
paille. Nous avons vu que le 19 au matin les trois femmes et
l'enfant se tenaient dans ce bâtiment, sur le seuil de la
porte, attendant le son de la cloche qui devait les appeler à
la messe. Il y avait dans l'étable six chèvres et quelques
poules. Une petite chambre où se trouvait une mauvaise
couchette communiquait avec ce bâtiment. C'était là qu'on

avait l'habitude de serrer les quelques provisions de la famille.

» Nous avons dit aussi que Anne-Marie surveillait de la porte le travail de son fils et de son mari qui déblayaient le toit de la maison, quand, avertie par un fracas épouvantable, elle rentra brusquement dans l'intérieur de l'écurie, fermant la porte sur elle et les deux autres femmes. Au même instant elles entendirent une partie du toit s'effondrer, quelques pierres tomber sur le pavé, et elles se trouvèrent dans l'obscurité la plus complète. Quelques instants s'écoulèrent dans l'attente d'un secours, mais, n'entendant venir personne, elles firent le tour de l'étable et dans plusieurs endroits sentirent de la neige durcie. Anna arriva à la porte et l'ouvrit, mais là comme ailleurs l'obscurité la plus profonde, une muraille glacée et inébranlable. Elle en fit part aux deux autres. Toutes trois alors se mirent à crier de toutes leurs forces: « Au secours! Au secours! Nous sommes toutes vivantes! » Ces paroles répétées plus d'une fois restèrent sans écho, Anna ferma la porte. Le désespoir était au comble. La réflexion revint vite; elles pensèrent qu'il y avait dans la crèche un peu de foin sur lequel elles pourraient s'étendre pour chercher le repos.

» Nulle lueur d'espoir ne brillait plus au regard de ces trois infortunées ensevelies vivantes. Dieu seul restait leur espérance. Elles cherchèrent quelles provisions elles possédaient pour prolonger leur existence. Anna se rappela avoir quelques châtaignes qui, inventaire fait, se montèrent à quinze. Il y avait bien aussi quelques pains déposés dans la chambre voisine, mais il y aurait eu une grande imprudence à chercher à y pénétrer, car la porte en s'ouvrant pouvait ébranler le mur, faire tomber les supports de la voûte qui seule soutenait toute la masse de neige. Après s'être partagées les quelques châtaignes qui leur restaient, elles tombèrent à genoux, priant avec ferveur le Dieu Tout-Puissant, lui demandant de les tirer de leur tombe, ou de leur épargner les douleurs suprêmes qu'elles auraient à endurer si un prompt secours ne venait à leur aide.

» Elles se rappellèrent alors que leur prison était partagée par deux chèvres dont l'une avait mis bas depuis quelques jours seulement et dont l'autre devait le faire vers la moitié d'avril. Cette pensée les remplit de joie, puisque le lait des deux chèvres pourrait prolonger leur chétive existence.

» Au bout d'un espace de temps que les prisonnières évaluèrent à une semaine, le jeune Antoine, qui, jusqu'à ce jour, n'avait vécu que de lait (il lui était impossible de supporter le froid de la neige) commença à se plaindre de douleurs à l'estomac et au ventre. Malgré tous les soins que purent lui prodiguer ces femmes dans leur situation désespérée, il rendit l'âme. Le sixième jour de ses souffrances, Anne-Marie qui le tenait dans ses bras sentit son enfant lui prendre la main ; elle l'attira sur son sein et voulut encore le réchauffer de son haleine, mais Antoine était à sa dernière heure, et sa tête languissante retomba dans les bras de sa mère prononçant quelques paroles incohérentes à l'adresse de son père.

» Qui pourra jamais décrire la douleur de ces femmes aggravée encore par les douleurs physiques ? Cette fin misérable ne serait-elle pas la leur avant peu ? Ajoutez à cela que le lait de la chèvre diminuait peu à peu. Au lieu de deux livres qu'elle leur donnait les premiers jours, c'était à peine si elles pouvaient en avoir maintenant une livre. Le foin de la crèche était épuisé et celui qu'elles pouvaient tirer à grand peine du grenier par la petite ouverture ne suffisait pas à la nourriture des deux animaux. Les provisions s'épuisaient donc rapidement. Enfin, au bout de quelques jours, elles furent réduites à vivre seulement de neige. Mais la

Providence inépuisable du Très-Haut qui voulait les tirer vivantes de ce sépulcre leur envoya un nouveau soutien au moment où elles désespéraient le plus. La seconde chèvre mit bas. Cet événement leur fit conjecturer qu'elles étaient à la moitié d'avril. Le chevreau fut tué afin de pouvoir jouir en toute sécurité du lait de la mère. Une nouvelle espérance inonda le cœur de ces malheureuses qui exhala de ferventes actions de grâces vers le ciel. Le soleil d'avril devait commencer à faire fondre cette enveloppe de neige qui les séparait du monde. Anne-Marie, comme elle me le répétait, semblait toujours entendre une voix qui lui disait : « Dieu t'aidera, ton mari pense à toi et veut te retrouver ; tes frères n'auront pas de paix qu'ils ne t'aient revue, morte ou vivante. »

» Comme la provision de foin diminuait rapidement, le lait ne suffisait plus. C'était à peine si on pouvait en traire une demi-tasse chaque jour. Heureusement pour elles le moment approchait où le Seigneur allait mettre fin à leur long martyre. Il leur sembla un jour, le 20 probablement, entendre un bruit qui ne paraissait pas très éloigné. Elles réunirent le peu de force qui leur restait et se mirent à crier d'une voix faible : « *Au secours! au secours!* » puis le bruit cessa, et elles n'entendirent plus rien qui put leur faire présager une prochaine délivrance. Toutefois ce bruit servit à leur donner un nouvel espoir, et à placer leur confiance en Dieu. Un autre jour le même bruit se fit entendre plus près et il tomba quelque chose à terre. Elles répétèrent leur appel qui resta encore sans réponse et tout bruit cessa de nouveau.

» Cependant après la chute du corps, il leur sembla voir un faible rayon de lumière crépusculaire pénétrer dans leur tombeau. Anne-Marie leur fit remarquer que cette lumière provenait de la diminution de la couche de neige, que par conséquent on travaillait à leur délivrance. Ces pensées leur rendirent un peu de courage, elles élevèrent de nouveau leur âme vers Dieu, le priant de ne pas les abandonner dans cet instant suprême.

» Vers le 20 avril, les vents commencèrent à devenir tièdes, et la température, de glacée qu'elle était, se changea brusquement en une température douce et presque chaude.

» Il en advint que partie par l'impétuosité des vents, partie par la fonte même de la neige, l'avalanche diminua de grosseur. Le moment parut favorable aux habitants de Bergemoleto pour recommencer leurs recherches et tâcher de retrouver une partie de ce qui leur avait été enlevé par l'ouragan du 19 mars. Les uns d'un côté, les autres de l'autre, tous se mirent à attaquer l'avalanche, qui avec des pieux de fer, qui avec des pioches, qui avec les instruments dont ils pouvaient disposer. Bientôt quelques chaumières apparurent, quelques cadavres furent extraits parmi lesquels celui du curé. Cette découverte rendit le courage à Joseph Roccia qui résolut de déblayer sa maison détruite sans doute. Il ne voulut prendre aucun instant de repos faisant continuellement des puits de plus en plus longs et profonds. Le 24 après avoir fait une tranchée profonde de deux pieds, il trouva une neige moins dure et put y enfoncer un long bâton dont l'extrémité rencontra une résistance qu'il jugea être le toit de l'écurie.

» Son courage s'accrut avec ce résultat, et il aurait peut-être trouvé ce jour-là ceux qu'il n'espérait pas revoir vivants si la nuit n'était venue l'obliger à se retirer. Le jour pointait à peine le 25 que, se rendant avec son fils à la tranchée suspendue la veille, il vit avec étonnement venir à lui pour l'aider ses deux beaux-frères Joseph et Antoine Bruno.

» Voici ce qui était arrivé. Antoine dormait dans sa

maison de Démonte dans la nuit du jeudi au vendredi quand il lui sembla voir apparaître devant lui une femme pâle et échevelée qu'il reconnut pour sa sœur Anne-Marie Roccia : « Antoine, lui dit-elle, d'un ton mêlé de douleur et d'espérance, Antoine, toute ma famille, toutes mes connaisances me croient morte, étouffée sous l'avalanche. Le Seigneur a daigné me conserver la vie. Debout ! lève-toi, viens à mon secours ! En toi, frère, j'ai placé toute mon espérance ; ne m'abandonne pas, de grâce viens à mon aide ! » Cette vision frappa tellement Antoine qu'il alla aussitôt réveiller son frère Joseph, et qu'après lui avoir raconté ce qu'il avait vu et entendu dans son rêve, tous deux se mirent en route pour Bergemoleto. Ils arrivèrent au village avant huit heures du matin, brisés par la fatigue et semblant toujours avoir devant eux l'image de leur sœur priant pour sa délivrance. Ces deux aides furent d'un grand secours à Joseph Roccia. Vers midi les travaux étaient tellement avancés qu'on put traverser la neige de part en part au moyen d'une perche. Il leur sembla alors entendre une voix faible et languissante monter jusqu'à eux par la petite ouverture ainsi pratiquée et crier : « Au secours, cher Joseph ! au secours, cher frère ! au secours ! » L'étonnement et la stupeur des assistants ne peut se décrire. La tranchée grandissait à vue d'œil tant cet événement extraordinaire avait donné du courage aux travailleurs. Enfin une large ouverture fut faite, et Antoine se fit descendre dans cette prison demandant quels êtres pouvaient vivre là. Anne-Marie reconnut son frère à sa parole, et la voix entrecoupée par la joie et les privations elle lui dit : « C'est moi, frère, qui vis là en compagnie de ma fille et de ma belle-sœur. Le Seigneur a sauvé nos jours ; il n'a pas trompé notre confiance, car nous savions qu'il vous enverrait à notre aide. »

» ...... C'est le devoir de tout homme prudent et circonspect, ajoute Somis dans sa conclusion, de ne pas croire aveuglement tout ce que les écrivains racontent, poussés par le désir de publier des choses merveilleuses et extraordinaires, mais c'est également un devoir aussi sacré de ne pas nier de prime abord ce qu'on ne comprend pas à première vue. Agir ainsi c'est souvent fermer toutes les issues par lesquelles la vérité peut se manifester à nous.

» Cherchons, raisonnons, basons-nous sur des expériences et des observations. Quelle satisfaction quand on découvre une vérité au sacrifice même de ses propres préjugés! Ce sont les préconceptions de notre esprit qui augmentent les ténèbres de la science et en retardent le progrès. »

Le spiritisme en venant expliquer ces phénomènes merveilleux de bi-location, de dégagement de l'âme pendant le sommeil, de vue à distance, etc., etc., observés de tous temps, a jeté une lumière éclatante sur cette partie si obscure de la psychologie.

(Extrait de l'*Epoca nuova* des 28 janvier, 4 et 11 février 1866.)

C. Guérin.

Communications médianimiques

—

DEUX EXISTENCES

NOUVELLE

Bordeaux. — *Médium : M*^{me} *Collignon.*

Suite et fin (1).

III

Ai-je dit que Margareth était morte, ou bien qu'elle avait fini? — Pourquoi cette question? — C'est que j'établis une grande différence

---

(1) Voir n° 45, pages 213 et suivantes.

entre ces deux mots. Peut-être allez-vous rire en m'écoutant, mais je vais tâcher de vous faire partager mon opinion en vous plaçant à mon point de vue :

Finir, c'est être arrivé au terme d'une journée laborieuse, fatigué de travail, mais satisfait d'avoir accompli la tâche et de toucher au moment du repos; c'est assister paisiblement à la désagrégation de la matière, entrevoyant à travers le brouillard qui s'épaissit peu à peu l'aurore qui se lève; c'est s'endormir dans le calme, sachant qu'on s'éveillera dans la joie.

Mourir, oh! mourir, c'est différent! C'est voir, au pied de son lit de douleur, se dresser le squelette hideux dont les mains glacées vous palpent, vous raidissent ... C'est sentir l'air manquer aux poumons, voir disparaître les visages aimés, chercher sous ses doigts crispés un point d'appui qui échappe... C'est écouter avec terreur le sang qui ne peut plus descendre, tinter le glas de la mort dans les oreilles, frapper à coups redoublés sur les tempes, gonfler à le briser le cœur qui ne sait plus ni le recevoir, ni le repousser. C'est jeter un rapide coup d'œil sur le passé qui a fui, laissant la perspective d'un avenir qui épouvante, car, malgré le passe-port signé par les autorités ecclésiastiques, et délivré à tout mourant qui le demande, croyez-vous que le dévôt même parte tranquille quand il sent qu'il n'a pas accompli l'œuvre de sa vie? Non, l'angoisse de l'inconnu, de l'inconnu qu'il pressent sans le comprendre, vient toujours l'étreindre. Les actes mauvais de sa vie se dressent devant lui, tous, tous! Ils se massent à ses regards épouvantés, et l'agonisant comprend qu'il doit y avoir autre chose pour établir une balance exacte, qu'une béatitude salariée (1) ou une damnation gratuite.

Mourir! c'est n'avoir pas la foi qui soutient, n'avoir pas l'espérance qui console!

Margareth était morte! Oui, je me rappelle vous l'avoir dit: Morte, avec toutes les terreurs que sa vie coupable entraînait; terreurs plus

----

(1) Je ne comprends pas trop ce que l'Esprit a voulu dire par *béatitude salariée* dans l'autre monde. La béatitude peut être regardée comme un salaire accordé à celui qui l'a mérité, mais elle n'est point *salariée*; à moins qu'il n'entende les dons faits pour l'obtenir? Mais dans ce cas encore le salaire serait pour ceux qui en vendent l'espoir et non pour la béatitude. *(Note du médium.)*

fortes que l'assurance donnée par les saints pères qui pourtant avaient tarifé bien haut la purge de sa conscience.

Vous esquisserai-je son passage dans l'autre monde? vous ferai-je assister à son épouvante quand, au sortir de la léthargie douloureuse provoquée par la crise finale, elle se retrouva jeune fille auprès de son époux empoisonné, de son beau-père rempli de l'esprit de vengeance qui l'avait animé, de son fils qui lui reprochait de l'avoir poussé au crime au lieu d'essayer de l'en détourner comme son devoir de mère le lui commandait, comme elle s'était engagée à le faire avant de paraître sur terre à cette dernière incarnation? Vous dirai-je toutes ses souffrances, toutes ses luttes? Aux prises avec son orgueil, angoissée par le remords, car le fond n'était pas sérieusement mauvais, que ne souffrit-elle pas, la pauvre Margareth!.... quels tableaux hideux ne se déroulèrent-ils pas à ses yeux effrayés, quelles imprécations ne vinrent-elles pas frapper ses sens éperdus!!!

Folle de douleur et de honte (il y a des fous parmi nous, quoiqu'ils ne soient pas tout-à-fait comme les vôtres), ne sachant comment se soustraire aux vengeances qui la poursuivaient, — elle le croyait ainsi, du moins — elle erra pendant des siècles, avant d'avoir compris que, l'orgueil étant son plus implacable ennemi, c'était l'orgueil qu'elle devait combattre.

Enfin, lasse d'errer sans but, de chercher une ombre qui fuyait sans cesse, elle s'humilia et demanda grâce.

Le repentir se fit jour: un repentir sincère qui lui fit désirer réparation, et son vœu fut exaucé!

Margareth a reparu sur la scène du monde, mais....

Ce n'est plus la grande dame hautaine que tous devaient admirer, sous laquelle tout devait plier. C'est, hélas! c'est... une simple artisanne. Née dans une famille bourgeoise, au milieu d'une aisance suffisante pour fournir aux besoins de l'éducation des enfants, Anne a grandi sous les yeux de ses parents dont la tendre sollicitude l'a enveloppée de tous les soins que réclamait sa santé délicate. Un peu... même très paresseuse, elle a profité de l'amour qu'on avait pour elle, pour négliger sous de futiles prétextes de santé, l'éducation, les talents qu'on voulait lui donner.

Corrigée de ses vices, mais en ayant encore une racine au fond du cœur, la position de sa famille l'humiliait. Qu'était-elle au milieu du monde? qu'était-elle pour ces heureux de la terre qui l'éclaboussaient en passant dans leurs équipages, pour ces femmes élégantes dont les vêtements de soie et de velours se froissaient avec mépris (1) contre ses robes de laine, si coquettement arrangées pourtant qu'Anna était charmante dans sa simplicité. Charmante! oui, mais pas heureuse! Elle ambitionnait encore. Moins que lors de sa dernière existence, mais, vous le savez, il y a des plantes tenaces qui laissent bien longtemps quelque fil de leurs racines en terre et dont on ne peut se débarrasser qu'à force de persévérance.

Anna était parvenue à l'âge où les jeunes filles sont désireuses de changer de position, sinon pour satisfaire au vœu de la nature afin de remplir à leur tour la tâche si grave, si glorieuse d'épouses et de mères, du moins pour s'affranchir du joug de la famille qui, si léger qu'il soit, pèse toujours un peu: pour avoir des toilettes plus élégantes, paraître plus facilement, se faire enfin *une position*.

Anna pouvait choisir entre un jeune commis vaillant, bien élevé, mais peu fortuné, et un riche négociant dont les brillantes affaires faisaient maigrir de dépit tous ses rivaux. Elle avait, grâce à l'économie de sa famille une dot assez ronde qui eut suffi pour mettre Léon, notre jeune commis, à même de se faire une place au soleil; mais ne valait-il pas mieux que cette dot allât grossir encore les affaires du négociant ? Une position faite n'est-elle pas toujours préférable à une position à faire ?

Anna fit son choix, et peu de temps après, le cachemire de l'Inde s'étalait sur ses épaules fatiguées, la soie dérobait aux regards ses formes gracieuses Elle développait aux yeux du public de riches toilettes, mais elle en était enveloppée et ses charmes y perdaient. D'amour, de sympathie, de similitude de goûts, de caractères, d'habitudes, il n'en fut point question. Et pourtant, n'est-ce pas là ce que, de part et d'autre, l'on doit chercher lorsqu'il s'agit de contracter un engagement de toute une existence!

Orgueilleux autant et plus, beaucoup plus que sa femme, Maurice n'avait vu dans son mariage qu'une très-jolie personne dont l'esprit et

---

(1) Mon ami Xavier s'est livré à des comparaisons un peu hasardées, il me semble. Je n'ai jamais ouï dire que la soie et le velours éprouvassent du *mépris* pour la laine. Celles qui les portent, c'est possible. *(Note du médium.)*

les grâces pouvaient lui être utiles; la dot elle-même ne laissait pas que d'avoir un certain mérite, car pour avoir une réputation de grand négociant, d'homme habile, de faiseur d'affaires, il faut quelquefois se hasarder beaucoup; les coups de dés ne sont pas toujours heureux et les créanciers perdent quelquefois patience.

Maurice alla se fixer à Paris, grand centre des intelligences..... et du crétinisme, du talent..... et de la sottise, de l'honneur..... et de la bassesse. A Paris on peut tout, se disait-il; et, se faisant un marchepied de sa femme, il chercha à se lancer dans le monde de la spéculation. Mais, hélas! si habile qu'il fût, il trouva toujours plus habile; si...... adroit qu'il fût, il trouva toujours plus..... adroit, et la dot d'Anna fut bientôt mangée, et les créanciers firent main basse sur ce qui pouvait rester, et la pauvre jeune femme se vit réduite à la plus affreuse misère.

Ici commença la réparation: la vraie, la profitable.

Anna avait deux voies à suivre:

Ayant, par sa faute, développé les mauvais instincts de son fils, dans une existence antérieure, elle avait à subir les conséquences de ces mêmes instincts chez son mari, à les combattre, à les dompter. Là était sa tâche, sa réparation.

Ayant déjà failli par l'orgueil, l'égoïsme, l'ambition, elle avait à se vaincre elle-même, à vivre humble, résignée, dévouée.

La première partie de sa vie avait dû la préparer, mais elle s'était encore laissé entraîner par ses instincts; la seconde était plus difficile, car si elle était mal comprise, la rechûte était inévitable, et l'épreuve perdue.

Que fit-elle?

Elle se révolta; elle regretta le jeune et amoureux ami que ses parents voulaient lui faire épouser, elle maudit son mari, sa destinée, elle blasphéma Dieu! Qu'avait-elle fait pour être si malheureuse, alors que tant de ses amies vivaient dans l'opulence, ayant comme elle contracté un mariage absolument comme on fait une affaire, mais ayant eu la *chance* dans leur spéculation? Qu'avait-elle fait de plus ou de moins? Était-il un Dieu qui pût ainsi courber sous sa main de fer telle de ses créatures, quand il laissait telles autres lever si orgueilleusement le front? Ou Dieu n'existe pas, ou nous sommes des jouets de sa volonté despotique, jetés sur la terre par caprice et abandonnés à nous-mêmes, au gré des événements qui surgissent.... en vertu de quelles lois.... du hasard !

Ainsi parlait Anna, et elle souffrait. Oh ! elle souffrait toutes les tortures de l'Enfer, car elle était devenue mère, car elle aimait les deux petits êtres qui lui devaient la vie, et elle maudissait leur naissance, tout en les adorant.

Un jour pourtant, celui qu'elle avait repoussé, celui qui l'avait aimée, qui l'aimait encore, mais d'un amour dévoué et pur que peu d'entre les hommes comprennent aujourd'hui, Léon vint lui apporter la consolation, la résignation, la foi enfin. Léon était spirite. Par lui la lumière se fit, et avec elle, le calme rentra dans l'âme de la pauvre désolée. Elle comprit ses devoirs : au lieu de repousser celui qui avait fait le malheur de sa vie, elle s'attache à ses pas, espérant, à force de bonnes paroles, de conseils, de dévouement, ramener dans une meilleure voie celui auquel elle avait consacré sa vie. Elle repoussa les idées de vengeance qui l'avaient fait parfois sourire dans ses larmes, et ne se crut plus en droit de chercher dans l'amour clandestin un adoucissement à ses souffrances ; elle comprit toute la valeur d'un serment prononcé librement, alors même que l'une des parties n'en remplissait pas les conditions ; et humble de cœur maintenant, pieuse, résignée, Anna, ouvrière laborieuse *gagne* le pain de sa jeune famille qui grandit sous ses yeux dans l'austerité d'une croyance raisonnée.

Maurice lui-même, encouragé par l'exemple de sa femme, gagné par sa douceur et ses conseils a obtenu un emploi qui, à force de zèle et d'énergie ramènera un jour l'aisance dans la maison. Et alors, elle y restera, car l'ambition et le luxe ne seront plus là pour l'en chasser.

Voilà la fin de ma *nouvelle ;* elle est bien prosaïque, n'est-ce pas ? Il aurait fallu finir par un coup de théâtre pour impressionner. Mais, que voulez-vous, lecteurs, je n'avais qu'à vous raconter une histoire vraie, à part les noms que je me suis permis d'arranger à mon idée. Je vous ai montré les deux voies à suivre pour mon héroïne, et je lui ai fait choisir la meilleure, à la fin, parce que je voulais vous donner un bon exemple. La choisira-t-elle définitivement ? je n'en sais rien au juste : elle est encore au début de la carrière. Puisse cette historiette, si elle lui tombe sous les yeux, lui servir de guide et l'éclairer. Mon but sera atteint.

Maintenant mon nom que tu n'attendais guère,

Ton ami : XAVIER (1).

—

APPENDICE

Sais-tu bien, mon cher Mentor, que si j'étais susceptible, j'aurais lieu de me fâcher ! Mais, sois tranquille, je ne veux pas que tu puisses m'accuser d'avoir mis de l'orgueil dans mon *œuvre littéraire* et je ne me suis pas formalisé de tes observations.

Tu trouves que je n'ai pas soutenu le style *emphathique* que j'avais pris au début, et que ma fin est bien *terre à terre*. Hélas ! hélas ! oh ! mon cher guide, si tu t'étais rappele mes observations, tu aurais compris que je n'inventais rien, mais relatais seulement des faits à ma connaissance, tâchant de leur donner de mon mieux la couleur de l'époque. Quant au dénouement, je n'ai pas pu suivre la même marche, et pour cause. Il est de moi, celui-là ; bâti sur des possibilités, des chances. Mais j'ai dû, par ordre supérieur, m'abstenir de faire aucune allusion de position qui pût mettre l'héroïne existante sur la voie, et lui donner lieu de croire que je traçais son présent, par conséquent, son avenir.

Tire de cet éclaircissement les conséquences que tu voudras ; je ne suis pas autorisé à t'en dire davantage.

A bon entendeur, salut !   XAVIER.

PENSÉES ET MAXIMES SPIRITES

SÉTIF. — *Médium : M. G.....*

Oublie le mal que l'on t'a fait, et souviens-toi du bien.

L'espérance de l'homme repose dans les bonnes actions de sa vie ; elle se perd quand il fait le mal.

---

(1) Cet Esprit s'est présenté, il y a trois ans environ, comme Esprit léger, mauvais plaisant, mystificateur. Il a été assez difficile à ramener. Il y a bien deux ans que je n'en avais plus entendu parler. *(Note du médium.)*

Evite et fuis le ravin plein d'ombre et cherche dans les cieux la route du salut et des félicités.

Dieu donne à chacun sa part de lumière; malheureux qui la dédaigne et ne tend pas les mains!

L'homme tranquille et pur marche sans hésiter dans les chemins du monde. Que lui font, à lui, les railleries des sots, la haine des méchants, quand son cœur plane dans les sphères célestes, quand il marche plein d'espoir et de joie en dépit des obstacles, quand il suit le rayon divin, quand il voit le but où aspire son âme bénie de Dieu!

S'il trébuche en chemin, s'il tombe quelque fois et roule au fond du noir précipice, tout meurtri et haletant, qu'il écoute et regarde en haut, d'où vient toute lumière; qu'il crie et qu'il appelle, et des amis viendront le secourir.

Suis sans t'en écarter le doux rayon qui mène à Dieu, source de toute lumière. Evite toute pensée frivole, prémisse de toute tentation.

Encourage les faibles et soutiens ceux qui tombent.

La route paraît moins longue quand elle est faite en compagnie.

Il faut aimer les bons et plaindre les méchants.

Dieu est pur Esprit; sa grandeur et sa puissance ne peuvent se décrire. Par ses rayons il vivifie le monde ; il épure les âmes dans le creuset des incarnations et de la vie spirituelle.

La souffrance est le feu sacré qui produit l'épuration.

Dieu appelle à lui l'Esprit épuré et l'assimile à un de ses rayons: il devient un aide à ses incommensurables travaux.

Quelques esprits, bijoux polis au contact des sciences et de la vertu peuvent, si un rayon du Tout-Puissant descend sur eux, en réfléter et en éclairer bien d'autres à leur tour. Tels sont les bons spirites.

Mais si l'orgueil, ce vice si tenace, n'est pas tout-à-fait extirpé de leur cœur et s'ils n'y prennent garde, il les égare, et, se croyant eux-mêmes de petits soleils, ils s'éloignent du rayon pur qui les éclaire et retombent, pleins d'ombre, dans la fange de l'erreur et des vices.

Ne te préoccupe pas outre mesure du lendemain: chaque jour amène sa lumière, chaque heure son rayon, chaque minute sa pensée. Ne te presse pas trop, car tu pourrais te heurter aux obstacles de la route. Hâte-toi, mais marche avec précaution.

Espère, aime, crois et vois. Heureux ceux qui croient, car ils seront consolés !

Les bons conseils valent mieux que les richesses. Qui les reçoit et les suit s'enrichit; qui en donne, partage sa fortune sans la diminuer. Ne crains pas plus d'en donner que d'en demander.

Ne sois pas orgueilleux ; que l'esprit de fraternité réside toujours en toi.

Recherche dans les bons la sagesse et les principes du bien.

Dieu aime ceux qui l'aiment, donne la joie à ceux qui croient en lui, pardonne à ceux qui pardonnent et récompense ceux qui donnent.

Dieu met ses enfants sur la terre non pour les rendre malheureux, mais pour leur faire mériter la lumière et les joies qu'il veut leur donner.

Travaille, car c'est par le travail que l'homme développe ses facultés, agrandit son intelligence et trouve la consolation. Qu'il soit manuel ou scientifique, le travail, toujours, est agréable à Dieu. Par la pioche et la charrue, il donne le pain du corps; par les sciences et les arts, en nous dévoilant ses grandeurs il nous donne le pain de l'âme.

Tout travail utile, mérite bien de Dieu : l'astronome, dans les cieux, lit toute sa majesté; l'agriculteur, sur la terre, découvre son pouvoir.

Dieu nous donne, mais il faut savoir prendre et savoir mériter.

Un Esprit sympathique.

Le troisième volume des *Quatre Évangiles,* par J.-B. Roustaing, vient d'être mis en vente.

Bordeaux. — Imprimerie A.-R. Chaynes, cours d'Aquitaine, 57.

L'UNION SPIRITE BORDELAISE

REVUE DE L'ENSEIGNEMENT DES ESPRITS

PREMIÈRE ANNÉE   N° 47.   15 MAI 1866.

POLÉMIQUE SPIRITE

LE SPIRITISME EST-IL CONCILIABLE AVEC LE CATHOLICISME?

Suite et fin (1).

Le *Livre des Esprits* ne donne que l'analyse succincte, le sens rationnel de chaque chose, car, s'il voulait donner l'explication bien détaillée et bien définie de chaque mot, il lui faudrait des centaines de volumes. Au contraire, les diverses publications traitant de spiritisme, organes sérieux de la philosophie, peuvent, article par article, et surtout au fur et à mesure que la nécessité en est démontrée ou que le progrès moral le réclame, expliquer et définir le tout aussi complétement que possible.

Lisez, monsieur l'anonyme, étudiez sérieusement ces publications, et nous pouvons vous garantir que vous ne serez plus aussi sceptique à l'adresse de nos croyances, aussi partial dans vos jugements; lisez entre autres *l'Avenir,* n⁰ˢ du 17 et du 27 octobre 1864, vous y trouverez le passage suivant:

« Écoutez plutôt ce que dit, ce que démontre aux négateurs du péché originel, Mᵍʳ de Montal, évêque de Chartres:

« *Puisque l'Eglise ne nous défend pas de croire à la pré-*

(1) Voir numéro 46, pages 217 et suiv.

« *existence des âmes, qui peut savoir ce qui a pu se*
« *passer dans le lointain des âges, entre des intelligences?* »

Étudiez donc, et si avant peu vous ne vous déclarez spirites, le doute sur ce que nous avançons vous aura, du moins,
conduit à une étude plus sérieuse et, sans parti pris, enfin, à
la recherche de la vérité.

Ne faites pas comme le clergé du temps de Galilée; ne
niez pas parce que ce qui est avancé vous contrarie, ou
parce que la science nouvelle prouve que vous êtes aussi
faillibles que vos frères; ne niez pas, parce que vous seriez
forcé, comme vos devanciers, de vous avouer vaincu et de
reconnaître la réalité et l'exactitude des faits que nous
affirmons.

Vous écrivez, avec force citations, cinq ou six pages sur
la réincarnation, tout comme le R. P. Nampon, de la Compagnie de Jésus; et, ni vous, ni lui, n'avez assez de force de
logique pour combattre efficacement nos arguments. Vous
principalement, cher contradicteur, vous jouez largement
avec l'interprétation de ces mots : « Renaître d'eau et d'esprit, » et « les flammes éternelles. »

A l'un et à l'autre, en dehors des recommandations que
nous avons déjà pris la liberté de faire, de lire et étudier
sérieusement ces questions qui paraissent si ardues, nous
croyons être fondé à dire: « *Le spiritisme est la vérité* »
et n'est autre chose que le *christianisme* revenu à son
essence première, pure et naturelle; et cette vérité est
d'autant plus grande que la négation de vos *flammes éter-*
nelles et de vos prétendus *démons* ne peut être exprimée
plus énergiquement que dans ces mots trop oubliés par
votre école: « *C'est une chose bonne et agréab e à Dieu*
« *notre Sauveur qui veut que tous les hommes soient sau-*
« *vés et arrivent à la connais ance de la vérité.* » (Timoth.
II. 1, 3, 4.) Y a-t-il dans cette déclaration l'ombre d'un

doute, d'une restriction, d'une équivoque? Allons, Messieurs, tâchez de réfuter cette phrase si simple, mais si pleine de la céleste clémence qui « veut que tous les hommes soient sauvés et arrivent à la connaissance de la vérité. »

Par quelle subtilité parviendrez-vous à nier cette clémence? Comment arriverez-vous à nous faire croire que dans cette déclaration de l'apôtre ne se trouve pas magistralement écrite la condamnation absolue de vos flammes éternelles et de vos démons? Comment ferez-vous pour expliquer l'impossibilité de l'exécution de cette volonté divine qui veut que tous les hommes arrivent à la connaissance de la vérité et soient sauvés, à moins de rejeter systématiquement la solution la plus logique, la seule rationnelle : le principe sublime de la réincarnation dont ce qui précède est la plus éclatante justification? Comment ferez-vous enfin, pour expliquer et justifier l'existence de ce Dieu que vous nous opposez et que vous faites cruel, vindicatif, haineux, capricieux et souvent rempli de vengeance et de fureur, alors que celui que nous adorons est la miséricorde même et « veut que tous les hommes soient sauvés et arrivent à la connaissance de la vérité! »

Or, cette connaissance de la vérité est-elle possible avec une seule existence?

Ah! songez donc que si le père terrestre, le plus cruellement offensé par son enfant, peut lui pardonner, il n'est pas rationnel que le Dieu de justice et de miséricorde soit inférieur à sa créature lorsqu'il s'agit de clémence et de pardon.

Et comment tous les hommes pourraient-ils être sauvés et arriver à la connaissance de la vérité, si ces mots du Christ à Nicodème : « Il faut renaitre d'eau et d'esprit, » ne se rapportent pas à la réincarnation?

Du reste, cette même réincarnation que vous qualifiez si gratuitement d'absurde et d'idolâtre (page 2), n'est-elle pas bien expliquée et justifiée (peut-être involontairement) par le docteur Godart, dans son livre de *la physique de l'âme humaine,* édition de 1755, page 359, dans le passage même que vous avez reproduit pour le tourner contre nous :

« On peut donc considérer l'homme mourant comme un insecte qui se mue et dont la transformation est aidée par la lumière céleste et par le feu dévorant. Nous sommes chenilles dans cette vie, nous serons papillons dans l'autre. La résurrection développera des germes renfermés dans chaque organe, d'où résultera une modification accompagnée de nouveaux rapports, et ces deux transformations réunies, donneront des phénomènes nouveaux car, « rien de ce que « tu sèmes ne prend vie, s'il ne meurt auparavant. » La mort est donc la mue de l'homme, la résurrection sa métamorphose, et ici, comme chez les insectes, la transformation est parfaite ou imparfaite ; elle est parfaite pour les bienheureux, imparfaite pour les malheureux. »

Est-il possible de mieux définir la réincarnation? Peut-on donner une figure plus claire de ce qui se passe dans l'autre vie?

Oui, la mort est la mue de l'homme et, comme pour la chenille, elle est l'aide nécessaire pour une véritable transformation ; oui, cette transformation doit à son tour être aidée par la lumière céleste et le feu dévorant, c'est-à-dire, par les enseignements des bons Esprits, ministres des volontés suprêmes et par le remords cuisant et le repentir amer des fautes passées. Si les uns se transforment en *brillants papillon* , c'est qu'ils ont su, de l'autre côté, profiter de ce qu'ils avaient appris précédemment, augmenté des nouvelles instructions reçues par eux dans leur existence éthérée ; ils ont su, en un mot, progresser moralement et spirituellement, et se trouvent alors récompensés par leur avancement dans la bonne voie. Ceux, au contraire, pour lesquels la transformation, la *mue* est imparfaite et les fait rester *chenilles,* sont les hommes endurcis dans le mal, et plus ou moins mauvais et pervertis. Ils devront ainsi recommencer leur vie de travail et de perfectionnement sur la terre, jusqu'à ce que, de transformation en transformation, ils se soient eux aussi dépouillés de toutes leurs imperfections et, arrivés enfin à la « connaissance de la vérité, » ils aient mérité à leur tour de revêtir l'enveloppe éthérée qui caractérise les Esprits bienheureux. C'est ainsi que le progrès marche, pas à pas, et non d'un saut; c'est ainsi que chaque *mue* ou transformation développe des germes qui attendaient leur tour; c'est ainsi enfin que deux transformations successives donnent des phénomènes nouveaux, car « rien de ce que tu sèmes ne prend vie, s'il ne meurt auparavant, » ce qui signifie que les instructions données dans l'erraticité par les bons Esprits n'ont réellement pris racine que lorsque après une nouvelle existence plus ou moins bien employée, l'âme ou Esprit comprenant mieux la valeur et l'importance de ces enseignements, prend une résolution sérieuse, inébranlable de ne pas les négliger mais de les mettre en pratique dans toutes ses actions.

Un de nos plus fougueux adversaires, le P. Nampon, ne va-t-il pas, du reste, jusqu'à nous accuser d'avoir nous-mêmes inventé les flammes de l'Enfer? Écoutez-le plutôt :

« Ce n'est que pour démolir nos dogmes que le spiritisme, pour soutenir sa thèse, place dans nos écrits et nos enseignements la *matérialité* des feux de l'Enfer, etc., etc. » N'est-ce pas là votre propre condamnation et ne doit-on pas en conclure que vos flammes matérielles n'existent pas, puisque ce ne sont que des *rêveries* de ces fous spirites !

Il est vrai que le P. Nampon, ne se souvenant plus de cette déclaration, écrit à la fin de sa brochure: « Et nous préserverons les victimes de ces lamentables illusions d'une foule de déceptions dans la vie présente, et des *flammes éternelles* de l'éternité malheureuse; » mais ces contradictions de sa plume ne sauraient nous étonner, tant nos adversaires cléricaux nous y ont, depuis quelque temps, habitués.

Le révérend père va plus loin : d'après lui, ce sont encore les rêveries spirites qui placent parmi les dogmes catholiques, avec la matérialité des feux de l'Enfer, « *la corne du diable, et la pomme qui a perdu le genre humain* » ce qui n'est, prétend-il, autre chose que le rationalisme contemporain, se servant des rêveries de la métempsycose pour démolir les susdits dogmes.

Au sujet du libre-arbitre, voici ce que nous trouvons dans la brochure que nous examinons ; nos lecteurs n'auront pas besoin de plus amples explications ; ils trouveront ci-dessous l'effigie et le revers d'une bien curieuse médaille :

<table>
<tr><td>

Page 29

« Dieu fait miséricorde à qui il lui plaît et laisse s'endurcir qui il lui plaît. »

—

« Personne ne sort de l'abîme où l'a plongé la chute d'Adam, par le moyen du libre-arbitre, mais par la grâce de Dieu. »

—

« Personne n'use bien du libre-arbitre que par la grâce de Jésus-Christ. »

—

« Dieu opère tellement dans le cœur des hommes et même dans le libre-arbitre que, sans lui, ils ne pouvaient rien faire de bon...... »

</td><td>

Page 32

« Du reste, dire que le corps est *façonné sur l'âme* et que l'homme a été créé avec des prédispositions inégales pour le mal, c'est « nier le libre-arbitre » et admettre la « fatalité, » c'est baser ses arguments sur le système du phrénologiste Gall.

» L'homme en venant sur la terre, c'est-à-dire son âme a été créée « innocente et libre, » sans autre prédisposition au mal que celle qui lui vient de la première tache originelle *(ce n'est donc plus une invention des spirites)?* et vous voudriez en faire un esclave et un jouet des ressorts de son organisme? Non; et si, plus tard, cette âme se déprave, cela tient uniquement à son *libre-arbitre*. »

</td></tr>
</table>

Voyons donc, Messieurs, où est-il le libre-arbitre? Est-il à droite? est-il à gauche?

Enfin, permettez-nous de prendre encore dans votre brochure les lignes suivantes (page 29):

« L'homme *ne sait* s'il est digne d'amour ou de haine; (Eccl. IX, 1.)

« Qui peut dire: Mon cœur *est pur,* je suis exempt de péché? (Prov. XX, 9.)

« Pas un seul n'est juste; il n'est pas un homme qui comprenne, il n'en est pas qui cherche Dieu. *Tous ont dévié,* tous sont devenus inutiles; il n'en est pas qui fassent le bien, il n'en est pas même un seul. (Rom III, 10, 11, 12.) »

Et comme complément :

« Où est l'homme, en effet, qui peut se rendre à lui-même le témoignage de n'avoir jamais été injuste, ni dans ses actions, ni dans ses discours. »

Et voilà pourquoi les spirites, tout en ne sachant s'ils sont dignes d'amour ou de haine, n'ont aujourd'hui qu'un but : chercher à obtenir cet amour et éloigner toujours plus la haine, car ils doivent dire individuellement : « Mon cœur est-il réellement pur? suis-je exempt de péché? » et ils auront d'autant plus raison de parler ainsi que « pas un seul n'est juste; que pas un homme n'a compris Dieu; que tous ont dévié; que tous sont devenus inutiles, qu'il n'en est pas qui fassent le bien, qu'il n'en est pas même un seul. »

Sont-ils donc blâmables ces hommes qui cherchent à mieux comprendre Dieu? Sont-ils coupables de chercher à ne plus dévier? Font-ils mal en cherchant à faire le bien?

Oh! c'est au cœur de tous que nous faisons appel; c'est à nos adversaires mêmes que nous demandons : « Sommes-nous, avec une doctrine comme celle que nous cherchons à suivre, et que nous prêchons ainsi, des *répouvés,* des *pervertis,* des *misérables?* Sommes-nous les négateurs de

Dieu en faisant comprendre et admirer sa *grandeur* et sa *puissance*, sa *justice*, sa *sévérité* et sa *clémence ?*

Oh! laissez-nous notre foi, car beaucoup d'entre nous sont revenus à Dieu par le spiritisme ; car beaucoup d'entre nous qui le niaient, l'adorent aujourd'hui ; car depuis qu'ils sont spirites, beaucoup ont résisté à bien des tentations ; car, tous, nous ne voulons qu'*amour et charité.*

N'interprétons donc plus en mal les pensées et les actions de nos frères, parce qu'elles sont contraires à nos pensées et à nos actions; car nous savons tous « qu'il y a plusieurs demeures, » dans le royaume de Dieu et que chacun ira habiter celle que ses vertus lui auront méritée. Soyons charitables les uns pour les autres, aimons-nous malgré la divergence momentanée de nos pensées, de nos idées ; malgré la divergence dans notre manière d'aimer et d'adorer Dieu; car que demande-t-il, ce Père céleste? Le cœur de ses enfants. Donnons-le lui tout entier. Voilà ce qu'il désire.

Soyez donc chrétiens à votre manière, nous n'y trouverons rien à redire ; mais, de grâce, laissez-nous aussi le droit de nous qualifier tels, quoique spirites et surtout, parce que nous sommes spirites ; n'est-il pas écrit encore dans votre brochure (page 29): « C'est Dieu qui opère en vous le vouloir et le faire, selon qu'il lui plaît. » (Phil. II, 13.)

C'est donc Dieu qui a fait, fait et veut le spiritisme, et cela, probablement, dans des vues qui nous sont inconnues, mais, dans tous les cas, pour l'amélioration toujours progressive de l'humanité.

Adorons donc ses décrets et, après avoir dit que tout se fait par lui et que rien ne peut être fait sans son bon plaisir, ne blasphémons plus les uns contre les autres.

Nul spirite ne méconnaît le Christ : tous, au contraire, le vénèrent, et la nouvelle philosophie ne fait qu'enseigner et développer les sublimes engagements du divin Crucifié.

Laissons donc de côté toutes les questions secondaires et accessoires soulevées dans votre écrit; nous croyons en avoir dit assez pour nous laver du très noir vernis dont votre pinceau a voulu nous couvrir.

Nous ne pourrons désormais continuer cette polémique avec vous que lorsque vous aurez étudié plus sérieusement et surtout avec d'autres Esprits la philosophie qui réjouit nos âmes.

LÉON DE FÉNÉTRANGE.

COMMENT JE COMPRENDS DIEU

Tours, le 13 mai 1866.

Monsieur le Directeur,

Fidèle à la promesse que je vous ai faite dans ma dernière lettre, je vais expliquer, autant que faire se peut, comment je comprends Dieu.

« Dieu, selon moi, est un être individuel, unique, infini-
« ment puissant, possédant en un mot toutes les qualités de
» l'infini. »

Je dis individuel, car je ne comprends pas une parfaite intelligence en dehors d'une individualité ; infiniment puissant, parce qu'il n'existe rien de réel dont Dieu ne soit pas le créateur. En effet, si Dieu n'avait pas tout créé, quelque chose existerait sans lui, serait indépendant de sa volonté, et lui ferait perdre son omnipotence. Je pourrais aussi facilement détruire tous ses autres attributs et j'arriverais ainsi à la négation d'un être suprême.

Je dis quelque chose de réel, parce que je n'admets pas, comme logique, la raison que certains donnent, et par laquelle ils croient ne pas devoir reconnaître à Dieu sa toute-puissance, disant que Dieu ne pouvait pas ne pas être : ceci est évident, puisqu'il est éternel, et que par ce même attribut, il ne doit pas se détruire. Peut-on accuser un être d'impuissance parce qu'il ne fait pas qu'une chose soit et ne soit pas tout à la fois ; être et ne pas être, pour le même objet, serait une raison contraire à cette loi que Dieu a créée pour établir ce que nous appelons le positif. Sans elle, rien de vrai, rien de réel, rien de stable ; c'est une loi éternelle qui ne doit pas être détruite, car elle ne peut pas encore être éternelle et ne pas l'être tout ensemble.

Dieu est donc tout-puissant pour le positif, pour le vrai ; quant au reste, d'après moi, cela ne doit même pas exister.

« Possédant toutes les qualités à l'infini »

En effet, un être tout-puissant doit être infiniment libre, et de ces deux attributs dérivent presque tous les autres.

Il doit être unique, car s'il avait un égal, il ne serait pas l'être suprême.

Il doit être infiniment parfait et bon, et par conséquent, nous aimer tous d'un amour égal. Éternel enfin, car s'il avait eu un commencement, ce qui l'aurait créé serait plus puissant que lui.

« Ayant, sur l'un des points de l'univers, un siége, un
» foyer, duquel il répand ses rayons d'intelligence dans l'in-
» finité de l'espace. »

Dieu, me dira-t-on, n'a pas un endroit où il est plus que dans un autre. Non ; quant à son intelligence, mais elle a un point duquel nous devons toujours tendre à nous approcher, et en effet si Dieu remplissait l'espace de son être réel, nous n'aurions pas besoin de quitter cette terre pour nous rapprocher de lui, puisque nous en serions partout également près.

Je sais bien que certains diront : Dieu étant infini ne peut pas avoir un centre. Parfaitement ; mais je comprends l'infini en Dieu dans ses attributs, tels que son pouvoir et son libre arbitre, qui sont sans borne ; mais, nous sommes bien obligés d'admettre pour Dieu, un être d'une forme quelconque, pour si petit ou si subtil qu'il soit, un être qui forme le cœur de la divinité, si je puis m'exprimer ainsi.

Les rayons de soleil qui arrivent jusqu'à nous, qui nous réchauffent et nous éclairent, ont un point de départ ; pouvons-nous dire que le soleil est également de son être réel, auprès de nous, comme dans l'intérieur de sa planète ? Évidemment non ; il est près de nous par sa chaleur et son éclat. Admettons pour un instant que ses rayons lumineux soient intelligents, le siége de cette intelligence sera le soleil ; et de là, il nous est facile de nous faire une idée de Dieu. Si on me demande quel est l'endroit que le divin foyer occupe, je répondrai que Dieu était libre de choisir le point de l'espace qui lui convenait, et que de là, il n'en est pas moins partout par son intelligence.

L'être suprême, Dieu proprement dit, occupe dans l'univers, les régions les plus élevées ; il est entouré d'une atmosphère éthérée, d'un fluide émanant de lui-même, qui se répand dans tout l'espace, transmettant ainsi l'intelligence, la clairvoyance divine, dans les endroits les plus obscurs ; les corps les plus opaques sont aussi transparents pour lui que le cristal l'est à nos yeux. C'est ce qui a fait dire au roi David : « J'ai dit : peut-être les ténèbres me cacheront-elles ; » mais les ténèbres n'ont aucune obscurité pour lui. La nuit » la plus profonde est à ses yeux comme le jour le plus brillant. » C'est ainsi que je comprends son immensité.

C'est à une partie de ce fluide, comme je l'ai dit dans ma lettre du 8 janvier, que Dieu a fait subir différentes condensations pour former les premières molécules de la matière.

Il répugne à beaucoup de personnes de reconnaître à Dieu un siége particulier, ils aiment mieux dire que Dieu est le

grand tout. Si Dieu est tout, le reste n'est rien, les minéraux,
les végétaux, les animaux sont Dieu, nous sommes tous Dieu,
jusqu'à la matière la plus grossière; le panthéisme n'en dit
pas davantage.

En suivant cette théorie, je me verrais forcé de retourner
la phrase, et de dire : que Dieu est le grand rien, puisque
d'après ce système, je ne pourrais pas admettre son existence.

Peut-être ne suis-je pas complètement dans le vrai : Bien
présomptueux serait quiconque prétendrait posséder seul la
vérité. Aussi je crois que toutes ces différences de systèmes
qui existent parmi nous, doivent être livrées à une discussion raisonnée pour que la vérité se fasse jour, et qu'il en
sorte une croyance vraie et unique pour tous.

Agréez, Monsieur le Directeur, l'expression de mes sentiments les plus distingués.

RÉGIMONT.

* * *

Correspondance

Marseille, le 1ᵉʳ mai 1866.

Monsieur et cher frère spirite,

Je vous adresse encore le récit de deux petites manifestations d'outre-tombe, dont je puis vous garantir l'authenticité et qui ne me semblent pas inutiles pour l'histoire du
spiritisme. Elles datent de 1854. La première a eu lieu à
Marseille; la deuxième, en pleine mer, dans le trajet de la
Havane à Gênes :

Mademoiselle R..., âgée de 26 ans, blanchisseuse, avait un
amant de qui elle tenait deux filles, une âgée de dix-huit
mois, l'autre de trois ans environ. Son amant voulait bien

l'épouser, mais il attendait toujours d'être guéri d'une maladie incurable qui le conduisit lentement dans la tombe. Environ six mois avant la mort de son amant, R... fut demandée en mariage par un homme veuf qui lui promettait une assez belle position; avant de donner sa parole, R... voulut demander les conseils de son amant, qui la menaça de lui brûler la cervelle et de se la brûler ensuite lui-même, si elle se mariait avec un autre que lui. Effrayée de cette menace, R... refusa les propositions qui lui étaient faites.

Environ cinq mois après, le malade se mit au lit et n'en sortit que pour aller habiter chez les morts.

La veille du jour où il rendit le dernier soupir, il fit appeler R... et exigea d'elle la promesse qu'elle ne se marierait jamais; celle-ci la fit, et après avoir passé quelques heures au chevet du malade, se retira chez elle, vers huit heures du soir, en lui promettant de venir le voir le lendemain matin. Mais l'homme propose et Dieu dispose! Elle ne devait plus le revoir ici-bas.

Dans le courant de la nuit, R... fut très-agitée, elle ne dormit presque pas; il lui semblait entendre marcher à grands pas dans sa chambre et même voir un fantôme voltiger près de son lit. Le lendemain matin, elle apprit que son amant était mort vers minuit.

Quelques mois s'étaient passés lorsque R.... reçut la visite de la personne qui lui avait proposé son mariage avec l'homme dont nous avons parlé. Apprenant que, maintenant, elle était libre, il lui faisait renouveler sa proposition. Cette fois, R... n'avait qu'à se consulter elle-même; elle demanda trois jours avant de faire une réponse.

La nuit suivante, elle réfléchissait dans son lit à sa triste position et à celle de ses enfants, elle se dit *mentalement* que puisque une bonne occasion se présentait pour elle d'en sortir, c'était son devoir d'en profiter. Au même moment, un grand coup de poing lui fut donné dans le dos. Aussitôt elle alluma la bougie afin de bien examiner si elle ne s'était pas frappée à quelque objet se trouvant, par hasard, sur le lit, mais elle ne vit rien.

La deuxième nuit, elle réfléchissait encore tout émue à la réponse qui allait décider de son sort et de celui de ses enfants, et elle se promettait de répondre affirmativement, quand, cette fois, ce ne fut plus un coup de poing, mais un vigoureux soufflet qui lui fut appliqué sur la joue droite, et appliqué avec une telle force que, le lendemain matin, les traces en étaient encore très visibles.

R... crut comprendre d'où partaient ces témoignages irrécusables de mécontentement et, au préjudice de tous ses intérêts, refusa de se marier. Depuis elle n'a plus eu de manifestations.

———

Mademoiselle Henriette, âgée de dix-huit ans, s'était embarquée à la Havane pour Gênes, sur un bateau à vapeur à bord duquel on ne parlait que l'espagnol et l'anglais. Le commandant seul parlait un peu l'italien.

Le 6 janvier 1851, vers 2 heures du matin, Mlle Henriette, ne pouvant dormir, quitta sa cabine et monta sur le pont pour y respirer plus librement l'air pur et, en même temps, contempler le ciel sans nuages et la mer sans horizon. Arrivée devant la barre du cabestan, elle s'y appuya; au même moment, elle entendit une voix l'appeler en bon français : « Henriette, Henriette. » Surprise de s'entendre appeler dans sa langue, sur un navire où personne qu'elle ne la parlait, elle se retourna pour voir d'où partait la voix, mais elle ne vit que le commandant nonchalamment occupé à fumer un cigare ; elle s'aporocha de lui et lui demanda en italien s'il l'avait appelée ; le commandant répondit que non.

Mlle Henriette retourne à la barre de cabestan, s'y appuie de nouveau toute préoccupée de cette voix dont le timbre ne lui semblait pas inconnu et cherchant vainement à se rappeler où elle avait pu l'entendre. Tout-à-coup elle est appelée de nouveau : « Henriette, Henriette » Croyant alors à une mystification de la part de quelque personne du bord, elle quitte sa place et redescend dans sa cabine pour se coucher de nouveau. Mais à peine est-elle arrivée devant son lit que la voix lui dit : « Décidément, Henriette, tu ne veux pas me reconnaitre. » Elle se retourne aussitôt et voit debout, à côté d'elle, son grand père-maternel. Au mouvement qu'elle fit, causé par la surprise et la frayeur, le grand-père disparut.

Deux jours après, le navire arrivait à Gènes, et Mlle Henriette trouvait dans cette ville une dépêche télégraphique lui annonçant que son grand-père était mort le 6 janvier, à 2 heures après minuit.

Agréez, etc.

CHAVAUX,
D. M. P.

P. S. Cette demoiselle Henriette est la somnambule que j'ai désignée par la lettre *H,* dans ma lettre du 12 avril dernier et qui a été insérée dans le N° 44 de l'*Union.* Elle demeure à Marseille, rue de la Loubière, 56, chez Mme Léonidas, phrénologiste. Je suis heureux d'avoir obtenu d'elles l'autorisation de les désigner par leurs noms.

PROPAGATION DU SPIRITISME

LE SPIRITISME A HAMMONTON, PHILADELPHIE, PROVIDENCE ET BOSTON.

Je quittai, il y a quelques semaines Cincinnati, en compagnie de ma femme et de notre frère M. J. G. Fish, dans le but de visiter Hammonton et les autres villes qui sont à l'est. Je profite aujourd'hui de quelques loisirs pour vous décrire mes impressions sur la marche du spiritisme, tout en vous parlant de nombreux spirites avec lesquels j'ai eu le plaisir de faire connaissance.

À Hammonton, première ville de mon voyage, le nombre de ceux qui croient à la nouvelle doctrine révélée par les Esprits est de beaucoup supérieur aux adeptes de tout autre religion. Une conséquence de ce fait, c'est que les rapports des habitants entre eux, sont aussi purs que l'air qu'ils respirent. Ils ont une société parfaitement organisée qui se réunit chaque dimanche, matin et soir, afin d'assister aux lectures édifiantes qui peuvent y être faites ; ils possèdent, en outre, pour les enfants, un lycée très bien tenu. La réunion de ces jeunes spirites a lieu le samedi, dans l'après-midi ; ils viennent là écouter les leçons de sagesse que donnent leurs maîtres ; des exercices variés savent distraire ces enfants, en mêlant l'utile à l'agréable. Non-seulement ils apprennent, mais ils aiment à apprendre. Ce sont les espérances de l'avenir que ce lycée de progrès renferme. Le docteur Howard en est le directeur ; il est assisté dans sa tâche de messieurs et dames intelligents et instruits.

Mon séjour à Hammonton me permit de faire connaissance avec un grand nombre de spirites, et je puis dire que là, cette école est composée de gens dignes et intelligents. Ils savent porter avec honneur et énergie l'étendard du spiritisme ; leur devise est : Charité et respect pour tous, même pour ceux dont les opinions sont contraires aux nôtres (I). Pendant mon séjour parmi eux, ce fut M. Fish qui fit les lectures. Le comité de la société m'ayant prié de vouloir bien

---

(1) Le *Petit journal* a-t-il songé à ranger cela au nombre des crimes et folies du spiritisme ? — C. G.

me faire entendre, je me rendis à cet appel le dimanche suivant à la réunion du soir. J'adressai aussi quelques mots aux enfants qui fréquentent le lycée spirite, et j'ai pu lire sur leurs traits l'attention la plus soutenue. Je souhaite qu'ils retirent quelque bien du petit discours que je leur ai fait.

Les dames organisèrent un festival dans le but de réunir des fonds suffisants pour faire construire une salle appartenant à la société. Ce festival fut nommé le Festival des pêches, à cause de la saison dans laquelle nous nous trouvions et des fruits qui abondaient cette année sur le marché de la ville. Les fêtes durèrent plusieurs jours. Musique vocale et instrumentale, danses, valses, comédies, discours, improvisations, tout fut mis en œuvre pour distraire les souscripteurs. La joie brillait sur tous les visages. Le résultat pécuniaire fut très satisfaisant.

Je pourrais ajouter beaucoup d'autres choses sur les spirites d'Hammonton, mais comme il me reste de nombreuses impressions à raconter à vos lecteurs, force m'est donc de les laisser en leur souhaitant tout le bonheur possible, et après les avoir remerciés de leur fraternelle hospitalité.

Je quittai Hammonton pour Philadelphie. Le comité des spirites de cette ville m'avait invité à venir leur donner quelques lectures. Le docteur Henry T. Child m'avait offert l'hospitalité, je me rendis donc à sa maison située dans le le quartier des Quakers. Que sa modestie me permette de dire ici que je ne connais pas de spirite plus sage, plus ferme et plus intelligent que lui. Je devais donner ma première lecture le dimanche soir dans la salle de la rue Samson. Le matin de ce même jour, accompagné du docteur, j'eus le plaisir d'assister à une conférence tenue par les spirites de cette ville. Il me fut ainsi permis de voir et d'entendre quelques orateurs éminents et de juger de la force de leur intelligence. Le sujet en discussion était : *De la vie et des meil-*

leurs moyens de vivre. Ce ne sont peut-être pas les mots mêmes, mais c'est au moins le sens. Les deux parties de ce thème furent admirablement déve oppées ; l'intelligence ne fait pas défaut parmi les spirites de Philadelphie. Chaque orateur semblait armé de raisons soigneusement étudiées.

J'eus occasion de renouveler cette même observation dans une autre séance. Le sujet en discussion, ou plutôt en débat, car la séance fut un vrai débat, était : *Qu'est-ce que Dieu? Quels sont les meilleurs moyens de l'adorer ?* A ma place vous auriez conclu, comme moi, que chaque spirite de Philadelphie avait son Dieu et son adoration particulière; il n'y avait pas deux orateurs qui comprenaient Dieu de la même manière. Peut-être est-il convenable que chacun de nous comprenne Dieu à sa manière ! Qu'importe après tout, pourvu que les spirites suivent partout ce principe des principes : « Aimez-vous les uns les autres. » C'est par la pratique de cet aphorisme compréhensible à toutes les intelligences, que nous deviendrons bons et vertueux. Je n'ose pas dire que les spirites de Philadelphie ne pratiquent pas la loi d'amour: j'ignore leur manière de faire à ce sujet, mais je dis que cette séance me laissa une mauvaise impression sur la manière dont ils paraissent la pratiquer. Ce reproche ne saurait s'adresser à tous, car je connais d'excellents adeptes de la doctrine à Philadelphie. Ai-je besoin de nommer MM. Child, Dyott, Osborn, Remi Prera, leur président et beaucoup d'autres.

Le soir où je leur adressai la parole, la réunion se composait de trois à quatre cents spirites. Je reste leur obligé pour la réception chaleureuse qu'ils m'ont faite. J'espère être à même de mieux juger plus tard les spirites de Philadelphie.

De cette ville nous partîmes pour la Nouvelle-Angleterre et nous arrivâmes sains et saufs à Providence. J'avais reçu

une invitation pour le dimanche suivant. Or, nous faisions
notre entrée le samedi matin da .s cette belle ville des montagnes. Notre frère, M. L. K. Joslin, nous attendait avec
impat'ence. Le lendemain, dans l'après-midi, je fis une lecture dans la salle Pratt, devant une société nombreuse et
très bien composée. En peu de temps j'eus gagné la sympathie de mes auditeurs, si j'en crois un sentiment intérieur.

Les spirites de Providence appartiennent à la haute société
de cette ville, soit comme richesse, soit comme position sociale. L'impression profonde qu'ils m'ont laissée est qu'ils
s'aiment les uns les autres ; ils rappellent par leur conduite
les chrétiens de la primitive église. Notre frère, M. Fish,
m'avait déjà dit que les spirites de Providence avaient une
réputation dignement méritée. Je suis heureux de ratifier
personnellement son opinion sur eux.

Leur société, bien organisée et bien dirigée, a fondé un
lycée spirite pour les enfants, dans des conditions qui font
bien présager de son avenir et de ses succès. Je n'ai pu visiter cette institution si intéressante. La salle Pratt, où la société tient ses séances, est l'une des plus belles et des mieux
disposées que j'aie rencontrées dans mes pérégrinations. Il est
une chose principalement sur laquelle je ne saurais trop féliciter les spirites de Providence, c'est l'excellence de leur
musique et la mélodie des morceaux qu'on entend à leurs
réunions. Je ne puis en dire autant des autres sociétés. La
musique est un élément nécessaire à la prière de l'âme. Je
voudrais entendre une bonne musique dans les sociétés où je
suis appelé ; elle apporte satisfaction aux spectateurs, à l'orateur, à toute la réunion ; elle est profitable à l'harmonie de
l'ensemble, aux rapports du peuple avec Dieu. Je conserve
un excellent souvenir des spirites de Providence. MM. Joslin, Mowry, Foster, Towne et beaucoup d'autres qu'il est

inutile de nommer, ont su gagner une bonne place dans mes affections.

Je ne pouvais quitter Providence sans visiter Boston ; c'est de là qu'est parti mon père quand il vint habiter Cincinnati. Parlerai-je du spiritisme à Boston, quand il a un organe aussi répandu que le *Banner of Ligth!* Nos frères, MM. Luther Colby, Crowel, Wilson, les docteurs Child, Uriah Clark, directeur de la maison de santé de la rue Chouncy, savent honorer la croyance spirite. Ce dernier a publié, sur la doctrine, un des meilleurs ouvrages qu'on lise en Amérique. Son *simple guide en spiritisme* dénote un travailleur infatigable, un rare observateur. Je suis parti avec le regret de n'avoir pu rencontrer notre autre frère le docteur Gardner; mais je ne pouvais rester plus d'un jour à Boston.

Votre ville est un foyer précieux de lumières pour notre belle doctrine. L'intelligence, la sagesse et la fraternité y marchent de front. Je suis heureux de savoir que beaucoup d'autres villes suivent nos traces.

A. G. W. C.

Cincinnati, le 1er septembre 1865.

(Extrait du Banner of Ligth.)

Traduction de C. Guérin.

Faits spirites

MOLESTATIONS

Si la critique se permet de donner un démenti à des témoins honorables qui tous ont vu les événements que je viens de raconter (molestations spirites exercées sur un jeune enfant)

(1), si elle ne craint pas de les tourner en ridicule, puis-je espérer être à l'abri des plaisanteries, lorsqu'on aura lu ce qui m'est arrivé dans la nuit du lundi au mardi du 25 juin 1764, à une heure et demie après minuit?

Toutes les railleries des sceptiques ne sauraient me faire mettre la lumière sous le boisseau, ni faire tort à la divine Providence qui a eu ses profonds desseins en permettant les molestations de cette nuit fatale, bien que, par son infinie miséricorde, ma personne n'ait eu nullement à en souffrir. J'ai quelque connaissance de la critique, et je n'aurais pas osé avancer ce fait (que nul du reste n'est obligé de croire) comme preuve de mes propositions précédentes; je me serais bien gardé de le publier, si les témoins qui ont vu le matin les suites de mes souffrances de la nuit ne l'avaient mal raconté, comme c'est au reste l'habitude. Voilà ce qui m'engage à décrire avec sincérité tout ce dont j'ai été témoin.

D'abord avant d'entrer dans la déscription du phénomène, il est nécessaire, pour l'intelligence des événements de savoir que, malgré mes études théologiques nécessaires à la charge qui m'incombe, je n'ai pas négligé les recherches philosophiques qui joignent l'utile à l'agréable (2). Comme j'avais alors quelques autres sujets à traiter, ma machine électrique était complétement démontée et les morceaux en étaient répandus çà et là dans ma chambre.

Le soir du 25 juin, après avoir lu quelques passages de

<hr>

(1) Voir l'*Union spirite*, tome IV, pages 162 et suivantes.

(2) Le Père Athanase Cavalli, professeur de théologie au couvent des Carmes de Turin, était versé dans l'étude des sciences naturelles. Les phénomènes électriques avaient attiré son attention, ses conférences avec le célèbre Père Beccaria sur l'électricité sont connues des physiciens. Il avait élevé au-dessus de sa chambre le paratonnerre de Franklin, et sa machine électrique était toujours au pied de son lit.

Saint Hilaire, je me mis au lit. Il était une heure après minuit, et le sommeil ne m'avait pas encore gagné quand, à la demie sonnant, je sentis la roue de la machine tourner avec force et vitesse. Je levai la tête, et comme mes instruments de physique étaient près de mon lit, j'avançai la main en bas et en haut, de côté et d'autre pour savoir s'il n'y avait pas quelque farceur qui voulut rire à mes dépens. Je ne touchai personne; seulement, la roue de la machine me frappa fortement les doigts de la main, ce qui me la fit retirer aussitôt. Me lever, m'asseoir sur mon lit, regarder fixement dans toute la chambre fut l'affaire d'un instant, mais je ne vis personne, bien que la fenêtre ouverte me donnât assez de lumière pour distinguer celui qui aurait pu se trouver dans la chambre. Je remarque cependant que la machine tourne toujours avec force et qu'elle donne des étincelles électriques jusqu'à l'extrémité de la chaîne qui se termine près du mur. Après un examen attentif et des pourparlers intérieurs qui ne m'apportaient nulle explication du phénomène, je me rappelai que la nuit précédente, j'avais entendu la roue tourner. J'en avais même parlé à un de mes amis le Père Pansopi, et je lui avais dit, moitié riant, moitié plaisant que je considérais cela comme un jeu de mon imagination. En ce moment, ce souvenir me revint, et ne voyant, ne sentant personne, ne trouvant aucune cause naturelle pour expliquer ce que je voyais et sentais (le lecteur s'imaginera parfaitement tout le chemin que fit mon esprit dans un instant!) la terreur me saisit, puis le dédain et la colère, et j'insultai le démon, faisant peu de cas de tout ce qu'il pourrait faire; mais avec la réflexion, je redoutai qu'il ne me jouât quelque mauvais tour, je pris de l'eau bénite, fis quelques aspersions, et plein de confiance en Dieu lui commandai avec force. Incontinent tout mouvement cessa. Je tombai comme mort sur mon lit. A quatre heures

et demie un écolier vint comme d'habitude pour me réveiller.
— Ouvre la porte, lui dis-je, et tâche d'entrer dans ma
chambre, mais il ne put. Après plusieurs essais il parvint
cependant à pénétrer chez moi; mais en ouvrant la porte,
une boîte dans laquelle je mets de la colle et dont je me sers
pour empêcher que personne ne pénètre dans ma chambre
tombe avec fracas. Au bruit, je me levai pâle et tremblant.
Que vois-je? que voyons-nous? Tous mes livres épars dans
ma chambre et formant un magnifique pentagone comme on
s'en sert pour les fortifications. Je veux m'habilller, je ne
retrouve pas mes vêtements. Mes culottes sont étendues en
forme de pavillon au dessus de mon chevet de lit, un côté
soutenu par un morceau de toile, le reste appuyé verticale-
ment contre un morceau de bois. Mes autres effets, que
j'avais jetés la veille, suivant ma coutume, sur les montants
de la machine, ont disparu, mais à leur place la machine est
installée avec toutes ses pièces. L'écolier a beau chercher çà
et là, il ne trouve rien. Enfin pour pouvoir me lever, je lui
donne la clef de l'armoire, afin qu'il me donne un habit que
j'avais renfermé quelques jours auparavant. Il ouvre l'armoire et nous voyons l'habit étendu comme mes culottes.
C'était une trop belle preuve, je le prie de le laisser ainsi,
afin que d'autres le voient, et l'engage à chercher mon habit
noir qu'il retrouve enfin par terre, tout ployé sous mille
papiers divers. Je me lève, aussitôt le bruit de ces événements se répand dans le couvent. Beaucoup de religieux
viennent voir, et sortent stupéfaits. Pendant ce temps, je
recherche ce qui me manque encore et je trouve au pied de
mon lit, au milieu d'une couverture qui était sous un coffre,
mon scapulaire roulé sous forme cylindrique. Sur la fenêtre,
dans une petite boîte, ou il y avait eu du sel dont je m'étais
. servi pour faire de la glace artificielle, je retrouve mon
capuchon soigneusement plié; au-dessus était le manche

d'une sphère électrique ; sur ce manche, placé perpendiculairement, un cornet plein de colle ; sur le cornet un morceau de papier, et sur le morceau de papier, une paire de ciseaux ouverts et en parfait équilibre.

Voici le fait, voilà les principaux phénomènes que plusieurs ont examiné avec attention. Ceux qui daigneront m'accorder un peu de confiance, seront persuadés que je leur ai dit la pure vérité.

(Extrait des *Apparitions et des Opérations des Esprits*, par le Père Athanase Cavalli.)

Traduction de C. Guérin.

Bordeaux. — Imprimerie A.-R. CHAYNES, cours d'Aquitaine, 57.

L'UNION SPIRITE BORDELAISE

REVUE DE L'ENSEIGNEMENT DES ESPRITS

PREMIÈRE ANNÉE   N° 48.   22 MAI 1866.

A NOS LECTEURS

Cédant aux conseils qu'ont bien voulu lui donner des hommes dont la compétence sur semblables questions est reconnue de tous, la direction de l'*Union spirite bordelaise* a décidé qu'à partir du prochain numéro, commencement de la deuxième année, notre *revue* paraîtra aux mêmes époques, mais par cahier de 16 pages in-8° *grand raisin* (format de la *Revue spirite*). Elle formera ainsi tous les semestres un fort volume de 400 pages environ, sur beau papier glacé, contenant plus de matières que les deux volumes qui forment le semestre actuel. Les conditions de l'abonnement restent les mêmes.

Notre œuvre étant une œuvre universelle, s'adressant partout où se trouvent des cœurs avides de vérité et de lumière, nous avons cru aussi devoir supprimer le mot *bordelaise* qui semblait lui donner un caractère local qu'elle n'a pas. Nos lecteurs, en effet, ont dû s'apercevoir que, tout en faisant une part assez large aux faits spirites qui peuvent se produire à Bordeaux, nous sommes loin d'exclure les autres provinces où, du reste nous sommes heureux de le dire, notre faible voix a rencontré de bien nombreuses et de bien chères sympathies.

Nous remercions sincèrement nos lecteurs de l'appui moral et matériel qu'ils ont bien voulu nous donner dans l'accomplissement de notre rude tâche, et nous sommes persuadé qu'il ne nous fera pas défaut dans l'année que nous allons commencer avec autant de confiance que de courage.

AUG. BEZ.

PECQUEUR

Nous avons analysé (1) l'admirable philosophie de Pecqueur sur Dieu aux attributs infinis en acte, sur la monade aux attributs infinis en puissance réalisable progressivement, sur l'unité et la solidarité de l'univers, la parenté universelle de tous les êtres, les modes, les conditions du progrès. Ce résumé est assez développé et assez clair pour qu'il n'ait pas besoin d'explications nouvelles.

Nous nous proposons aujourd'hui de faire connaître Pecqueur moraliste, praticien, après que nous l'avons apprécié comme théoricien.

Les extraits que nous allons prendre et analyser sont puisés dans ses écrits aux philadelphes (1845-1846-1848); ils sont pris çà et là, mais cités textuellement.

« La tolérance s'étend légitimement à tout ce qui dépasse la raison, à tout ce qui ne blesse pas positivement la notion de la divinité et celle de la fraternité.

« Dieu, le libre arbitre, la responsabilité, la vie future sont attestés par la raison, essentiels à l'idée de devoir, laquelle est elle-même inhérente à l'idée de bien, de moralité et finalement de fraternité.

« Comment fonder la pratique de la charité sur un caprice, sur le plaisir, sur l'intérêt facultatif, ou même sur une raison qui ne relèverait que d'elle-même. »

« La tolérance ne peut évidemment s'introduire au cœur de la morale ou de la religion. Son domaine est sur leurs

---

(1) *Bardes druidiques*; Paris, Didier, 1866.

confins. Mais, sauf ces points, la tolérance est l'une des premières prescriptions du bon sens et de la charité.

» Une grande place est réservée à l'esprit de tolérance dans *la rénovation qui se prépare*. Il sera enfin compris qu'il n'est point de péché comparable à celui-là. Les impies, ce sont les intolérants; les ennemis de la paix, les faiseurs de schismes et d'hérésies, ce sont encore les intolérants.

» Si donc il fallait être intolérant, ce serait envers ceux qui le sont.

» Une grande vertu va s'ajouter dans le sein du royaume de Dieu à toutes les vertus jusqu'ici reconnues; ce sera l'un des préceptes capitaux de la foi; parmi des hommes qui veulent pratiquer la fraternité, il n'en est pas de plus nécessaire. L'admiration et la sainteté ne sont promises désormais qu'à ceux qui useront de tolérance sincère et complete envers leurs frères touchant les questions secondaires et les solutions incertaines du grand problème religieux. »

» Il s'agit de dégager la morale religieuse des séculaires préjugés qui l'ont obscurcie sous une multitude de pratiques extérieures; — d'affranchir l'église véritable de la solidarité funeste où elle a été jusqu'ici, des vicissitudes de la métaphysique, de la théologie, des dogmes et des cultes positifs; — de ramener la religion et le culte de leur signification primitive à leur essence, sans mathématiser les formes diverses qu'ils ont revêtues ou qu'ils peuvent revêtir encore;— de rendre l'unité et l'universalité à la religion qui est une, et qui ne paraît multiple que parce qu'on en a vu le fond dans ce qui n'en est que la forme, et l'essentiel dans ce qui n'en est que le prolongement externe.

» Il faut tellement circonscrire l'orthodoxie aux vérités strictement nécessaires, que les hérésies ne puissent plus atteindre la religion pure, que pour elle il n'y ait plus de réforme, d'époques critiques, qu'on ne puisse plus la confondre dans l'esprit des peuples parmi le langage suranné du passé, et que l'immuable reste ce qu'il est, dans la conscience et l'amour des générations successives.

» Alors la lumière brillera d'une égale et continuelle clarté aux yeux de tous, et cette irradiation perpétuelle rendra non-seulement les transformations des dogmes, les progrès de la science faciles et sans danger, mais elle ôtera à tout jamais le moindre prétexte aux tentatives de l'égoïsme, du cynisme et du scepticisme.

» Chaque passager dans cette vie saura toujours où est le port désiré, et chaque naufragé la planche de salut !

» *In necessariis unitas ; in dubiis libertas ; in omnibus, charitas.* « Dans les choses nécessaires, unité ; dans les choses douteuses, liberté ; dans toutes, charité. »

« Il appartient donc aux hommes de tolérance de réaliser, dans leur sein, cette capitale distinction, condition certaine d'unité, d'harmonie et de bonheur.

» Si cette prescription inspirée par la justice et la charité avait été suivie ; si cette démarcation avait été faite par toutes les religions, elles présenteraient aujourd'hui au monde le magnifique spectacle d'une fusion entière, universelle, des croyances fondamentales, au lieu de la déplorable anarchie et de la multiplicité qui fait leur condamnation irrémissible au tribunal de la raison et de la vraie religion.

» La plus simple bonne foi nous dit qu'il est sage, obligatoire, religieux, de s'unir par les points sur lesquels on est d'accord, si ces points sont précisément l'essentiel ; que dis-je ? s'ils sont tout.

» Quoi ! vous êtes unanimes sur ce qui constitue la loi et les prophètes, et vous vous déchirez !...

» Quoi ! chacun ne sera pas libre dans la forme qu'il préférera pour élever son âme à Dieu !.

» Quoi donc, parmi les grandes lumières du monde, vous prescrit l'intolérance ? Ce n'est pas Jésus-Christ et ses disciples, car ils vous disent : « Adorez Dieu en esprit et en vérité, mais ne persécutez pas ceux qui l'adorent autrement que vous, car vous n'êtes pas sur la terre pour vous perdre par la haine, mais pour vous rendre heureux par un amour mutuel. Soyez unis tous ensemble ; vivez en paix, autant qu'il est en vous, avec toutes sortes de personnes. »

« Or, si la charité doit confondre les cœurs malgré la diversité des croyances sur les points de dogmes, les cœurs doivent être unis, les volontés retirées dans une confraternité intégrale ; ils doivent pratiquer positivement la charité.

» Toutes les religions vous disent, chacune dans son langage, ce qu'exprimait si bien le disciple préféré de Jésus-Christ.

» Saint Jean, dans sa vieillesse, répétait à satiété, à ses disciples : « Mes bons amis, aimez-vous les uns les autres. »

Et, comme ils lui demandaient la raison de son insistance sur ce commandement : « C'est que, disait-il, pourvu qu'on l'exécute, il suffit. »

» Il suffit, en effet, car l'amour féconde et harmonise tout.

» Si on examine attentivement, dit Benjamin Constant, » toutes les querelles, toutes les persécutions, tous les mas- » sacres religieux qui suivirent la conversion de Constantin, » on verra que toutes ces choses si affligeantes ont pris nais- » sance dans les efforts de quelques hommes pour donner à » la religion nouvelle une forme dogmatique. »

» Nous avons dans ce jugement la confirmation parfaite de notre pensée. »

« Luther et Calvin ont manqué leur réforme parce qu'au lieu d'être des moralistes, des apôtres de fraternité pratique, ils se sont faits ergoteurs subtils, théologiens exclusifs, docteurs implacables. Ils ont commis l'incroyable inconsé- quence d'affirmer comme points nouveaux d'orthodoxie, des dogmes nouveaux, un culte extérieur nouveau, au l eu de proclamer comme dogme unique, purement et simplement, *la morale de l'évangile, et comme vrai culte, le culte in- térieur, l'adoration en esprit et en vérité.*

» Qu'importent une science de Dieu et des dogmes qui ne rendent pas meilleurs ceux qui les possèdent, c'est-à-dire plus aimants et plus fraternels ; une religion et un culte qui divisent et ensanglantent la terre !

» Toutefois, le crime est moins réversible sur les chefs des hérésies ou des protestations écrites, que sur les fonda- teurs et les persécuteurs de l'orthodoxie universelle. Les hé- résiarques étaient obligés de détruire de funestes construc- tions. Là est leur titre à la reconnaissance ; mais une part de blâme est due à leur prétention sacrilége de relever une nouvelle communion exclusive sur de nouveaux dogmes tout aussi incertains ou contestables que ceux qu'ils rempla- çaient.

» Tous ces systèmes philosophiques et religieux qui s'élè- vent encore les uns sur les autres, qu'on a l'inconcevable prétention d'infliger à l'humanité comme un lit de Pro- custe pour les intelligences, et pour lesquels leurs auteurs ont un culte si tendu et si exclusif, n'est-ce pas l'idolatrie de soi-même qui les inspire et qui les fait soutenir à ou- trance? N'est-ce pas le besoin de donner des regles au monde, qui fait qu'on oublie la pratique de la vérité connue pour la théorie des choses inconnues, les bonnes œuvres pour les belles pensées et les belles phrases ! »

« Les écoles philosophiques et les sectes exclusives sont donc de mauvaises actions, car elles organisent l'isolement.

» Toutes les religions se sont fondées par la charité ; toutes sont mortes ou mourront pour avoir voulu immobiliser les croyances et les positions.

» Voilà l'un des moindres dangers de mettre l'orthodoxie et l'uniformité où elle n'est pas.

» Elles étaient toutes identiques par leur morale ; — elles se sont toutes divisées et anéanties par leurs dogmes secondaires.

» Elles ont ainsi sacrifié le fond à la forme, et le but aux moyens.

» L'essentiel étant trouvé, il fallait, pour être religieux, s'y confiner exclusivement, et faire tout converger à ce foyer de vie et de lumière, de chaleur et de puissance.

» Au contraire, les prêtres de toutes les communions ont prétendu statuer sur ce que chacun devait croire ou rejeter, faire ou ne pas faire, jusque dans les choses les plus insignifiantes.

» Le cerveau des croyants n'a guère été jusqu'ici qu'un réservoir de canons, de règles, de statuts, sous la permission et les auspices des pasteurs des âmes.

» Mais on avait semé l'erreur et on a récolté l'anarchie et les divisions à l'infini. »

« Les opinions religieuses qui partagent les héritiers de Jésus-Christ (catholiques, grecs, luthériens, calvinistes et anglicans) se rapportent : au sacrifice de la messe, au baptême, à la pénitence, à la confirmation, à l'eucharistie, à l'extrême-onction, à l'ordre, au mariage, aux indulgences, à l'invocation des saints, au culte des images, à la grâce, à la tolérance, à l'autorité en matière de foi.

» Or, ces sujets, la plupart totalement étrangers au culte intérieur, au véritable sentiment religieux, à la loi morale, en un mot, aux commandements suprêmes, ont engendré plus de disputes, de scepticisme et de désordres, suscité plus de guerres, de crimes, fait couler plus de sang, que tous les emportements des passions appelées mondaines.

» L'athéisme et toutes les incrédulités ont certes produit moins de maux que les faux religieux.

» Il n'y a point de motifs légitimes de division pour celui qui veut sincèrement obéir à la loi de Dieu ; ils ont cependant trouvé le prétexte de se haïr et de se calomnier réciproquement avec un implacable fanatisme.

» Tout le mal procédait à l'origine d'une formule d'intolérance inouïe. Les catholiques avaient dit : *Hors de l'église point de salut.* Il fallait dire : *Hors de l'amour de Dieu ou de l'amour de l'humanité, il n'y a point de religion, partant point de salut.* »

Notre doctrine de fraternité et de solidarité universelles qui a pris pour devise : *Hors de l'amour, de la charité point de salut,* remplacera le christianisme vieilli ou plutôt le transformera dans ses éléments immortels qu'elle laisse seuls debout.

Nous adoptons donc entièrement les vues profondes de Pecqueur, et autant nous avons eu de louanges pour l'éminent philosophe dont nous avons analysé les sublimes théories dans notre dernier ouvrage, les *Bardes druidiques,* autant nous manifestons de sympathie, d'approbation et d'admiration pour les belles pages que nous venons de citer.

Pecqueur a été de bonne heure un pionnier de l'avenir, un précurseur du règne de Dieu ; qui ne se souvient de l'enseignement éloquent qu'il donna en 1830, à la suite de Jean Reynaud, de Barrault, d'Enfantin, pour le développement des idées Saint-Simoniennes qui ont ouvert les voies au progrès et à l'avenir de l'humanité, et ont tracé un sillage profond dans la société humaine. Les Saint-Simoniens, malgré quelques erreurs de détail, sont des préparateurs évidents de notre école actuelle. Continuons à citer :

« Il ne suffit donc pas de croire en Dieu ou à une orthodoxie intégrale ; il y a donc quelque chose d'aussi essentiel ; ce quelque chose c'est la charité et, si l'on en croit les plus grands, avec la charité il suffit.

» En effet, nous avons encore en notre faveur Jésus-Christ et ses apôtres, leurs disciples, Confucius et la plupart des grands philosophes et des fondateurs de religions. »

« Quel autre sens donner aux passages déjà cités de saint Paul, et aux suivants :

» Un bon arbre ne peut porter de mauvais fruits, ni un
» mauvais arbre porter de bons fruits ; vous les reconnaitrez
» donc à leurs fruits » — « C'est en cela que tous connai-
» tront que vous êtes nos disciples, si vous avez de l'amour
» les uns pour les autres (saint Jean) »—« Quand même j'au-
» rais toute la foi, jusqu'à transporter les montagnes, si je
» n'ai pas la charité, je ne suis rien. — Et, quand même je
» distribuerais tout mon bien pour la nourriture des pauvres,
» si je n'ai point de charité, cela ne me sert de rien.— Main-
» tenant donc, ces trois vertus demeurent : la foi, l'espé-
» rance et la charité, mais la charité est la plus grande. » —
« Le but du commandement, c'est la charité qui procède
» d'un cœur pur, d'une bonne conscience et d'une foi sin-
» cère. Moi, qui étais auparavant un blasphémateur, un
» homme violent, etc., j'ai obtenu miséricorde, parce que
» je l'ai fait par ignorance, étant dans l'incrédulité. » (Saint
Paul.)

« La charité, dit saint Jean (épître cath.), vient de Dieu,
» et quiconque aime les autres est né de Dieu et connait Dieu,
» celui qui ne les aime point n'a point connu Dieu, car
» Dieu est amour. » — « Celui qui n'aime pas son frère de-
» meure dans la mort, mais celui qui fait ce qui est juste
» est juste comme lui (Jésus-Christ). » — « Personne ne vit
» jamais Dieu ; si nous nous aimons les uns les autres, Dieu
» demeure en nous, et son amour est accompli en nous ; —
» à ceci nous connaissons que nous demeurons en lui et qu'il
» demeure en nous ; c'est qu'il nous a fait part de son esprit.
» — Dieu est charité, et celui qui demeure dans la charité
» demeure en Dieu, et Dieu demeure en lui. »

« Si quelqu'un dit : j'aime Dieu et qu'il haïsse son frère, il
» est menteur, car celui qui n'aime point son frère, qu'il
» voit, comment peut-il aimer Dieu, qu'il ne voit pas. »

« Saint Jacques tient le même langage :

» La foi si elle n'a pas les œuvres, est morte ; — tu as la
» foi et moi j'ai les œuvres. Montre-moi donc ta foi par tes
» œuvres. Vous voyez donc que l'homme est justifié par les
» œuvres et non par la foi seulement. »

« Il n'est pas un de ces passages, et l'on pourrait en invo-
quer une multitude d'autres, ceux de saint Jean surtout,
qui ne prouve que, dans l'esprit de l'Evangile et du vrai
christianisme, la charité comprend à elle seule la véri-

table orthodoxie, qu'elle suffit pour réaliser l'harmonie, l'unité, le règne de Dieu, c'est-à-dire l'égalité fraternelle sur la terre, et que, dans tous les cas, aimer l'humanité, aimer ses frères, c'est aimer Dieu. Comment en serait-il autrement ? La charité, n'est-ce pas le résumé de toutes les vertus, l'ensemble de tous les devoirs d'humanité, l'idéal du beau moral, et comme la splendeur du genre humain ! Mais rien, dans les développements que les disciples de Jésus-Christ ont fourni sur sa doctrine, ne prouve mieux jusqu'à quel point le Maître identifiait les deux amours, que ces paroles si connues : « Vous aimerez votre Dieu. C'est là le plus » grand et le premier commandement. — Et voici le second » qui est semblable à celui-là : Vous aimerez votre prochain » comme vous-même. » N'est-ce pas dire clairement à notre logique : Aimer Dieu, c'est aimer l'humanité ; aimer l'humanité, c'est aimer Dieu. Les deux commandements sont semblables.

» Alors, on s'explique comment saint Paul arrive à dire à son tour :

» L'humanité vient de Dieu, vit en Dieu et manifeste Dieu. »

La conclusion que nous tirons de ces citations, est que bien avant le spiritisme, Pecqueur avait déjà formulé très positivement la devise *hors de la charité point de salut*, qui ne serait qu'un plagiat de notre part, s'il pouvait y avoir un plagiat pour une vérité morale et divine constituant la vie même, l'ordre et les destinées de l'humanité. Nous constatons seulement que la supériorité reconnue par nous à Pecqueur en doctrine doit aussi lui être accordée en pratique et nous enregistrons son nom glorieux parmi les plus grands qui ont honoré le genre humain, et dont nous saluons avec amour la resplendissante aurore.

André PEZZANI.

LE BANQUET SPIRITE DE LA PENTECOTE

Dimanche dernier, jour de la Pentecôte, quelques spirites de Bordeaux s'étaient réunis dans une des immenses salles du *Petit-Fresquet*, afin d'y célébrer, par un banquet fraternel, l'anniversaire du plus grand fait médiaminique dont l'histoire nous ait transmis le souvenir : la descente du Saint-Esprit sur les apôtres.

A une heure après midi, M. Ch. Dubos, improvisé sur les lieux mêmes président du banquet, prenait sa place au milieu de la table, ayant à sa droite M. Jonqua père, doyen d'âge, et à sa gauche M. Mailhò, vice-présidents ; les autres frères se plaçaient chacun selon son gré dans un silence et un recueillement qui prouvaient combien ils étaient pénétrés de la grandeur de l'acte qu'ils allaient accomplir.

Le président ouvrit alors le banquet par une brillante improvisation dans laquelle, après avoir expliqué le but et la nature de la réunion, il s'attacha à bien établir ce qu'est le spiritisme et quel est le but auquel il veut faire atteindre les hommes. « Le spiritisme, dit-il, est une science, ce n'est pas une religion. La religion nous dit : « croyez, » le spiritisme nous dit : « étudiez ; » la religion nous dit: « j'adore parce que je crois », et le spiritisme : « j'adore parce que je sais. » Imbu de ces principes, le vrai spirite doit étudier, étudier sans cesse, car il apprend tous les jours combien les lois dictées par Dieu à la nature sont restées inconnues et il sait que son devoir est de les découvrir et de les enseigner ; il doit être tolérant, car il sait que tous les hommes sont frères et que Dieu, leur père commun, est tolérant pour tous et qu'il ne les juge pas d'après leurs opinions, mais bien d'après leurs actes ; il doit être charitable, car la charité est la première de toutes les vertus et c'est par elle que nous nous approcherons toujours de plus en plus du but auquel nous devons tous atteindre : la perfection. »

Après avoir jeté un coup d'œil rapide sur l'établissement du spiritisme, sur les faits qui lui servent de base et qui se sont produits de tous temps, sur les conséquences philosophiques qu'on en a tirées, sur sa propagation si rapide malgré les obstacles de toutes sortes amoncelés sous ses pas, le président fait un appel à la concorde, au dévouement, à l'abnégation de tous les spirites et, dans une magnifique péroraison, revenant au grand acte médianimique de la Pentecôte, promet que les *langues de feu* feront et font sans cesse leur descente sur tout homme au cœur pur, à la foi sincère et au désir ardent de travailler à l'établissement sur la terre du vrai règne de Dieu, du règne de l'amour et de la charité.

Après cette allocution plusieurs fois couverte par de chaleureux applaudissements, le repas a commencé dans un ordre et un silence auxquels sont peu habitués les repas de sociétés. Toutes les figures respiraient la joie et le bonheur ; chacun se sentait doucement pénétré de l'influence spirituelle et un immense élan de fraternité s'était emparé de tous les assistants.

Au second service, un autre spirite prononce, à peu près en ces termes, une seconde allocution :

« Mes frères,

» Je m'étais proposé de vous entretenir succinctement sur la nature et le but de notre réunion, mais après le très éloquent discours de notre bien-aimé président, il ne me reste plus qu'à vous répéter comme lui que la Pentecôte doit être, est la fête spirite par excellence, car elle nous rappelle le plus grand acte de médianimité dont l'histoire nous ait transmis le souvenir. Permettez-moi seulement de vous donner lecture de la relation succincte des faits accomplis dans ce jour mémorable, telle qu'elle nous est rapportée dans les Actes des Apôtres, chap. II, vers. 1 à 19 :

« Le jour de la Pentecôte étant arrivé, ils (les apôtres)
» étaient réunis tous d'un accord dans un même lieu. Alors
» il se fit tout-à-coup un bruit qui venait du ciel, comme le
» bruit d'un vent qui souffle avec impétuosité, et il remplit
» toute la maison où ils étaient. Et ils virent paraître des
» langues séparées les unes des autres qui étaient comme de
» feu, et qui se posèrent sur chacun d'eux. Et ils furent tous
» remplis du Saint-Esprit, et ils commencèrent à parler des
» langues étrangères, selon que l'Esprit les faisait parler.

» (Vous savez tous, mes frères, ce que nous devons entendre par cette expression : le *Saint-Esprit*. Le Saint-Esprit n'est, pour nous, que le groupe d'Esprits supérieurs auxquels Dieu a confié la direction de la planète et l'éducation morale des hommes qui l'habitent ; le Saint-Esprit n'est autre chose que cette influence spirituelle qui s'est fait si souvent ressentir de nos jours parmi nous et dont les sages instructions ont été si souvent signées de ce nom collectif : l'*Esprit de vérité*). Je continue :

» Or, il y avait alors à Jérusalem des juifs craignant Dieu,
» de toutes les nations qui sont sous le ciel.

» Après donc que le bruit s'en fut répandu, il s'assembla
» une multitude de gens qui furent tous étonnés de ce que
» chacun d'eux les entendait parler en sa propre langue. Et
» ils en étaient tous hors d'eux-mêmes et dans l'admiration,
» se disant les uns aux autres. « Ces gens-là qui parlent ne
» sont-ils pas tous galiléens ? Comment donc les entendons-
» nous parler chacun la propre langue des pays où nous som-
» mes nés ? Parthes, Mèdes, Elamites, ceux qui habitent la
» Mésopotamie, la Judée, la Cappadoce, le Pont et l'Asie, la
» Phrygie, la Pamphylie, l'Égypte, les quartiers de la Libye

» qui est près de Cyrène et ceux qui sont venus de Rome,
» tant juifs que prosélytes, crétois et arabes, nous les en-
» tendons parler en nos langues des choses magnifiques de
» Dieu. »

« Ils étaient donc tous étonnés, et ne savaient que penser,
» se disant l'un à l'autre : « que veut dire ceci ? »

» Et les autres, se moquant, disaient : « c'est qu'ils sont
» pleins de vin doux. »

« (Vous le voyez, mes frères, la raillerie, l'insulte sous le
poids desquelles on a cherché à faire succomber le spiritisme
ne sont pas le seul apanage des hommes de notre époque. De
tout temps on les a déversées à flots sur tous les champions
du progrès et de la vérité, et les apôtres eux-mêmes ne devaient pas être à l'abri de leurs cruelles morsures. Ne nous
laissons donc pas abattre par les calomnies de toutes sortes
auxquelles nous sommes en butte ; attachons-nous au contraire à prouver aux hommes, par la sagesse de nos paroles
et surtout par la sagesse de nos actions, combien nous les
méritons peu. Cela nous sera très facile si nous avons toujours présent à la mémoire l'exemple des apôtres qui, insultés comme nous, ne surent se venger qu'en comblant de
bienfaits moraux et matériels ceux qui les avaient insultés.
Noble vengeance qui leur valut la conquête du monde !)

« Mais Pierre, se présentant avec les onze éleva la voix
» et leur dit : Hommes juifs et vous tous qui habitez à Jéru-
» salem, sachez ceci et écoutez avec attention mes paroles :
» Ces gens-ci ne sont point ivres comme vous le pensez, puis-
» qu'il n'est encore que la troisième heure du jour (1). Mais
» c'est ici ce qui a été prédit par le prophète Joël : « Il ar-
» rivera dans les derniers jours, dit Dieu, que je répandrai
» de mon Esprit sur toute chair ; vos fils prophétiseront et

____

(1) Neuf heures du matin.

» vos filles aussi ; vos jeunes gens auront des visions et vos
» vieillards auront des songes. Et dans ces jours-là je répan-
» drai de mon Esprit sur mes serviteurs et sur mes servan-
» tes et ils prophétiseront ; et je ferai des prodiges en haut
» dans les cieux, et des signes en bas sur la terre. »

C'est cette fête, mes frères, que nous sommes venus célébrer
ici ; et comment avons-nous voulu la célébrer? En nous réunissant dans une même communion de pensées et d'idées, en
nous rattachant fortement les uns aux autres par les liens
de la fraternité et de la solidarité universelle, en *commu-
niant*, en un mot, comme *communiaient* les apôtres et les
premiers disciples du Christ.

» Permettez-moi, en terminant, d'exprimer le regret de
ce que, vu la précipitation avec laquelle cette petite fête a
été organisée, nous ne soyons rassemblés ici qu'en un très
petit nombre ; j'espère et nous espérons tous que chaque année, à pareille époque, la même solennité nous verra réunis
et que toutes les mesures nécessaires étant prises, nous nous
compterons ici par centaines, et qu'il nous sera donné d'y
voir aussi nos sœurs qu'il nous a été impossible d'admettre
cette année. Vous le savez, messieurs, pour le spirite, la
femme jouit des mêmes droits que l'homme ; elle a aussi les
mêmes devoirs. Espérons donc qu'à l'avenir nos femmes et
nos sœurs viendront fournir leur contingent à cette cérémonie fraternelle qui, je l'espère, se généralisera partout où
il y a des spirites. »

Après cette seconde allocution, applaudie comme la première, le président donne le signal des toasts en proposant la
santé d'Allan Kardec, le premier et le plus grand des vulgarisateurs spirites. Un toast est porté ensuite par le premier vice-
président, M. Jonqua père, à tous les spirites de France et
de l'étranger ; un troisième, par M. Mailhô, deuxième vice-
président, à la propagation du spiritisme et à l'établissement

par son influence du règne de la charité et de la fraternité universelle. Puis chacun des assistants porte le sien. Ceux à M. Jaubert, de Carcassonne ; à M. Dombre, de Marmande ; à l'*Union spirite* et à son rédacteur, M. Auguste Bez ; à tous les journaux spirites de France et de l'étranger et à leurs rédacteurs ; à tous les défenseurs du spiritisme ; à tous les hommes généreux ; aux sauveteurs médaillés dont un des membres, M. Belly, honorait la réunion de sa présence ; à M. Sabò, un des premiers vulgarisateurs du spiritisme à Bordeaux ; à M. Théophile Jouanne, ancien vice-président de la *Société spirite de Bordeaux*, actuellement à Lima (Pérou) ; à M. J.-B. Roustaing, le vulgarisateur du spiritisme dans la Benauge ; à M. D..., l'infatigable médium guérisseur qui a rendu la santé à tant de malades par la seule imposition des mains ; à toutes les sociétés et à tous les groupes spirites ; à tous les libres penseurs, quelque grande que soit la différence qui sépare leurs systèmes du système spirite, sont surtout accueillis par des applaudissements prolongés. Chacun de ces toasts était précédé ou suivi d'une petite allocution que le défaut d'espace nous empêche d'analyser et qui en faisait ressortir le caractère et l'efficacité.

Un incident remarquable à plusieurs points de vue s'est produit vers le milieu du banquet. Un des assistants, médium auditif, placé à l'extrémité la plus éloignée de la table, venait d'entendre un Esprit lui dire : « Remarquez bien la proposition que nous allons faire par la bouche du président, » lorsque au même instant celui-ci se lève et prononce un petit discours sur la nécessité de la concorde et de la fraternité qui sont le but de notre doctrine et dont par conséquent les spirites doivent donner l'exemple, puis propose qu'il soit procédé immédiatement à l'accolade fraternelle qui établira entre tous les assistants le lien indissoluble de la fraternité.

Cette proposition étant chaleureusement approuvée, le président embrasse le premier vice-président assis à sa droite, celui-ci embrasse son voisin, et ainsi de suite, jusqu'à ce que l'accolade soit rendue au président par le deuxième vice-président assis à sa gauche.

Après le banquet, quelques membres prennent successivement la parole pour développer certains points de doctrine ou traiter des questions d'organisation qui donnent lieu à une discussion toute empreinte de cet esprit de fraternité et de concorde que cette réunion avait fait pénétrer dans tous les cœurs, et chacun se retire tranquillement à sept heures, heureux et fier d'avoir participé à cette fête de famille qui venait de remplir tous les cœurs de joie, de courage pour supporter les épreuves présentes, et d'espoir pour le triomphe de la cause dans un avenir prochain.

AUG. BEZ.

PROPAGATION DU SPIRITISME

Eauze, le 29 avril 1866.

Mon cher directeur,

Permettez-moi de vous communiquer mes impressions sur les progrès que fait le spiritisme dans les départements du Lot, Lot-et-Garonne, Landes et Gers, que je parcours dans ce moment :

Il y a quelques mois à peine les mots : *spiritisme, spirite* étaient l'effroi des timides, la risée des esprits forts et l'épouvantail des dévotes ; dans beaucoup de localités même on ne les avait jamais entendu prononcer que comme des synonymes de *folie* et de *fou*. Nulle part on ne se montrait disposé à l'examen, même le plus superficiel, et l'on se souciait bien peu de leur véritable signification. Grâce sans doute à l'immense publicité faite par les journaux à l'occasion des Davenport, grâce aussi, un peu, aux sermons imprudents de quelques bons curés épouvantés du sort de leurs ouailles, les temps sont bien changés. Aujourd'hui, pas une ville, pas un bourg, pas un village où l'idée spirite n'ait fait son entrée, et si cette idée n'est pas encore parfaitement comprise par les masses, il n'en est pas moins vrai qu'elle se fait jour parmi elles en dissipant peu à peu les craintes et les préjugés, et en leur apprenant l'existence d'une doctrine philosophique nouvelle sur la portée de laquelle on se méprend peut-être encore, mais qu'on se montre partout avide d'étudier et de connaitre.

Çà et là quelques adeptes convaincus s'efforcent de répandre la lumière; aidés par les bons Esprits, ils expliquent à leurs voisins la morale spirite et provoquent des expériences qui viennent confirmer la théorie.

Sans doute de nombreux obstacles, provenant le plus souvent de l'esprit de curiosité et d'incrédulité quand même dont sont animés les auditeurs, viennent entraver ces expériences, mais ils ne se laissent pas rebuter et comme, tôt ou tard, quelques faits saillants viennent se produire, le petit noyau de croyants grossit peu à peu et le doute commence à se faire jour dans le cœur des négateurs de bonne foi.

Un des plus grands obstacles consiste dans la difficulté, je dirai même dans la presque impossibilité de former dans les petites localités des groupes réguliers, si utiles pour l'étude sérieuse et approfondie des phénomènes et de leurs conséquences. On n'est pas assez indépendant pour cela! C'est triste à dire, mais il n'en est pas moins vrai qu'en plein XIXe siècle, l'homme ne peut pas s'adonner à la recherche d'une philosophie nouvelle, sans crainte de voir sa position compromise par les influences puissantes des représentants des systèmes établis jusque-là; d'une part les membres du clergé à quelque secte qu'ils appartiennent, de l'autre les matérialistes, par leurs rapports continuels avec les familles, par l'influence dont ils disposent auprès des personnes sous la dépendance desquelles presque tous sont placés, soit par leurs intérêts, soit par leurs relations, rendent presque impossible tout acte, quel qu'il soit, indiquant l'adoption formelle des principes spirites, ou même la résolution arrêtée d'en faire une étude sérieuse. Il faudrait pour cela une lutte énergique que seuls peuvent soutenir, et encore au prix de grands sacrifices dans les relations de famille, d'amitié et de voisinage, les hommes complètement indépendants de toute influence religieuse, administrative et commerciale.

Ceci ne doit pas vous étonner, car nous ne sommes pas du nombre de ceux qui voudraient voir le spiritisme se développer partout à la fois et sans aucun obstacle. Nous savons attendre. Attendre tout de Dieu et de ses bons Esprits qui nous ont promis l'avènement prochain de la vérité et son établissement sur la terre. Ils sauront bien, à l'heure marquée par le Grand Maître, frapper les cœurs incrédules et faire surgir les vérités nouvelles du milieu même des ruines dans lesquelles seront ensevelis les erreurs, les préjugés et les systèmes préconçus.

Jusque-là, notre devoir à tous est de travailler à préparer le terrain, et cela, par la persuasion, la logique et la charité qui sont les meilleures armes pour vaincre le matérialisme, l'indifférentisme, la superstition et l'intolérance. Loin de nous laisser rebuter par les obstacles amoncelés sur notre route, nous devons avoir toujours présente à la pensée cette sage maxime : « Aide-toi, le ciel t'aidera, » et puiser dans la grandeur même des obstacles une force nouvelle.

A défaut de groupes se réunissant ouvertement, il y a presque partout de petites réunions intimes où l'on obtient de bien belles communications, et où l'on puise à flots la consolation et l'espérance en l'avenir. C'est de là que se répand peu à peu, et pour ainsi dire en cachette, la lumière qui s'infiltre dans toutes les classes de la société, qui prépare lentement les cœurs et fait comprendre aux hommes qu'au-delà du tombeau il y a pour eux une autre vie, la véritable, vie céleste et pleine d'espérance, délivrée qu'elle est de l'épouvantail des flammes éternelles, ce dogme absurde qui plongeait les hommes dans le désespoir et la superstition ou dans l'incrédulité et le matérialisme.

Aussi, partout les adversaires se montrent moins nombreux et aussi moins arrogants ; ils sentent le terrain s'écrouler sous leurs pieds ; chacun, l'ignorant comme le savant, tient à se mettre au courant des nouvelles du jour, et souvent l'homme simple, dans son gros bon sens, saisit plutôt la vérité que le philosophe tout imbu de principes faux et orgueilleusement drapé dans le manteau d'une science trompeuse.

Nous ne sommes plus aujourd'hui montrés du doigt comme des êtres extraordinaires, conversant avec les revenants, pactisant avec le diable et l'effroi des bonnes dévotes. On s'habitue aussi un peu à ne plus nous regarder comme des fous et des hallucinés. Le jour commence à remplacer la nuit, la vérité l'erreur, la raison les préjugés. On nous accueille avec déférence ; on ne se hasarde plus à nous insulter publiquement, on se plaît même à nous questionner. Progrès immense que je suis heureux de pouvoir vous signaler !

Je ne sais, mon cher Directeur, si vous trouverez cette bien imparfaite lettre digne de figurer dans votre revue, mais j'ai cru bien faire de vous communiquer les impressions produites par mon dernier voyage dans ces départements que j'ai l'occasion de parcourir souvent. Faites de ma relation tel usage qu'il vous semblera convenable et agréez mes salutations fraternelles,   C. HARIVEL, *voyageur de commerce.*

Correspondance

—

Nice, 15 avril 1866.

Monsieur et très honoré frère spirite,

Permettez-moi d'attirer votre attention sur un article que je viens de lire dans le *Moniteur du soir* (n° du 11 courant).

Sous le titre de : *Histoire fantastique*, ce journal cite le fait suivant, extrait du *Courrier des États-Unis :*

« Un ouvrier d'Indianapolis, nommé Orrin Elder, était parti en 1853 pour la Californie, laissant dans le dénûment sa femme et ses quatre enfants. En 1860, on a appris qu'il avait été tué dans une querelle d'ivrognes par un mineur nommé Georges Edicoot. Depuis lors, sa femme n'avait cessé de lutter contre la misère pour élever sa famille ; elle s'était concilié l'estime de tous ses voisins, et le souvenir du défunt s'était peu à peu effacé de la mémoire de ses connaissances.

» La semaine dernière, la fille cadette de la pauvre veuve, nommée Janet, vint à mourir. De nombreux amis vinrent exprimer leur sympathie à la mère et quelques-uns restèrent pour veiller près du corps.

» Vers dix heures du soir, les portes et les volets des fenêtres étant fermées et verrouillées, ces personnes furent étonnées d'entendre au milieu de la chambre un bruit de pas. Elles se retournèrent, et que l'on juge de leur stupéfaction lorsqu'elles virent, en chair et en os, Elder lui-même, tel qu'on l'avait vu il y a treize ans, et pas changé. Il s'avança solennellement vers le cercueil, souleva le couvercle, embrassa son enfant sur le front et déposa sur ses pieds un objet dont on ne reconnut pas d'abord la nature. Puis il referma la bière et disparut sans que l'on sût par où il était passé.

» Pendant un instant les spectateurs de cette scène étrange restèrent muets et immobiles. Mais, la première surprise passée, on résolut d'examiner l'objet que le fantôme avait laissé comme trace de son passage. C'était un sac de cuir. On l'ouvrit et on y trouva 6,700 dollars en pièces d'or de 10 dollars. Une bande de papier qui y était attachée portait ces mots : *Réparation tardive à ma chère femme et à mes chers enfants*.

» Ce fait est attesté par les témoins qui en ont signé une déclaration publique, sous serment. En outre, il s'appuie sur une preuve matérielle, c'est un certificat de dépôt de la somme à la première banque nationale d'Indianapolis, qui est entre les mains de la veuve. »

C'est là un fait *d'apport* assez remarquable, et cependant voyez la mauvaise foi des journalistes en général. Celui qui a placé cet article dans le *Moniteur du soir* a eu bien soin de le faire précéder d'un titre qui inspire au moins le doute, s'il n'entraine pas avec lui, pour bien des personnes, une idée de négation. Décidément ces messieurs considèrent comme de mauvais goût tout ce qui ne porte pas le cachet du matérialisme ! Et il leur faudra passer par quelques réincarnations pour s'amender.

Agréez, etc.   W., Dr-Médecin.

(Extrait de la *Vérité*, de Lyon.)

Nous venons de recevoir quatre numéros de la *Vérité*, de Lyon, dont l'envoi avait été retardé par suite des travaux d'installation de notre confrère, M. Edoux, dans un établissement typographique dont il vient d'être nommé titulaire. La *Vérité* commence, dans ces quatre numéros, la publication d'un très remarquable travail : *Le spiritisme contemporain*, de son éminent rédacteur Philaléthès, travail que nous ne saurions trop recommander à tout spirite sérieux et désireux de s'instruire sur tout ce qui touche à l'histoire de l'établissement du spiritisme.

  Aug. Bez.

Communication médianimique

—

LA PRIÈRE ET LE TRAVAIL

FABLE

En Espagne, pays de soleil, de paresse,
Vaste champ qui du soc ignore les sillons,
Où bandit le matin, le soir on se confesse,
Dans un couvent chantaient moines et moinillons.
Ils priaient pour la pluie. Inclinant leur échine,
Ils invoquaient saint Roch, saint Médard, saint Gervais ;
Ils se plaignaient surtout de sainte Catherine ;
    Mais pour sûr, ils chantaient au frais.
    Mes révérends, dit un arbuste,
Certes, j'ai dans vos chants la foi la plus robuste,
Mais j'étouffe. Pour moi le cas n'est pas nouveau ;
Tout près d'ici j'entends bouillonner deux rivières :
Et, s'il faut parler net, à toutes vos prières
    Je préfère une goutte d'eau !
   . . . .
   . . . .

Je ne viens pas, semant des paroles amères,
Lâchement outrager la prière et les cieux.
Ainsi prier est bien. Priez, mes très chers frères.
Prier et travailler serait encore mieux.

(Extrait des *Fables et poésies diverses*, par un Esprit frappeur).

FIN DU TOME IV.

TABLE

DES

MATIÈRES DU QUATRIÈME VOLUME

Communications médianimiques

Bordeaux. — Imprimerie A.-R. CHAYNES, cours d'Aquitaine, 57.

www.ingramcontent.com/pod-product-compliance
Lightning Source LLC
LaVergne TN
LVHW051006200726
843508LV00001B/159